Heinz Schmidbauer
Die Jagd nach Golf

Heinz Schmidbauer

Die Jagd nach Golf

Rediroma-Verlag

Bibliografische Information der Deutschen Nationalbibliothek:
Die Deutsche Nationalbibliothek verzeichnet diese Publikation in der Deutschen Nationalbibliografie; detaillierte bibliografische Daten sind im Internet über http://portal. dnb. de abrufbar.

ISBN 978-3-96103-546-5

www. rediroma-verlag. de
25,95 Euro (D)

Dieses Buch widme ich vor allem meiner Frau Marie-Therese, meinem Sohn Paul sowie allen Freunden und Wegbegleitern in den langen Jahren meiner Golfkarriere.

Heinz Schmidbauer ist internationaler Golfprofi.
Neben seiner Spielerkarriere machte er sich einen Namen in Zusammenarbeit mit internationalen Sportweltstars, u.a. auch als Trainer und beim Bau von Golfanlagen.

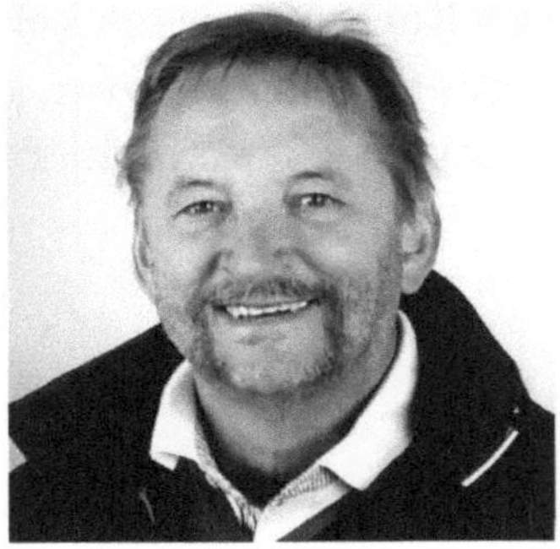

Internationale Profikarriere, Siege:
Sun City (SouthAfrica) World/Pro/Am, 2 x Hungarian Open; Sun Rise-Challenge Sarrasota, USA,; All England Open REmaxx LD-Championship S. -division; K&Ö-Trophy.

Bildnachweise:

Deckblatt: Walter Angerer d. J. ,
BILD Zeitung 1992,
Hubert Schwärzler, Lech a. A,
Carving Golf, J. Bechler,
Servus in Kitz,Dez. 94
Www. inklupedia. de,
www. sn. at/wiki/Heinz_Schmidbauer,
Golfsportmagazin, G. Landwehr,
Foto:Die Presse,Wien 1990
Foto: Grado, Tourismus,
Wilson Fa. Bild
Bergmüller, Fit in 100 Tagen
Archiv: Privatbilder Heinz Schmidbauer,

Jonathan Mannie,

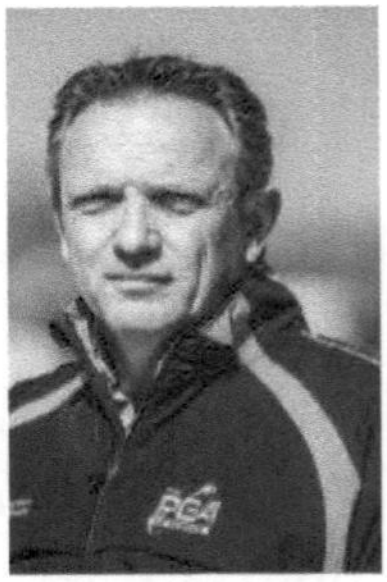

gebürtiger Südafrikaner, PGAs of Europe 5* Professional
PGAs of Europe Board Director, Ex-Nationaltrainer Schweiz und Österreich:
„Das Buch von Heinz Schmidbauer beschreibt sein Lebenswerk, seine Vielfältigkeit, sein Wissen und seine Passion, welches eine Bereicherung für den Golfsport war und ist“.

http://www. mannie.at

Evi Mittermaier-Brunndobler

Ex-Skirennfahrerin, Präsidentin GC Reit im Winkl. Mitglied der Eagles:

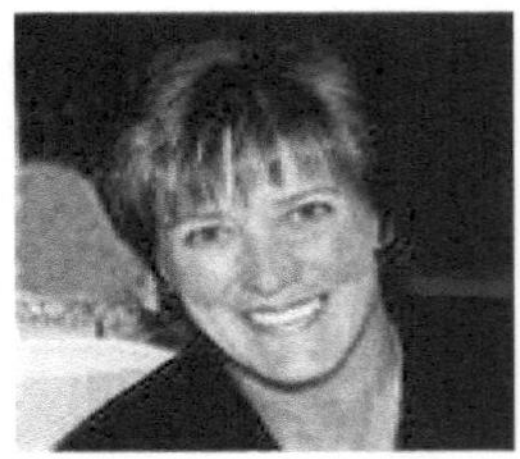

„Vor 35 Jahren hat mich Heinz bei meinen ersten Golfschlägen begleitet und inspiriert. Als mein Lehrer hat er mich damals über alles informiert, was sich im Golfsport ereignet hat, und er tut es auch noch heute. In seinem lesenswerten Buch nimmt er Sie mit auf die Reise durch das spannende und manchmal beschwerliche Leben eines Profis. Er kennt den harten Profisport aus eigener Erfahrung. Er führt Sie durch die Höhen, empfiehlt die schönsten Plätze der Welt und auch die Tiefen, verrät, wie Sie Ihr Spiel verbessern können, wenn Sie in der Krise stecken. “

Inhalt

Vorwort:

Wie in jeder beruflichen Laufbahn, so habe ich in meiner jahrzehntelangen Karriere als Golfprofi viele Aspekte des Golfspiels kennengelernt, sei dies als Profispieler, als Trainer oder als Erbauer und Berater von Golfanlagen.
Mein Beruf führte mich auf alle Kontinente der Erde und ich konnte immer feststellen, wie sehr Golf die Menschen vereint, egal, welcher Hautfarbe und Nationalität. Kaum eine andere Sportart vermag dies so sehr wie Golf.
Wenn man vier bis fünf Stunden mit wildfremden Menschen auf einer Runde unterwegs ist, kann man sehr schnell Bekanntschaften schließen. Das Handicapsystem bei den Amateuren ermöglicht zudem das gemeinsame Spiel mit Spielern verschiedener Spielstärken, was in den meisten anderen Sportarten zur Zufriedenheit der Spieler/innen kaum möglich ist.
Die Probleme welche die Golfer/innen weltweit umtreibt bei diesem Spiel sind, so meine Feststellung, fast immer ident.
Golf ist in Großbritannien oder USA Nationalsport, in Deutschland aber wie in vielen anderen Ländern eine Randsportart. Eines aber eint die Golfer weltweit: die lange Geschichte dieses Sports.
Die Kenntnis über die Entstehung und die Legenden des Spiels sollten zu dem Wissen jedes Golfspielers gehören. Ein besonderer Schwerpunkt im Golfsport gebührt Schottland, das als Mutterland des Spiels gilt.
Warum sind Menschen dem Sport so verfallen? Eigentlich weil man das Spiel nie komplett beherrscht. Egal ob Amateur oder Spitzenprofi. Dies übt die Faszination aus, der Kampf gegen sich und vor allem gegen die eigene Psyche. Golf, so sagt man allgemein, wird sehr stark zwischen den Ohren gespielt.
Darum räume ich der mentalen Seite einen großen Raum in diesem Buch ein. Viele Faktoren sind ausschlaggebend für eine erfolgrei-

che Golfrunde.
Tipps dazu können Sie hier genauso nachlesen wie die Vorteile von Golf für Ihre Gesundheit auch im fortgeschrittenen Alter. Kinder und Golf bedürfen unserer besonderer Aufmerksamkeit, denn gerade beim Nachwuchs werden viele Fehler gemacht.
Vollkommen unterbewertet wird im Allgemeinen die Stellung der Frauen im Golfsport. Wo wären die vielen Golfclubs ohne ihre weiblichen Mitglieder? Spiele eine Runde Golf mit einem Fremden und ich sage dir, ob ich mit diesem Golfer im Anschluss einen Drink nehme oder je ein Geschäft und sei es nur um einen Dollar machen würde. Dieser Satz meines Golfidols Arnold Palmer klingt mir immer in den Ohren, wenn ich mit Fremden spiele, und ich gebe diese Erfahrung auch an meine Golffreunde weiter.
Der Artikel „Die unerfreulichsten Golfpartner“ sollte als Beispiel dienen, wie man sich nicht auf einer Golfrunde benimmt.
Neben meinem persönlichem Werdegang und meinen Erlebnissen bei dem Bau von Golfresorts, meinen Turnieren, sowie den Treffen mit vielen international bekannten Personen finden Sie in dem Buch auch Tipps, wie Sie Ihr persönliches Golf verbessern können.

Das Buch sollte auf Grund meiner jahrzehntelangen Erfahrungen dazu beitragen, Ihnen weiterhin viel Freude mit dem Sport zu vermitteln.

Teil 1

Der Beginn

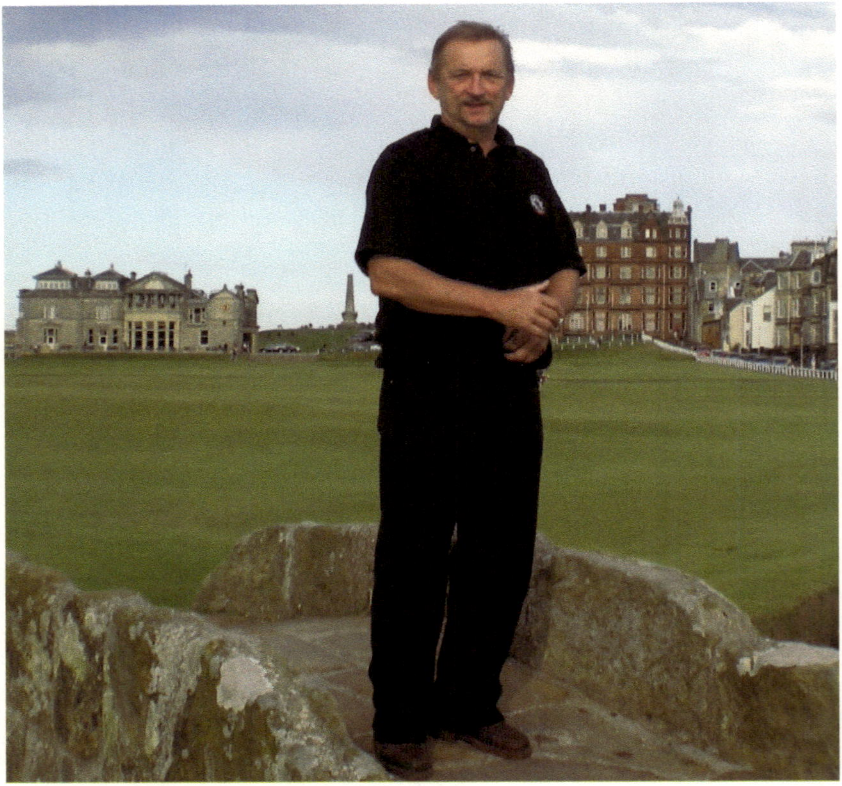

St. Andrews, Swilcon Bridge

Langsam öffnete ich die Augen, was sehr schwerfiel. Über mir die weiße Decke und die vielen Kabel, an denen ich angeschlossen war. Das Erwachen aus der Narkose auf einer Intensivstation war mir zwar nach 21 Operationen im Laufe meiner Karriere schon bekannt, aber diesmal war es besonders heftig.
Die bleichen Gesichter meiner mich seit Jahren betreuenden Orthopäden Dr. Andreas Lindner und Dr. Michael Koller kamen mir in Erinnerung, als ich im Rollstuhl sitzend, unfähig zu gehen, weil

mein rechts Bein seinen Dienst versagte, bei ihnen eingeliefert wurde. Andi Lindner murmelte nur: „Wir müssen dich sofort operieren, sonst haben wir keine Chance, deine Lähmung zu beheben. "

Sechs Stunden operierten dann die hinzugeholten zwei Neurochirurgen aus München, **Moni Peer** und **Dr. Rene Hebecker**, und langsam dämmerte es mir, das war es dann wohl mit Golf. Ein Leben im Rollstuhl konnte ich mir nicht vorstellen. Dies wollte ich meiner Familie nicht antun, die Kraft mir bekannter Sportler, die auch im Rollstuhl gelandet sind, habe ich nicht, schoss es mir durch den Kopf.

Mit Erleichterung checkte ich in der Intensivstation, dass ich noch meine Zehen bewegen konnte. Irgendwie hatte ich es die letzten Jahre geahnt, dass aufgrund der ständigen Wirbelsäulenprobleme bald Schluss mit Golf sein würde. Der Einsatz einer neuen rechten Schulter und von zwei neuen Knien sowie die anhaltenden Rückenschmerzen, welche nur mit immer mehr Spritzen bekämpft wurden, ermöglichten jahrelang eh kein ordentliches Golf mehr.

Was war falsch gelaufen in den fast 50 Jahren als Berufssportler? Diese Gedanken gingen mir durch mein von Schmerzmitteln benebeltes Gehirn.

Wäre es nicht besser gewesen, die ruhige Beamtenlaufbahn eines Lehrers für Sport an höheren Schulen beizubehalten? Hätte ich mir vielleicht diese vielen Verletzungen und die damit immer wieder verbundenen Rehabilitationen zurück zu alter Stärke oder vielleicht nur zum Gehen erspart, welche der Berufssport mit sich bringt? Ein prägendes Erlebnis jener Zeit war für mich die Olympiade 1972 in München. Durch eine Bekannte wurde ich als fast fertiger Sportlehrer (es fehlten noch zwei Semester zum Diplom und mehrere für mein Zweitfach) als Co-Konditionstrainer für Südkorea verpflichtet. Der Einmarsch in das neue Olympiastadion in München und die ganzen Spiele waren mit ihrer Heiterkeit und dem Zusammentreffen von Athleten aus der ganzen Welt ein unglaubliches Erlebnis für einen jungen Trainer. Die Tragödie des Anschlages durch die Terroristen stellte für alle Beteiligten ein Drama sondergleichen dar. Vielleicht waren es diese Erfahrungen, die später meinen Weg mitbestimmten?

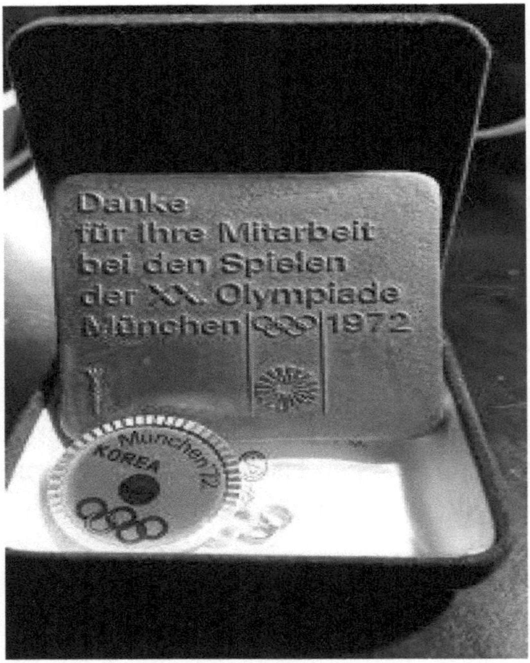

Olympische Spiele München

In den Wochen und Monaten meiner Reha und dem Kampf um das Wiedererlernen des Alltäglichen, wie beispielsweise das Gehen, was diesmal wesentlich heftiger und schwieriger war als nach den Implantaten in den Knien und der Schulter, hatte ich viel Zeit, um mir Gedanken über meine private, berufliche und sportliche Vergangenheit zu machen.
Im Rückblick waren es aufregende und interessante Jahre, die ich

nicht missen möchte.

Mein Weg zum Golfsport

Als ich mich einst gegen den Willen des konservativen, eher unsportlichen Elternhauses für ein Sportstudium in München entschied, wäre eine Lehrerlaufbahn ein Kompromiss gewesen. Die vielzitierte 68er-Generation, der ich angehöre, scheint aber zu sehr revolutionäres Blut in den Adern zu haben, um dies zu befolgen. Ursprünglich in jungen Jahren komplett dem Skirennsport zum Entsetzen der Eltern verfallen, wurde diese Laufbahn mit einigen schweren Verletzungen früh beendet, aber ich konnte zumindest das Studium erfolgreich abschließen.

Mit Golf kam ich erstmalig durch einen Sportstudienkollegen in Berührung, Der Kommilitone, aus reichem Elternhaus stammend und mit vom Papa gesponserten Porsche vorfahrend, was in der 68er-Zeit nicht besonders gut ankam, spielte damals bereits diesen für uns Sportstudenten exotischen und belächelten Sport. Nur verschwindend wenige spielten in den 1970er-Jahren in Deutschland Golf. Von diesem Studienkollegen erhielt ich die erste Golflektion und die zuerst verächtlich betrachtete Sportart faszinierte mich sehr, je mehr ich diese verflixte kleine Kugel verfehlte. In zusätzlichen belegten zwei Semestern über die eigentlich für das Lehramtsstudium notwendigen Semester hinaus war ein Diplom für das freie Sportunterrichten mein Ziel, neben einem Zweitfach. Dafür wurden wir zusätzlich auch mit für uns Studenten exotischen Sportarten konfrontiert und wiederum war da etwas Golf dabei.

Man muss sich das so vorstellen, sogar Tennis war damals noch so elitär, dass wir Sportstudenten, als wir auf der Tennisanlage des vornehmen Münchner Tennisclubs Iphitos üben sollten, verpflichtet wurden, weiße lange Hosen zu tragen!

Die erste Golfausrüstung liegt übrigens noch in meinem Keller. Es waren Stahleisen der Marke Browning mit für heutige Verhältnisse winzigen Schlägerblättern und Hölzern aus Persimmon, so groß

wie die Köpfe von Tabakpfeifen und von Zeit zu Zeit nahm ich sie in die Hand und schlug ein paar Bälle damit.
Mit Kopfschütteln stellte ich dann immer fest, warum ich denn im Laufe der Jahrzehnte tausende von anderen Schlägern probierte, wenn ich mit diesen alten Geräten immer noch genauso traf?

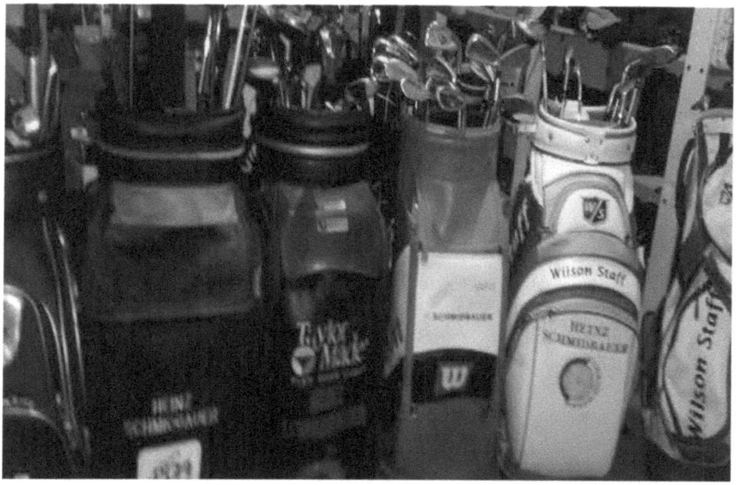

Mein Golfvorratskeller nach 50 Jahren würde manchem Proshop-Besitzer gut zu Gesicht stehen, wobei viele dieser Schläger und Golftaschen ihre eigene Geschichte haben und ich mich deshalb nicht von Ihnen trennen kann. Einige flogen davon mit mir mehrfach um die Welt.
So einige Jahre plätscherte mein Golf auf einige zufällige Gelegenheiten basierend dahin. Zu sehr war ich noch mit in meinen Augen ernsthafteren Sportarten wie dem Skilauf verbunden.
Einer meiner damaligen Höhepunkte war die Olympiade 1972 in München. Nachdem die Winterolympiade in Sapporo für mich unerreichbar war, wurde ich als damals noch sehr junger Trainer Betreuer für einen Teil des südkoreanischen Olympiateams und der Einmarsch zur Eröffnung dieser Spieler bleibt für immer ein Be-

standteil meiner Erinnerung, genauso wie die Tränen, welche nach dem schrecklichen Attentat flossen und die extrem heiteren Spiele zerstörten.
Nach Beendigung meiner Referendarszeit an verschiedenen höheren Schulen wurde mir die Mitarbeit an der Sportabteilung der neugegründeten Universität Passau angeboten. Obwohl mir die schöne Dreiflüssestadt zu weit entfernt von meinen geliebten Alpen lag, nahm ich das Angebot an.
Doch das Schicksal wollte es anders mit mir. Bei einem Fußballspiel mit Studenten riss ich mir das bereits von einem Skiunfall vorgeschädigte Kreuzband zweimal. In den 70er-Jahren war dies eigentlich das sportliche Aus. Trotz Operationen durch den damaligen Guru in Sachen Knie in Deutschland, **Professor Erwin Hipp** in München, war es das Ende meiner Tätigkeit als Sportlehrer.
Sechs Wochen Vollgips und sechs Wochen Gipsschale waren dazumal üblich und erst dann musste man mühsam das Gehen wieder erlernen.

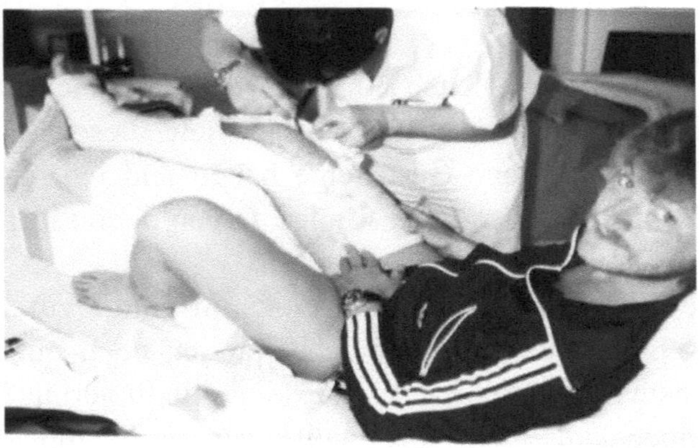

erster Kreuzbandriss

Professor Hipp hatte eine Privatklinik am Starnberger See und ca. 300 m von der Klinik entfernt war der Golfclub Starnberg. Sobald ich mit meinen Krücken einigermaßen umgehen konnte, machte ich mich bei jeder Gelegenheit auf den langen Weg zur Driving Range des Clubs. Mit Gipsbein schlug ich Bälle, bis mir die Hände schmerzten.

Zwei Jahre und zwei weitere Operationen und Aufenthalte in besagter Klinik später stand ich vor der beruflichen Entscheidung, wie es jetzt weitergehen sollte.

Aufgrund meiner zweiten wirtschaftlichen Ausbildung nahm ich das Angebot im Außendienst einer großen Bank an, nicht zuletzt wegen der damit verbundenen Möglichkeit, meine Freizeit für meine nun erwachte Golfleidenschaft nach eigenem Gutdünken einteilen zu können.

Zwischen München und Passau gab es dazumal nur zwei Neunloch-Golfplätze, die ich so oft wie möglich frequentierte. Dann baute **Leonhard Annetseder** aus dem Passauer Vorort Thyrnau-Rassbach, Bürgermeister des kleinen Ortes und Landwirt auf seinem Hof und seinen Grundstücken, mit viel Eigenleistung einen Neunlochplatz, der quasi zu meiner zweiten Heimat wurde. Noch heute muss ich den Elan und den Mut Annetseders bewundern, als er zu der damaligen Zeit diesen revolutionären Schritt wagte. Mit großer Genugtuung beobachte ich bis heute die Entwicklung dieser Anlage und kann erfreulicherweise feststellen, dass durch den Einsatz der ganzen tüchtigen Familie Annetseder diese Anlage zu den wenigen ertragreichen Golfplätzen in Deutschland gehört. Besonders gerührt war ich, als es etwa 35 Jahre später an unserer Haustüre in unserem jetzigen Wohnort in Großgmain bei Salzburg klingelte. Leonhard Annetseder und seine Frau standen vor unserer Tür, wie auch immer er meine Adresse ausfindig gemacht hatte nach so langer Zeit, und lud meine Frau und mich unbedingt zu seinem 80. Geburtstag und zur Erinnerung an den Bau seiner Golfanlage damals ein. Es war mir eine Ehre, diese Einladung anzunehmen. Bedauerlicherweise zeigten später nicht sehr oft in meiner Karriere

Investoren, betreute Sportler und ehemalige Partner so eine Anerkennung für erbrachte Leistungen, was ja nicht eine Frage des Geldes ist.

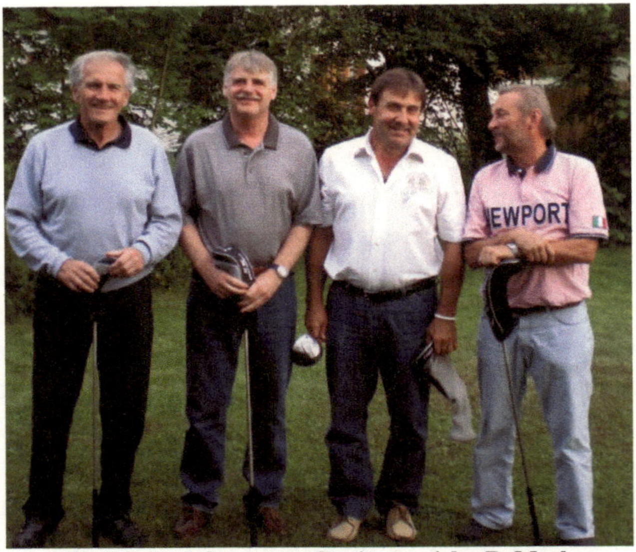

von li.: Direktor Sagstetter, Daviscupspieler R. Machan, Franco Torrano, H. Schmidbauer

Lange blieb ich allerdings damals nicht mehr in der Dreiflüssestadt. Durch einen Headhunter wurde mir von einer Konkurrenzbank und Bausparkasse ein Direktorenposten angeboten, den ich dann ungefähr zwei Jahre ausübte. Trotz dieser sehr anspruchsvollen Tätigkeit blieb ich sehr intensiv in der Freizeit mit dem Sport verbunden.

Durch alte Kontakte im Skisport kam ich zu einer neuen Tätigkeit. Der Bruder eines Kollegen hatte die Deutschlandvertretung der damals dahinsiechenden und nicht mehr im Skirennsport tätigen Vorarlberger Firma Head übernommen. Er bat mich um Unterstützung, zumal die Firma in den Skirennsport zurückkehren wollte und einige junge Nachwuchsläufer, die bei einer anderen Skifirma ausgeschieden waren und nun bei Head unter Vertrag waren, etwas Hilfe brauchen konnten.

Im Laufe dieser Tätigkeit kam ich immer mehr in Kontakt mit der größten Sportvermarktungsfirma der Welt, **der International Management Group, kurz IMG**, aus Cleveland Ohio. Der Gründer, Rechtsanwalt **Mark McCormack**, hatte einen Partner, **Arnold Palmer.** Palmer, kurz der King genannt, war und ist für jeden Golfer die herausragende Golfpersönlichkeit, seit es Berufsgolf gibt, und die Golfpersönlichkeit schlechthin nach dem Zweiten Weltkrieg, trotz vieler anderer Golfgrößen wie Tiger Woods & Co.
Palmer gilt als der Sportler, der Profigolf überhaupt erst salonfähig gemacht hat. Die Verehrung für ihn geht auch nach seinem Tode weiter.
Es kam, wie es kommen musste, ich gab meinen nicht sonderlich geliebten, aber finanziell äußerst lukrativen Direktorenposten zum Entsetzen meines ganzen Umfeldes auf und heuerte bei IMG an.
Mein Golf hatte sich auch mittlerweile so weit entwickelt, dass ich mit einem Handicap von eins ins Profilager wechselte. Im Winter betreute ich so weit wie möglich meine Skifahrer, allen voran meinen mittlerweile zum Freund gewordenen jungen Arlberger Hoteliersssohn **Patrick Ortlieb**.

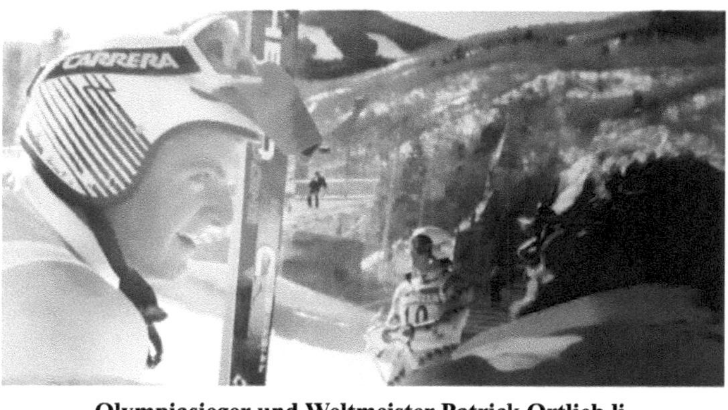

Olympiasieger und Weltmeister Patrick Ortlieb li.

Patrick nahm eine erstaunliche Entwicklung. Obwohl sein Jahrgang mit **Armin Assinger, Hannes Trinkl** und vielen mehr, mit den Vorurteilen der um ihre Pfründe fürchtenden Exrennfahrer, um den österreichischen Skikaiser Klammer zu kämpfen hatten, gewannen die damals jungen Wilden immer mehr Rennen und es war eine spannende Zeit auch für mich, diese Wachablösung mitzuerleben. Letztendlich wurde Ortlieb Olympiasieger, Kitzbühlsieger, Weltmeister und auch andere Headpiloten gewannen Weltcuprennen und Weltmeisterschaften.
Trotz aller Liebe zum Skisport wurde mein Engagement im Golf so intensiv, dass ich mich letztendlich für Golf entscheiden musste.

Das internationale Golfgeschäft

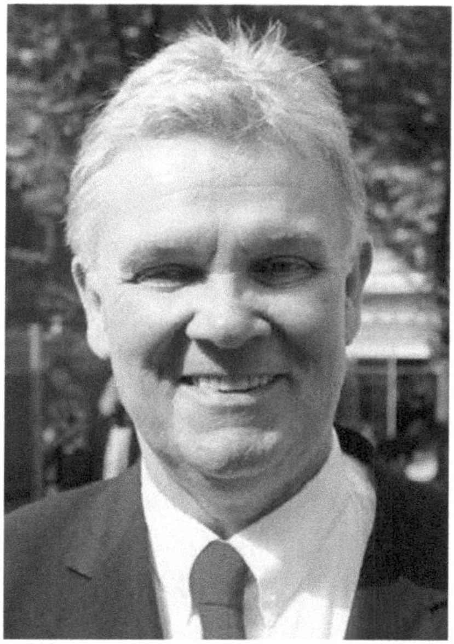

Dr. Jochem Erlemann, Initiator des Projekts Scharmützelsee

Sporting Club Berlin

Chris Roderick, die rechte Hand von IMG Boss Mark McCormack, informierte mich 1988, dass ein Investor eine riesige Golf- und Sportanlage in der gerade zu Ende gegangenen DDR plante. Diese Anlage, etwa eine Stunde von Berlin entfernt am Scharmützelsee gelegen, sollte mit Hilfe von IMG ein Nobelerholungsort mit Golfplätzen, Tennis- und Reitanlagen sowie mehreren Hotels werden. Aufgrund meiner wirtschaftlichen und sportlichen Erfahrungen, Studium und Ausbildung, besonders der Kenntnisse, wie das Golfgeschäft in Deutschland läuft, sollte ich zusammen mit Chris Roderick, das „Scharmützelsee-Projekt“, später Sporting Club Berlin, für IMG begleiten und helfen, die Wünsche der Investoren zu befriedigen.
In meinen Akten liegt noch eine alte Ausgabe der deutschen „Bild-Zeitung“.

Die Headline damals auf dem Titelbild: **„300-Millionen-DM-Projekt“ am Scharmützelsee** geplant.
In dieser Zeit herrschte in Deutschland durch den Zusammenschluss von West und Ost eine Goldgräberstimmung und das Projekt startete noch unter der sogenannten **Modrow-Übergangsregierung.**

Initiator des ganzen Projektes war die schillernde Persönlichkeit des Dr. **Jochem Erlemann** († 12. Juni 2009)
Dr. Erlemann war ein gewiefter Immobilienmann und handelte wie in dem Buch „Gabi Erlemann und Peter Zingler: *Die Millionen des Dr Erlemann oder die Kunst Geld zu machen*“ beschrieben und wie er mir während unserer Zusammenarbeit immer wieder erklärte nach dem Motto, mit dem Geld anderer Geld zu verdienen.
Gemeinsam mit anderen Finanzexperten der sogenannten „Kölner Schule“ (nicht zu verwechseln mit der Kölner Steuerrechtsschule) ersann Erlemann (Spitzname „Spezialitäten-Doktor“) eine Reihe von Abschreibungsprojekten, die es gutverdienenden Selbständigen ermöglichte, durch vermeintlich entstandene Verluste Steuern zu sparen. Besonders bekannt ist das „Bauherrenmodell“, auch „Kölner Modell“ genannt. Darüber hinaus fand Erlemann Lücken im Gesetz, die weitere Fondsgesellschaften (Hotels, Schiffe, Filme) zur Steuerersparnis ermöglichten. Von 1976 bis 1979 war Erlemann Präsident des Eishockey-Clubs Kölner EC (die „Haie“), holte namhafte Spieler wie Erich Kühnhackl nach Köln und entschuldete den Verein, der in seiner Amtsperiode zweimal Meister wurde, weitgehend.
1980 wurde Erlemann verhaftet, weil er Anteile für ein betrügerisches Projekt mit geleasten Gasflaschen im Libanon in Deutschland vertrieben hatte. Dass es sich dabei um Betrug handelte, hätte Erlemann nach eigenen Angaben allerdings erst selbst bei einem Besuch in Beirut im Jahre 1977 herausgefunden. Er wurde zu acht

Jahren Haft verurteilt; das Gericht schätzte den entstandenen Schaden auf 100 Millionen Mark. 1982 wurde die Haft in offenen Vollzug gewandelt. Während Erlemann in U-Haft saß, wurde am 6. März 1981 sein Sohn entführt. Nach zwei Wochen ließen die Entführer den Elfjährigen gegen Zahlung von drei Millionen Mark wieder frei. Die Entführer wurden später ergriffen und auch das Lösegeld konnte zum Teil sichergestellt werden. Besonders verstand Erlemann schon damals, wie wichtig die richtige PR-Arbeit war und wie nützlich ihm dabei der Sport sein konnte. Außerdem entwickelte er Programme für die finanzielle Abschreibungsmöglichkeit im Filmbusiness unter anderem für die damals sehr beliebte TV-Serie **„Dallas“**.

Aber er war trotzdem ein brillanter Kopf und entwickelte ständig neue Projekte. Kaum aus der Haft entlassen, begann er mit dem „Scharmützelsee-Projekt“. Der Kölner Erlemann sammelte um sich ein paar alte Gefolgsleute und hatte in kurzer Zeit wieder Investoren aus dem Westdeutschen Raum für dieses Projekt gefunden.

Der Spiegel titulierte damals in seiner Ausgabe vom 9. 3. 1992: **„In der Nähe Berlins soll eine gigantische Freizeitanlage entstehen“.**

Dr. Erlemann, der ehemalige Star der bundesdeutschen Abschreibungsszene hat das Projekt, so Hans-Joachim Virnich, Geschäftsführer der Betreibergesellschaft, „von der Idee zur Marktreife entwickelt“.

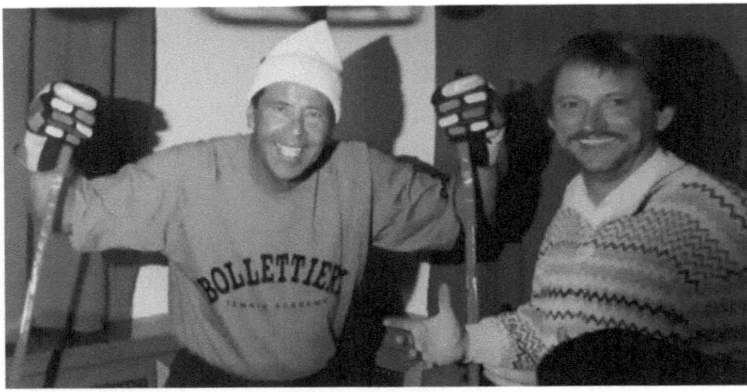

Foto: Nick Bollettieri li.

So viel Prominenz hatte Bad Saarow schon lange nicht mehr gesehen. Die Weltklasse-Golfer Bernhard Langer, Arnold Palmer und Nick Faldo waren da, der Olympia-Springreiter Alwin Schockemöhle ebenfalls und auch Amerikas legendärer Tennistrainer **Nick Bollettieri.**

Gemeinsam setzten sie die ersten Spatenstiche zum Bau eines gigantischen Sport- und Freizeitparks am Scharmützelsee, östlich von Berlin. Das Spektakel schien angemessen, denn die Investoren hatten Großes vor. Auf 2,5 Millionen Quadratmetern planten sie gleich drei Golfanlagen, ein Fünf-Sterne-Hotel, 46 Tennisplätze samt Center-Court und eine große Reitanlage.

Der „Spezialitätendoktor“, wie Erlemann früher in der Abschreibungsszene hieß, schaltete die US-Sportagentur **IMG Mc Cormack** ein – so kaufte er die großen Namen des internationalen Sport-Jet-sets, um dem Projekt Renommee zu geben.

Die Vorarbeiten für das Projekt begannen etwa 1990 und für **Chris Roderick** und mich war es ein ständiger Eiertanz, die dauernden Änderungen der Wünsche und Ideen Erlemanns mit der Realität in Einklang zu bringen.

International Management Group (kurz IMG genannt)

1959 trafen sich Arnold Palmer und McCormack in Cleveland, USA, bei einem Profiturnier wieder, nachdem sie gemeinsam in jungen Jahren ein einem Golfteam gespielt hatten.
McCormack arbeitete zu dieser Zeit als Anwalt in Cleveland. Palmer war aufgrund seines Sieges beim Masters im Jahr zuvor bereits ein angesehener Profigolfer. Per Handschlag besiegelten die beiden ihre Zusammenarbeit – der Grundstein für das heute allerorten übliche Marketing und Management berühmter Sportler-Persönlichkeiten. Im darauf folgenden Jahr nahm McCormack Jack Nicklaus unter Vertrag, 1962 dann Gary Player. Als maßgeblichen Faktor am eigenen Erfolg wertete McCormack später die Turniersiege der „Big Three“: „Wenn meine ersten drei Klienten, die berühmten Golfer Arnold Palmer, Gary Player und Jack Nicklaus, ihre Turniere nicht gewonnen hätten, nachdem ich sie unter Vertrag hatte, würde ich wahrscheinlich noch irgendwo als Anwalt arbeiten.

McCormack vertritt Stars aller Sportarten
Nach seinem großen Erfolg im Golf wandte sich McCormack verstärkt dem Tennis zu. Ab 1968 vermarktete er sowohl das Turnier in Wimbledon als auch den australischen Topspieler Rod Laver. Mit Björn Borg, John McEnroe, Ivan Lendl, Martina Navrátilová, Chris Evert und Pete Sampras wurden viele andere Größen des Tennis Klienten von McCormack IMG. In den weiteren Jahren vertrat IMG Spitzensportler aus allen Bereichen.
Aus der Leichtathletik waren dies etwa der englische Mittelstreckler Sebastian Coe. Dazu kamen die kanadischen Eishockeylegenden Mario Lemieux und Wayne Gretzky, die Skifahrer Jean-Claude Killy, Alberto Tomba und Rosi Mittermaier ebenso wie die Rennfahrer Jackie Stewart und Alain Prost.

Die Bedeutung von IMG für das Sportmarketing

„Ich würde nicht so weit gehen und sagen, dass Golf und Tennis ohne ihn nicht zu herausragenden internationalen Sportarten aufgestiegen wären“, sagte Tiger **Woods**, ein IMG-Klient, nach dem Tod McCormacks 2003, „aber die Realität ist, dass sie sich ohne ihn nicht so schnell und effektiv entwickelt hätten. Er war ein Genie des Sportmarketings. “ Er habe „das Geschäft mit der Vermarktung von Sportlern und Sportereignissen erfunden“, urteilte der Spiegel. Am besten versteht man McCormacks Philosophie, wenn man sein Buch **„What they don‘t teach you at Harvard Business School“** liest.

Dass die Werbeeinnahmen heutiger Sportler deren Erlöse aus Preisgeldern oder Einnahmen aus Verträgen mit Vereinen um ein Vielfaches übersteigen, wurde erst im Zuge der durchgehenden Vermarktung von Sportlern möglich.

Auf dem Weg des modernen Profisports kommt McCormack und seiner International Management Group die Pionierrolle zu.

Heute vertritt IMG nicht nur Sportler, sondern hat vielfach auch die alleinigen Rechte bei Sportveranstaltungen wie Wimbledon Usus.

IMG war auch der erste Rechtebesitzer der **Golfweltrangliste**. Erster Spitzenreiter der 1986 eingeführten Herrenweltrangliste (englisch *Official World Golf Rankings – OWGR*) war der Deutsche Bernhard Langer. Vorläufer der Golfweltrangliste war eben die 1968 eingeführte *Mark McCormack‘s world golf rankings*.

Mein Freund **Nick Bolletieri**, den ich bei einem Pro-Am-Turnier in Sarasota/Florida, das ich gewinnen konnte, kennenlernte, sagte mir dazumal bei meinem Eintritt in die Zusammenarbeit mit IMG :

„Heinz you are entering a shark world. “

Er hatte absolut recht und die Macht von IMG war dazumal riesig und ist es bestimmt auch heute noch. Übrigens, **Nick Bollettieri** ist sicher der erfolgreichste Tennistrainer weltweit, sein Name, seine Firma gehören mittlerweile zu 100% zu IMG und sein Stützpunkt ist nach wie vor in Bradenton/Sarasota Florida. Gleich um die Ecke, fast im selben Gebäude, wird von IMG eine andere Tochterfirma gemanagt: **David Leadbetters** Golfakademien, weltweit ebenfalls zu IMG gehörig. Leadbetter war genauso wie Bollettieri erfolgreich, nur eben im Golfbereich. **Nick Faldo,** oftmaliger Mastersieger, gehörte zum Beispiel zu Leadbetters erfolgreichsten Schülern.

Arnold Palmer

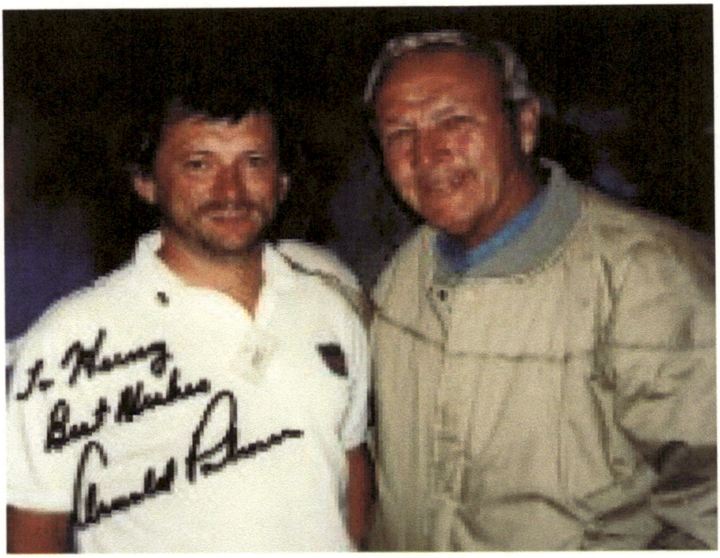

Arnold Palmer † 25. September 2016 gehört sicher zu den beeindruckendsten Persönlichkeiten in meinem Leben, die ich kennenlernen durfte und die meine Einstellung zum Golfen am meisten geprägt haben.
Im Laufe seiner eindrucksvollen Karriere gewann Arnold Palmer sieben *Majors* (4 Masters, 2 Open Championships und einmal die US Open). Seine besten Jahre auf der PGA Tour waren zwischen 1960 und 1963, als er innerhalb von vier Saisons 29 Turniersiege verzeichnete. Damals rekrutierte sich eine riesige Fangemeinde, bekannt als *Arnie's Army*, die ihn noch Jahrzehnte später von Turnier zu Turnier begleitete. 1967 war er der erste Berufsgolfer, der die 1-Million-Dollar-Marke an Preisgeld überschritt. Einer der Gründe für die große Popularität und die hohen Einnahmen waren das professionelle Management durch den Anwalt Mark McCormack, der Firmen überzeugte, Golfturniere zu sponsern. Gegen

Ende der 1960er-Jahre wurde Palmer von seinem deutlich jüngeren Dauerrivalen Jack Nicklaus nachhaltig überflügelt, aber er gewann trotzdem Jahr für Jahr mindestens ein Turnier und 1972 sogar deren vier. Als Palmer dann für die PGA Senior Tour, die heutige *Champions Tour*, spielberechtigt war, konnte er mit seinem Auftreten zum Erfolg dieser Turnierserie wesentlich beitragen. Er gewann dort zehn Events, davon waren fünf Senior Majors. 2004 trat Arnold Palmer zum letzten Mal beim Masters in Augusta, Georgia, an, nach 50 Starts in Folge. Als er dann 2005 beim *US Senior Open* den Cut um 21 Schläge verpasste, gab er seinen Rücktritt bei Senior Majors bekannt. Im Oktober 2006 zog er sich endgültig vom professionellen Turnierbetrieb zurück. Arnie oder der „King“, wie Palmer von den Golfern genannt wurde, war mit Sicherheit der erste Profisportler nach dem Zweiten Weltkrieg, der es über Jahrzehnte verstand, Golf weltweit so populär zu machen. Seine Bewunderer, kurz „Arnie‘s Army“, himmelten Palmer an. Er legte eine beispiellose Karriere ohne Skandale hin und bis ins hohe Alter wurde Palmer von allen Golfern und Verbänden wie die PGA geschätzt und verehrt.
Neben seiner Spielerkarriere machte er Golf vor allem im TV bekannt, betrieb auch den Golfchannel, war in diversen Aufsichtsräten in der US-Industrie und besonders weltweit erfolgreich mit dem Bau von Golfplätzen und Golfresorts. Hier war der Golfarchitekt Ed Seay sein langjähriger Partner. Seine Firmen „Arnold Palmers Golfcoursedesign, Golfcoursemanagement“ usf waren weltweit tätig und ich konnte dort sehr viel über den Betrieb, Bau und die Wirtschaftlichkeit von Golfplätzen und Golfresorts erlernen.
Ursprünglich aus Latrobe in Pennsylvania stammend, als Sohn des Greenkeepers und Golfpros Deacon Palmer, war Palmer von frühester Kindheit an mit dem Golfvirus infiziert.
Jahrzehntelang war Palmer der weltweit bestverdienende Sportler, im Alter vor allem durch seine Werbeeinnahmen. Die meiste Zeit

des Jahres verbrachte er in Orlando/Flordia in seinem eigenen Golfresort, dem berühmten „Bay Hill“. In der Zeit, in der ich für Palmers Firmen arbeitete, war ich zusammen mit meiner Frau oft dort zu Gast. **Bay Hill** ist seit vielen Jahren ein Turnierort der PGA und das damit verbundene „Arnold Palmers Invitational“ gilt als eines der anspruchsvollsten auf der US-Tour. Die exklusive **Bay-Hill-Anlage in Orlando, Florida** gehörte Palmer und war das Zentrum seines Imperiums.
Sehr gut kann ich mich an eine Runde mit Arnie erinnern. An einem langem Par 5, dessen Bahn um einen See führte, war ich nach einem sehr guten Drive in Versuchung, das Grün mit einem weiterem Schlag mit dem Driver zu attackieren. Palmer blickte mir tief in die Augen und sagte nur: **„Nicht einmal Ian Woosnam (die damalige Nr. 1 in der Weltrangliste) würde dies machen oder auf diesen Gedanken kommen. “**
Verschämt packte ich sofort den Schläger weg. Natürlich habe ich die Runde gegen den damals bereits über 60 jährigen, ich glaube, mit fünf Schlägen verloren. Als wir wieder einmal gemeinsam auf der Bay-Hill-Anlage waren, sah ich einige kleinere Alligatoren in den Seen schwimmen. Ich fragte Palmer, „wovon können die den leben? Hier sind die Häuser alle so gepflegt und alles ist sehr sauber?“ Verschmitzt antwortete Arnie: „Die französischen Pudel dieser reichen Hausbesitzer sind das Filet Mignon meiner Alligatoren. “
Zum Nimbus „Bay Hill“ gehörte auch, dass fast jeder US–Präsident, angefangen von **Ike Eisenhower** bis damals zu **G. Bush**, einmal in Bay Hill mit Palmer eine Runde gespielt hatte.
Palmer liebte Hunde und besaß einen schönen weißhaarigen Retriever. Bei dem Pre-Opening des Sporting Clubs Berlin in Bad Saarow wollte man natürlich eine Menge Aufmerksamkeit in den Medien. Aus diesem Grunde war es unter anderem meine Aufgabe durch meine Beziehungen möglichst viele Sportler aus allen mög-

lichen Sportarten zu diesem Event einzuladen. Besonders meine Freunde aus dem Skifahrerlager kamen dieser Einladung nach. Jimmy Steiner, ein Großer des österreichischen Skisports und Freund von mir war damals bei dem Berlin Opening auch dabei und es war auch für die Skifahrer ein Erlebnis, Weltstars wie Arnold Palmer und Nick Bollettieri kennenzulernen.
Viele Monate später gab es eine „Thanksgiving Party“ in Bay Hill. Meine Frau Marie Therese und ich waren zu dem Event eingeladen und bei offiziellen Einladungen kann es in den USA sehr steif, sprich mit Smoking und Abendkleid zugehen.
Wir saßen gerade über unserem Truthahn in einer sehr reservierten Runde, als sich plötzlich die Tür öffnete und eine Gruppe Österreicher in Jeans, also etwas deplatziert gekleidet, rein- und auf uns zustürmte. Ex-Skirennfahrer **Jimmy Steiner** und seine Freunde, auf Golfurlaub in Florida, wussten, dass ich in Bay Hill war.
Naja, meine schüchterne Frage: „Sagt mal, wie seid ihr überhaupt in das normal sehr gut abgeschirmte Resort und in das Restaurant reingekommen?“
„Oje“, sagten sie, „da war so ein etwas älterer Herr mit einem weißen Retriever, der zeigte uns den Weg. “
„Hallo“, sagte ich darauf, „könnt ihr euch nicht mehr an Berlin erinnern, das ist wahrscheinlich Palmer selbst gewesen. “
In diesem Moment betrat Palmer das Lokal und ein langes „Jaaa“ der Gruppe meiner österreichischen Freunde, „der wars“, ließ mich fast im Boden versinken vor Scham.
Das Verhältnis von Palmer zu dem wesentlich jüngeren Jack Nicklaus, quasi der „König ist tot, es lebe der König“, war im Gegensatz zu anderen Pressemeldungen immer freundschaftlich und respektvoll trotz aller Konkurrenz. Die Golfer sagten: „We love Arnie, but we respect Jack. “
Nach Ablauf deren aktiver Karriere setzte sich die Konkurrenzsituation der beiden in dem Bau von Golfanlagen weltweit fort. Baute

der eine in Europa, so folgte der andere dort mit einer noch größeren Anlage.
Als Nicklaus seine erste Anlage in Österreich, den Golfclub **Altentann** in Henndorf bei Salzburg, baute, beäugten wir Palmer-Leute dies mit Argusaugen, besonders weil ich unweit entfernt zur gleichen Zeit für die Erlemann-Gruppe eine Golfanlage im oberösterreichischen Haag, am Hausruck bei Linz gelegen, errichten musste. Im Übrigen halte ich den Golfclub Altentann immer noch für den besten Platz in Österreich, wenn er richtig gepflegt ist. Die ersten beiden Austrian Open fanden auch dort statt und es war mir vergönnt beim Pro/Am bei einer dieser Open mit meinem Team damals den zweiten Platz zu belegen, trotz der ganzen europäischen Pro-Elite. Einige Jahre später bewarb sich der Schwesterplatz von **Altentann** in Irland, **Mount Juliet** genannt, genauso wie der von Palmer re-designte **K-Club**, in Irland um die Austragung des vielleicht weltweit größten und prestigeträchtigsten Sportevents, dem **Rydercup.** Arnies Armee jubelte, als der **K-Club, bei Dublin** den Zuschlag erhielt. Der **Ryder Cup** ist ein im Zwei-Jahres-Turnus ausgerichtetes mehrtägiges Golfmannschaftsturnier zwischen den besten Golfern Europas und den USA.
Welche Kämpfe hinter den Kulissen bei der Ausschreibung und dem Zuschlag zu dem Bau oder der Austragung bei solchen Events getobt haben, kann sich jeder ausmalen. Es geht hier immer um Multimillionen Dollar an TV-Einnahmen und Übertragungs- und Vermarktungsrechten.
Die Einnahmen aus dem Rydercup, einem der größten weltweiten Sportevents, **ist ein Joint Venture der US PGA Tour, der PGA European Tour (60%), der PGA of Great Britain and Ireland (20%) und der PGA of Europe (20%).**
Einigen Golffreunden von mir, unter anderem meinem langjährigen Freund aus San Remo, **Franco Torrano**, der schon viele Jahre in Österreich in dem bekannten **Schloss Fuschl bei Salzburg** als

Golfpro tätig ist, konnte ich daraufhin den Besuch dieses Ryder Cups ermöglichen.

Sporting Club Berlin & Golfclub Maria Theresia

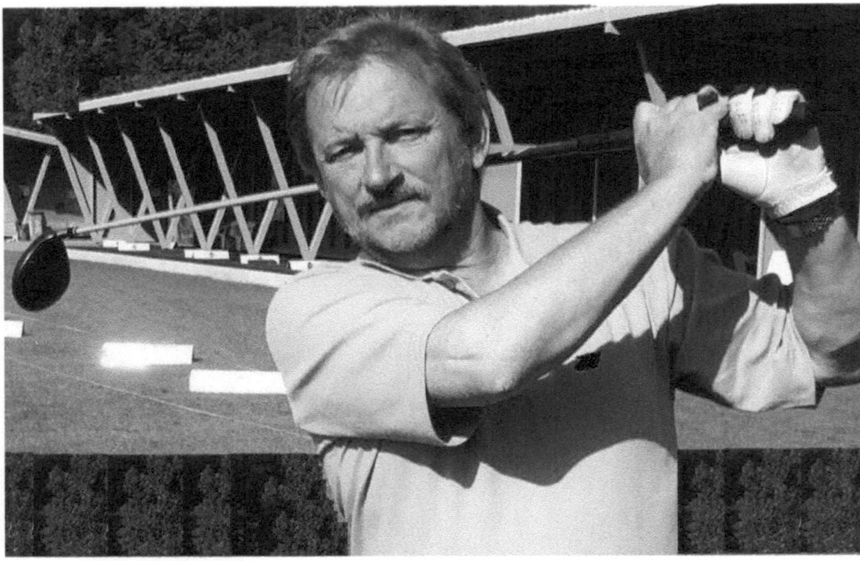

Die Kölner Gruppe um ***Dr. Erlemann*** hatte sich nach dessen Entlassung aus der Haft nach Österreich in den kleinen Ort Haag am Hausruck, zwischen Passau und Linz gelegen, abgesetzt und steuerte von dort aus ihre diversen Projekte.
In der Nähe von Haag a. H, war das deutsche Golfeldorado **Bad Griesbach** unter der Patronat des dort heimischen Juristen **Alois Hartl** entstanden. Bad Griesbach ist nur wenige Kilometer von dem älteren und bekannteren Kurort Bad Füssing gelegen.
Alles begann im Jahr 1938, als Bohrtrupps auf der Suche nach Erdöl in Niederbayern 70 Grad heißes Thermalwasser fanden. So

erfolglos die Sache mit dem „schwarzen Gold" war, so rasant ging die Entwicklung zur Thermenregion voran. Für Bad Füssing begann der beispiellose Aufstieg vom winzigen Bauernkaff zu Europas größtem und übernachtungsstärksten Kurort mit rund 2,7 Millionen Übernachtungen (85% Stammgästeanteil) und 1,3 Millionen Tagesgästen pro Jahr. In Bad Griesbach wurden dagegen erst im Jahr 1972 drei Thermalquellen durch besagten Alois Hartl erschlossenen. Später folgten dann noch das nahe, aber eher dörfliche Bad Birnbach, um das niederbayerische Bäderdreieck zu komplettieren. Ende der 1986er-Jahre entstand in Bad Griesbach der erste Golfclub, Sagmühle genannt, in der seichten Landschaft entlang der Flüsse Inn und Rott. Der ursprüngliche Initiator dieses ersten Golfplatzes war der Beikleiderfabrikant Kuhn aus Neuhaus am Inn, der nach einer längeren internen Zwistigkeit letztendlich **Alois Hartl** den Golfkurs überließ. Hartl schuf daraufhin das Fundament für Deutschlands Golfdestination Nr. 1 und das größte zusammenhängende Wellness- und Golfresort Europas.

Mit einer Gesamtinvestition von 36 Millionen Euro schuf Hartl in den vergangenen Jahrzehnten eine Mammutanlage für Golfer, Familien und Erholungssuchende. 1,17 Millionen Gäste übernachten jährlich in Bad Griesbach und machen sich fit für den Alltag. Mehr als 32. 000 Golfer drehen jede Saison ihre Runden über die insgesamt elf Anlagen (sechs 18-Löcher-Plätze, drei Neun-Löcher-Anlagen und zwei Sechs-Löcher-Übungsparcours). Jeder Platz hat seinen eigenen Charme. Das Ziel ist in Griesbach die Gäste sollen jeden Tag etwas Neues erleben können und innerhalb einer Woche sechs Tage golfen.

Diese Anlage animierte Dr. Erlemann anscheinend, neben seinem Berlin Projekt in der kleinen Ortschaft Haag a. H. , ca. 30 km von Bad Griesbach entfernt in Österreich gelegen, dort dem Beispiel Griesbachs folgend, ebenfalls ein Thermalhotel mit Einliegerwohnungen und damit verbunden auch einen 18-Loch-Golfplatz zu errichten. So kam es, dass der gute Dr. Erlemann versuchte beide Projekte Berlin und Haag zu verbinden und natürlich auch die Finanzen entsprechend hin und her balancierte. Da in Haag zwar ein Thermohotel und Apartments geplant waren, sollte der zu planende 18-Loch-Golfplatz in erster Linie zu Verkaufszwecken des Hotels und der Wohnungen errichten werden. Wenn nun das Design des Platzes durch **Arnold Palme**r erfolgen sollte, musste man mit einem Mindesthonorar von 1 Million US-Dollar rechnen und man wollte für das Haagprojekt nicht so viel ausgeben. Aus diesem Grunde wurde ich mehr oder weniger dazu verpflichtet, den Bau der Golfanlage in Haag neben der Tätigkeit in Berlin zu übernehmen. Dies erforderte natürlich eine große Reisetätigkeit für mich. Flüge und Reisen zwischen USA, Berlin und nach Haag waren angesagt. Da Haag unweit Passau lag, konnte ich mein dort noch vorhandenes Büro und meine Wohnung nutzen.

Die Errichtung dieser Anlage erwies sich aus mehreren Gründen als äußerst diffizil. In erster Linie waren der ständige Geldmangel und die nicht vorhandene Infrastruktur ein Problem. Reibereien zwischen der Erlemann-Gruppe, Investoren, Apartmentkäufern und dem neuen Golfclub inklusive dessen Mitgliedern und Präsident waren an der Tagesordnung. Die Ansprüche einerseits von Dr. Erlemann, einen internationalen Golfkurs zu bauen, war angesichts des Defizits an Geld und Platz unmöglich. Trotz vielfacher Widrigkeiten gelang es mir, den Platz fertigzustellen. Die geplante Hotel- und Apartmentanlage, auf deren Planung und Durchführung ich bzw. wir von IMG keinerlei Einfluss hatten, endete letztlich mit einem 60-Millionen-DM-Konkurs. In der Nachsicht war klar, dass hier viel Geld nach Berlin geflossen war. Mehrmals beendete ich dort meine Tätigkeit, wenn notwendige Gehälter für die Golfplatzmitarbeiter und Zulieferer für die Golfanlage fehlten.

Einerseits wollten wir Dr. Erlemann als unseren Kunden in Berlin nicht verprellen, andererseits war von mir darauf zu achten, nicht in die Kalamitäten des Hotelprojektes mit hineingezogen zu werden. Für den Präsidentenposten des neuen Golfclubs fand Dr. Erleman doch glatt den Vorstandsvorsitzenden des größten österreichischen Industriekonzerns der **VOEST**, die in Linz beheimatet war. Professor Dr. **Ludwig von Bogdandy** kam ursprünglich von den deutschen Klöcknerwerken und war ein sehr integrer Mann. Es war ein schwieriges Unterfangen für mich, hier Empfehlungen und Tipps zu geben, damit nicht Schäden an der Reputation der Beteiligten entstanden. Gab es doch damals eine gewisse Krise im Industriebereich, das die Entlassung vieler Mitarbeiter erforderte, andererseits war ein Engagement in einem Hotel-Golfprojekt mit ungewissem Ausgang nicht sehr publikumswirksam.

Das Projekt Maria Theresia erregte durchaus Aufsehen in Österreich. 1989 bis 1990 gab es noch nicht sehr viele ähnliche Projekte. Die anfangs schnell steigende Mitgliederzahl, darunter auch die spätere **österreichische Finanzministerin mit Gatte** und viele mehr, schienen für eine rosige Zukunft zu stehen. Trotz der vielen Hürden beim Bau, zu wenig zur Verfügung stehenden Grunds, um, wie von Dr. Erlemann gefordert, einen echten Championplatz ala Nicklaus-Platz-Altentann zu errichten, konnte ein gepflegter Kurs erstellt werden. Die vielen Versprechungen von Dr. Erlemann und seinen Partnern, darunter waren auch einige Personen, die man mit Vorsicht betrachten musste, waren ein ständiges Problem für mich, um gegenüber Clubmitgliedern glaubhaft zu bleiben, was verwirklichbar ist und trotzdem unserem Auftraggeber nicht in den Rücken zu fallen.

Der Hauptkapitalgeber des Haager Projekts, der von Jochem Erlemann gefunden wurde, war ein Industrieller aus dem Kölner Raum. Um diesen und weitere Käufer der Wohnungen bei Laune zu halten, wurden beispielsweise an den Tagen ein paar Baggerfahrer engagiert, welche dann wie wild auf der Hotelanlage hin und her fuhren, obwohl die eigentlichen Baufirmen mangels Bezahlung die

Arbeit eingestellt hatten.
Es war und ist schade bis heute, dass die Hotel-Wohnanlage nie fertiggestellt wurde und nun seit über fast 30 Jahren als Ruine ihr Dasein fristet. Es gelang mir in der kurzen Zeit meines Engagements in Maria Theresia, einen einigermaßen netten Golfbetrieb zu installieren. Mit dem Bau des Hotels hatte ich Gott sei Dank nichts zu tun, wenngleich die finanziellen Probleme dort mit dem Bau des Golfkurses zusammenhingen. Wie viele Millionen dabei zwischen dem Berlin-Projekt und dem Maria-Theresia-Projekt hin- und her jongliert wurden, konnte später nie festgestellt werden. Für viele einheimische Subunternehmer endete die spätere Insolvenz in einem Desaster und nach über 30 Jahren ist die Rechtslage so verzwickt, dass eine Fertigstellung anscheinend nie ausgeführt wird.
Viele prominente Freunde von mir aus allen Bereichen des Sports kamen zu den ersten von mir organisierten Turnieren. Vor allem meine Sportkollegen aus dem Skibereich, allen voran Hans Hinterseer und viele mehr, sorgten für Aufsehen. Trainer wie Professor Heini Bergmüller, später bekannt als großer Mentor von Skistar Hermann Maier, aus der Skiindustrie **Carrera Manager Heinz Strassegger**, (dessen Ehefrau Barbara später eine Sekretärin von mir wurde), **Ski-Weltmeister David Zwilling** und sogar **Bundeskanzler Franz Vranitzky** mit Gattin besuchten den Platz. In der Nähe Haags war die Einweihung einer Robinson-Ferienanlage, zu der damals das Bundeskanzlerpaar gekommen war. Frau Vranitzky hatte kurz davor als Golferin ein internationales Turnier mit allen Stars der Szene in Wien organisiert. Daher kannte ich sie und es war naheliegend, eine Golfeinladung auszusprechen. Für Österreichs Journalisten unter der Führung von Legende **Lucky Schmidleitner** organisierte ich noch den ersten Ländervergleichskampf mit den Journalisten aus Deutschland auf der Anlage. Letztendlich verließ ich auch auf Anordnung von IMG die Anlage nach der Fertigstellung sowie auch auf Grund der Insolvenz der Betrei-

ber. Die sehr anstrengende Zeit des Pendelns zwischen den Aufgaben in Berlin, USA , Österreich und vor allem meine eigene immer anspruchsvollere Profikarriere mit Turnierteilnahmen innerhalb und außerhalb Europas werden immer verbunden sein mit meinem großen privatem Glück, welches ich in der kurzen Zeit meines Verweilens im Golfclub Maria Theresia fand.

Marie-Therese oder Maria Theresia!

Wie bereits erwähnt, war es für mich auf Grund meiner früheren Tätigkeit in Passau leichter, auch in dieser Stadt während meiner Golfplatzbautätigkeit in Haag a. H. wohnen zu bleiben. Büro und Wohnung waren vorhanden.
Lassen Sie mich, werte Leser/innen, dazu eine Geschichte erzählen, warum ich Ihnen dies schildere:
Vor kurzem fragte mich mein jetziger Hausarzt hier in unserem Wohnsitz in Salzburg/Großgmain, ein gebürtiger Südtiroler, der immer jeden Besuch von mir gerne benützt, um mit mir italienisch zu sprechen, etwas sehr Gewagtes. „Sag einmal“, meinte er, „Enrico (so nennt er mich), du musst mir nicht antworten, wenn du nicht magst, aber mich würde es sehr interessieren, wie dies mit euch Golfprofis so ist! Dieser **Tiger Woods** hatte doch so viele weibliche Bekanntschaften. Ist dies bei euch Golfprofis so üblich und wie ist dies oder war es bei dir?“
Im ersten Moment war ich doch etwas irritiert und es dauerte, bis ich meine Fassung wiedergewann. „Weißt du“, sagte ich ihm, „vor über 30 Jahren hatte ich das größte Glück meines Lebens, als ich meine Frau in Passau getroffen habe. Seither habe ich nur noch Augen und Ohren für sie. Was davor war, wissen nur der liebe Gott und ich. “
Ob er mit dieser Antwort zufrieden war, mag ich nicht zu beurteilen, aber es entspricht der Wahrheit.
Mit Beginn meiner Profikarriere traten immer wieder verschiedenen Medien an mich heran mit der Bitte, wenn es um Golf ging, meine Kommentare dazu in Form von Interviews oder Kolumnen zu veröffentlichen. Bis heute bin ich so mit einer monatlichen Kolumne mit dem Golfsportmagazin verbunden. Aber auch anderen Medien wie Golfdirekt-News stehe ich immer gerne mit meiner Ansicht zu Golfthemen zur Verfügung. Dies ist immer eine gute

Gelegenheit, Golf populärer zu machen. In der Bauzeit des Golfclubs Maria-Theresia/Haag wohnte ich, wie gesagt, bequemerweise noch in der Dreiflüssestadt Passau. In der Stadt gab es dazumal eine kleine Stadtzeitung, die ein Interview mit mir führte und für die ich auch einige Artikel quasi im Vorbeigehen über Golf geschrieben habe.

Wie es das Schicksal so wollte, schickte mir der Redakteur eines Tages eine unglaublich hübsche junge Dame ins Büro, um einen Artikel abzuholen. Bereits am Tonfall meiner Sekretärin bei der Anmeldung bemerkte ich, dass ich da einen besonderen Besuch bekommen würde.

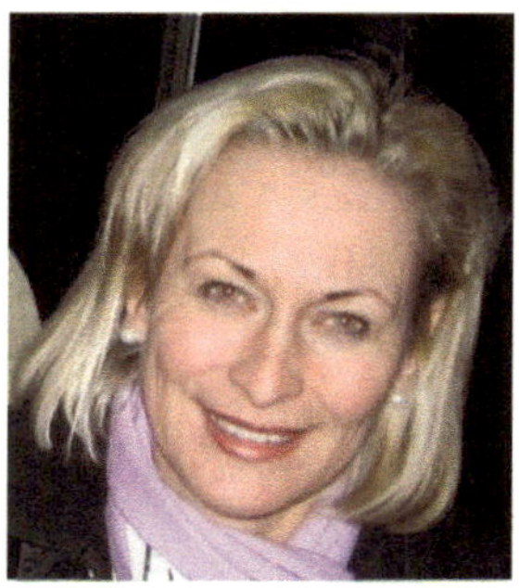

Marie -Therese Schmidbauer

Aus dieser Begegnung, die junge Dame mit dem hübschen Namen Marie-Therese, eine gebürtige Österreicherin aus Schärding, die als Magister der Kunstgeschichte eine Galerie in Passau leitete und auch für das oben erwähnte Magazin Artikel verfasste, wurde das Beste, was mir in meinem Leben passieren konnte. Sie davon zu überzeugen, dass ich der Richtige für sie bin, war, glauben Sie mir, meine schwerste Runde. Dieser äußerst attraktive Besuch ist nun seit über 30 Jahren bei mir und mit mir verheiratet. Sie hat uns beiden einen tollen Sohn, Paul, von mittlerweile 24 Jahren geschenkt.

In den Jahrzehnten mit mir war es für Sie nicht immer leicht, mein hektisches, reiseintensives Leben mit mir zu teilen. Ohne meine Marie-Therese, die mit ihrem österreichischen Charme manche meiner Sturheiten, Tiefen und Höhen eines Profilebens ausgeglichen hat, wer weiß, was da alles schiefgegangen wäre?
Gut meinende Zungen haben in dieser Zeit immer behauptet, der Name des Golfclubs Maria Theresia in Haag, wäre mir sogar durch meine Marie-Therese eingefallen. Leider war dem nicht so. Der Name des Clubs entstand dadurch, dass Weinbrandrechte der Kaiserin Marie-Theresia auf dem früheren Gelände des Clubs bestanden.
Marie Therese‘ erster Besuch eines Golfturniers, bei dem ich mitspielte, es war in der Nähe von München und gesponsert von einem Autokonzern, da war ich schon auf der Runde, als sie den Platz erreichte. Viel verstand sie damals noch nicht von Golf, anlässlich meines schlechten Spiels bei dem Turnier war ich da fein raus. Später gelang es, ihr so schnell wie möglich ein paar Grundbegriffe des Golfsports beizubringen. Es waren viele Turniere, bei denen mir Marie-Therese tapfer Caddy ging. Es war fast zum Haare raufen, bis ich endlich in Starnberg, beim Eröffnungsturnier des Golfclubs **Gut Rieden**, zum ersten Mal mit Caddy Marie-Therese siegte.
Die Einladung zu dem Turnier kam von meinem Freund **Carlos Münch**, einem deutschen Diplomaten, der unter anderem mal Botschafter in **Brasilien** war und auf dessen Einladung ich auch damals dieses wunderbare Land Brasilien kennenlernen durfte.
Der Pokal, überreicht durch den Showmaster **Michael Schanze** ist einer der wenigen, die wir behalten haben. Lieber waren mir eigentlich immer die Siegerschecks.
Beim anschließenden Bankett saß man zusammen, unter anderem mit einem Journalisten eines bekannten Golfmagazins, den ich eigentlich zu meinem erweiterten Bekanntenkreis zählte.

Leider hatte ich mich in ihm getäuscht. Er verfasste kurze Zeit darauf einen Bericht über das Turnier. Bis dahin war dies ok. Aber er beleidigte in dem Artikel meine Marie-Therese, indem er meinte, ich könnte jetzt wenigsten durch die Schöne (da hatte er recht) der Nacht Gotik von Renaissance unterscheiden. Das Ergebnis war, er fühlte sich anscheinend bemüßigt, unser frisches Glück zu stören. Nie mehr durfte er dafür eine Golfanlage, mit der ich zu tun hatte, betreten. Normal können Journalisten nie Freunde von Sportprofis sein, war immer meine Einstellung. Dazu gibt es eine Ausnahme. Mein longtime Freund **Hans-Günter Rainer**, genannt **Häsi** † *14. 2. 2019.* Er war ein richtig guter Journalist, der, wenn er über mich berichtete, dies ohne Rücksicht auf unsere Freundschaft tat, aber immer fair. Häsi war im Hauptberuf Journalist, unter anderem beim Burdaverlag und im Nebenberuf bei einem deutschen Golfmagazin tätig.
Anlässlich eines Pro/Am-Turniers lernten wir uns kennen und ich schätze es sehr, dass er nach dem Turnier mir nicht mit diversen Schlägen und Ergebnissen des heutigen Spieltages in den Ohren lag. Natürlich wäre ich als Profi falsch am Platz, wenn ich nicht mit mir selbst oder meinem Coach eine Spielanalyse betreiben würde. Aber es gibt so Kandidaten, die erzählen allen, die es hören wollen, und auch allen, die es nicht hören wollen, jedes Detail ihrer Runden auf diversen Plätzen. **Häsi** gehörte im Gegensatz zu dem von ihm sehr verehrten Kärntner Skihero und Skikaiser nicht zu diesen Genre. Wir entdeckten im Gegenteil bei jenem Abend unsere gemeinsame Leidenschaft für das Fliegenfischen, was ich seit frühester Jugend in der Freizeit gerne ausübte. Viele Jahre später wurde diese Vorliebe bei mir durch die Jagd im Gebirge verdrängt. Häsi hatte anfangs ein gewisses Problem mit Marie-Therese, die ja jetzt an meiner Seite war. Hoffte er anfangs, dass es so wie früher war, dass dies nur eine vorübergehende Angelegenheit sei, merkte er bald, dass er sich gewaltig geirrt hatte. Es dauer-

te ziemlich lange, bis Marie-Therese und er zueinander fanden. Irgendwann sagte er mir, dass er und seine Frau, die leider bald verstorben war, Angst hatten, meine Freundschaft und Zeit nach der Heirat mit Marie-Therese zu verlieren. Er fungierte als mein Trauzeuge und bis heute waren wir in Freundschaft auch durch gemeinsame Jahre in Italien verbunden. Häsi, vom Naturell ein Pessimist und die Bayern würden sagen ein Grantler, war immer negativ eingestellt, egal, wo wir in der Welt gemeinsam waren. War es ein schönster Sonnentag und sah er irgendwo ein Wölkchen, so meinte er, es fängt gleich zu regnen an. Er ging mir ein paar mal als Caddy. War nicht so einfach. An einem langen Par 5, das bergauf ging, war ich mir sicher, dass ich es mit meinem zweiten Schlag erreichen würde, hatten wir fast einen Streit, weil er sich so ein Selbstvertrauen nicht vorstellen konnte.

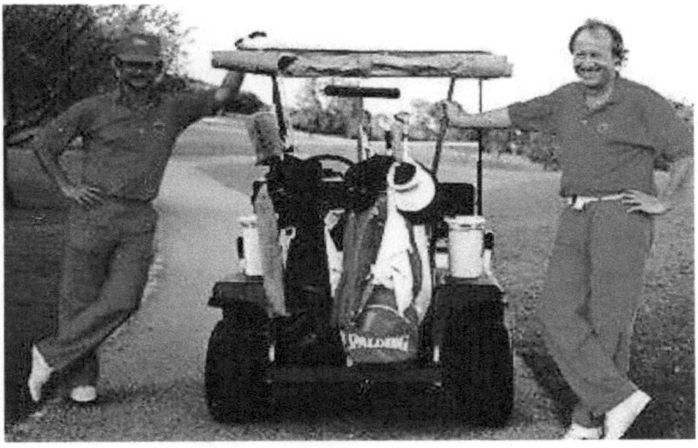

Florida Pensacola Golf: Häsi (rechts)

Am liebsten erinnere ich mich an eine Begebenheit, als wir in **Pensacola/Florida** im sogenannten Panhandle waren. Nachdem ein Turnier erfolglos zu Ende war, hatten wir Zeit und ich wollte noch einen Platz besuchen, der den Blue Angels und der US-Navy gehörte. Als wir an die Eingangsschranke kamen, patrouilliert von zwei Soldaten, wollten diese unsere Zugangsberechtigung sehen. Ungerührt zog ich meine goldene Bankkarte der Raiffeisenbank heraus und wir wurden durchgewinkt. Häsis Gesicht war aschfahl. „Da kommen wir nie mehr raus, die sperren uns ein“, so sein Kommentar. Wir spielten dann eine nicht sehr erfolgreiche Runde, besonders auf den letzten Löchern wurde das Spiel meines Freundes immer unsteter, mit der Angst und den Gedanken anscheinend verbunden, dass wir aus dem Gelände nie mehr rauskommen. Lustigerweise liefen wir auf einen einzelnen Golfer, einen riesigen, hageren, etwas älteren typischen Marinesoldaten auf. Wir vereinbarten die übrigen Löcher gemeinsam zu spielen. Es stellte sich heraus, dass der Mann ein pensionierter Pilot war und er schilderte, dass er einen der Bomber im Zweiten Weltkrieg geflogen hatte, die damals Hiroshima bombardiert hatten. Unser Respekt war sehr groß. Bei einem gemeinsamen Drink im Clublokal erzählte ich ihm zu seinem Vergnügen meine Story, dass ich Golfprofi bin und wie wir durch die Schranke gekommen waren. Von diesem Moment an hatten wir kein Problem mehr, ungeschoren den Militärplatz in Pensacola unbeschadet zu verlassen. Sicher haben es noch nicht viele europäische Golfer geschafft, auf dieser Anlage zu spielen. Wenn Häsi und ich heute zurückblicken, lachen wir oft über diese Begebenheit und ich kann Ihnen versichern, es gab noch eine Menge ähnlicher Stücke. Davor, eben diese eher ungewöhnlichen Erlebnisse zu verlieren, hatte er meines Erachtens Angst, als er dann merkte, wie ernst es Marie Therese und mir war. Spätestens mit der Heirat, bei der er als mein Trauzeuge fungierte, akzeptiere er es.

Als meine Frau und ich uns damals kennenlernten, war es für eine Kunstgeschichtlerin aus der beschaulichen Provinzstadt eine ziemliche Veränderung nun an meiner Seite, das hektische Leben eines Sportprofis zu teilen. So erlebte sie gleich am Anfang unserer Begegnung, als nach einem Turnier ein vorgeblich sehr seriöser

Steuerberater zu mir kam. Er hatte unter anderem gerade eine Brillenfabrik aus einer Konkursmasse erworben.
Nun suchte er Möglichkeiten, seine Firma zu vermarkten. In jener Zeit war die Gegend zwischen Passau und Linz in Oberösterreich quasi ein Zentrum von Brillenfirmen mit internationalem Ruf. Carrera, Optyl und viele mehr erzeugten dort weltweit verkaufte Brillen. Nun war die Idee, als Werbeträger für diese Firma tätig zu werden, sowie wegen der damals sehr niedrigen Zinsen mich mit einem kleinen Darlehen bei dieser Firma zu beteiligen.
Schließlich hatte ich viele Möglichkeiten bei Turnieren, Skirennen und anderen Veranstaltungen PR zu machen und meine abgeschlossenen Verträge waren äußerst lukrativ. Trotzdem, „Vorsicht ist die Mutter der Porzellankiste", wie das Sprichwort sagt, mein Bruder **Max, Dr. & Diplom-Volkswirt** mit großer Kanzlei machte einen hieb- und stichfesten Vertrag, vorerst für ein Jahr. Irgendwann nahm ich mir dann die Zeit, trotz ständigen Terminstresses, und erkundete das Firmengelände besagter Brillenfabrik. Die Herstellung war sehr interessant und besonders die Designabteilung hatte es mir angetan. Ich nahm mir einige Exemplare und Probemodelle mit. Marie Therese checkte diese und fand heraus, dass der Designer einiger Modelle ein gewisser **Udo Proksch** war, der unter dem Künstlernamen **Serge Kirchofer** firmierte. **Er wurde später als Drahtzieher des Falls Lucona 1992 wegen sechsfachen Mordes verurteilt.**
Nun, mir sagte dies als Nichtösterreicher wenig. Erst viel später wurde ich aufgeklärt, dass dies jener Proksch war, der aber anscheinend dazumal ganz Österreich in Atem gehalten hat und als einer der größten politischen Skandale in Österreichs Nachkriegsgeschichte einging. Minister mussten zurücktreten wegen ihm. Er wurde verurteilt weil er angeblich einen Frachter mit vielen Toten im Meer versenken ließ, nur um ein paar Beispiele zu nennen.
Oh je dachte ich mir, wo bin ich da hineingeraten. Nach Ablauf des

Vertragsjahres kündigte ich fristgemäß alle meine Verpflichtungen. Nun lernte Marie-Therese gleich die Schattenseiten kennen, wie manche Leute Profisportler ausnutzen wollten.
Es kam, wie es kommen musste, wir landeten vor einem Gericht. Die Ausgangslage war aber zu klar und ich gewann den Prozess dank des Vertragswerkes meines Bruders und kam in Kürze wieder zu meinem Geld. Kaum ein Jahr später erfuhr ich, dass der Initiator, besagter „seriöser" Steuerberater, wegen Hinterziehung von Mandantengeldern zu einer mehrjährigen Haft verurteilt wurde.
Profisportler ziehen gerne solche Leute an wie die Motten das Licht. Es ist nicht immer leicht, seriöse Geschäftspartner zu treffen.
Zur gleichen Zeit geriet die Geschichte mit der Erlemann-Group, speziell mit deren Investment in Haag-Golfanlage Maria-Theresia und vor allem die nur im Rohbau fertige Hotel-Wohnanlage ins Stocken. Zu viel Geld verschwand in dunkle Kanäle und es wurde jede Menge Kapital aus dem Österreichprojekt nach Berlin verschoben, um dort auftretende Löcher zu stopfen. Mein Gefühl und mein Reporting in die IMG-Zentrale sowie zu meinem Freund und IMG-Direktor Chris Roderick versprachen nichts Gutes. Als Warnung arbeiteten wir nur noch gegen Vorkasse für unsere Leistungen.
Mehrmals stellte ich meine Tätigkeit ein. Erlemann war aber ein unglaublicher Motivationskünstler. Er schaffte es, eine Zeitlang immer wieder Kapitalgeber zu finden. Als man angeblich Thermalwasser in der Haager Anlage fand, organisierte er ein großes Fest. Feinkost-Käfer aus München flog die feinsten Speisen ein. Elitär die geladenen Gäste, von bekannten Eishockey Cracks wie **Erich Kühnhackl**, aus Erlemanns Kölner Eishockeys Vergangenheit, sowie meine Skifreunde wie beispielsweise **Hansi Hinterseer** und **Jimmy Steiner**, bis zu nützlichen Politkern. Erlemann hatte sie alle eingeladen. Das Presseecho war dementsprechend, VIPs in der oberösterreichischen Provinz im geplanten Edelresort

Maria Theresia.
Auch mein Freund ***Nick Bolletrieri*** war eingeladen. Erlemann führte ihn über ein Gelände und sagte: „Nick, hier entstehen deine Tennishalle und deine Tennisakademie."
Nick war immer eher jemand, der gerne so was hörte. Ich flüsterte Nick noch zu: „Hey, pass auf, all dieses Gelände gehört dem Erlemann überhaupt nicht, von einer notwendigen Umwidmung ganz zu schweigen."
Mir missfiel immer mehr, dass im Erlemannschen Umfeld zum Teil sehr dubiose Gestalten waren, um es so auszudrücken. Da war einmal ein ehemaliger Rechtsanwalt, der anscheinend die Zulassung verloren hatte, Berater. Dann waren da als Investor ein schwerkranker ehemaliger Hotelier, der sein ganzes Hab und Gut in die Haager Hotelanlage gesteckt hatte, und last but not least ein Hauptinvestor aus dem Kölner Raum. Der wurde von allen umgarnt. Alle die Personen wollten irgendwie mitreden und es war ein Eiertanz, die Golfanlage fertig zu bauen.
Durch mein Pendeln USA – Europa war ich wieder mal in Orlando/Florida und besuchte den Golfclub Lake Nona, einen Pete-Dye-Platz. **David Leadbetter**, ein IMG-Klient und damals die Nummer eins unter den Golftrainern, hatte seinen Stützpunkt dort. Im Sommer hatten die angestellten Pros von Leadbetter kaum Arbeit und eine wasserstoffblonde, stämmige Proette bedrängte mich, sie in Haag als Golflehrerin anzustellen. Da ich auf der Suche nach einem Golflehrer war, gab ich das OK.
In der Folge schaffte es die besagte Dame, ein Verhältnis mit dem Hauptinvestor des Maria-Theresia–Projektes, einem eher unscheinbaren, schüchternen Mann, einzugehen, den sie um den Finger gewickelt hatte. Anscheinend spielten dabei härtere Sexspielchen, wie mir zugetragen wurde, eine ziemliche Rolle nach dem Motto: Sex & Crime. Plötzlich war die Welt verrückt. Die Lady begann mit Stöckelschuhen Golf zu unterrichten, zu meinem Ent-

setzen, und kam und ging, wie es ihr passte. Ich suchte das unangenehme Gespräch mit dem Hauptinvestor, um ihm klar zu machen, dass es mir privat egal ist, zu was er die Dame engagieren will, nur ich würde einen anderen Golflehrer einstellen und sie feuern. Dies war, als wenn man in einen Bienenschwarm sticht. Besonders Dr. Erlemann hatte Angst, den Investor zu verlieren, und beschwor mich, die Liaison zu akzeptieren. Mit Rückendeckung für mich von IMG machten wir ihm aber klar, was Sache ist, und die Sache löste sich zu meiner Zufriedenheit. Nur ich hatte ein paar Gegner mehr. Promotion war Dr. Erlemann sehr wichtig, Er beschloss, seinen Wohnsitz mit meiner Hilfe nach Kitzbühel zu verlegen, da er sich versprach, dort genügend solvente Personen für seine Projekte zu finden. Anlässlich des **Hahnenkamm Rennens**, bei dem ich auch für die Firma Head vor Ort sein musste, wollte der Erlemann-Clan auch dort Skifahren.

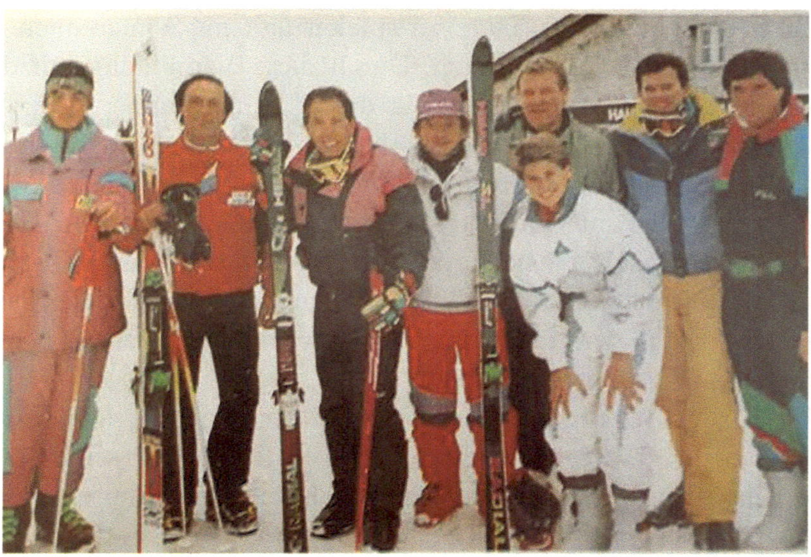

Foto:Kitz Servus:von li. Sailer jun,R. Sailer,Bollettieri,H. Schmidbauer,Tommy Haas,dahinter Dr. Erlemann, G. Breunich IMG,Vater Haas

Da meine Zeit knapp war, organisierte ich, dass ***Rudi Sailer***, der Bruder vom schwarzen Blitz ***Toni Sailer*** und Leiter der Ski Schule Rote Teufel, sich als Skilehrer zur Verfügung stellte. In Begleitung von Erlemann kam auch Nick Bollettieri mit seinem Staff und einem 14jährigen Burschen. „Dieser Junge“, sagte mir Nick, „wird ein Topspieler.“ Er hatte immer ein gutes Auge. Der Junge war **Tommy Haas**, bekannterweise wurde tatsächlich aus ihm einer der besten Tennisspieler der Welt.
Rudi Sailer hatte auch einen sehr talentierten Sohn, Rudi jun, der damals mit einem gewissen Markus Brier der beste Amateurgolfer in Österreich war. Leider nahm die Profilaufbahn von Rudi jun. trotz sehr guter Ansätze nicht den gewünschten Verlauf, im Gegensatz zu **Markus Brier.** Brier wurde der erste erfolgreiche Österreicher, der es auf die European Tour schaffte, dort jahrelang ausgezeichnet spielte und sogar zwei Siege einfuhr. Trotz meiner Tätigkeit in Österreich und dem Pendeln nach Berlins und die USA fand ich irgendwie Zeit Turniere zu spielen und im Winter mich um meine Skifahrer zu kümmern. Durch diese Verbindung mit dem Skifahrerlager konnte ich einige der Skifahrer immer mehr mit dem Golf zusammenbringen. So kamen immer wieder Mitglieder der österreichischen Skimannschaft zu mir in den Golfclub Maria Theresia/Haag um Golf zu schnuppern. Angefangen von **Hansi Hinterseer**, **Stefan Eberharder, Hannes Trinkl** bis Skilegende und Weltmeister David Zwilling, der damals bei mir mit der Familie sogar die Platzreife erwarb, alle schwammen sie damals bei mir vorbei, um Golfen zu probieren,
Bei einem Weltcuprennen vereinbarte der damalige Konditionstrainer des ÖSV **Heini Bergmüller** einen Besuch mit seiner Truppe. Mit Heini Bergmüller verbindet sich seit dieser Zeit eine lange Freundschaft.

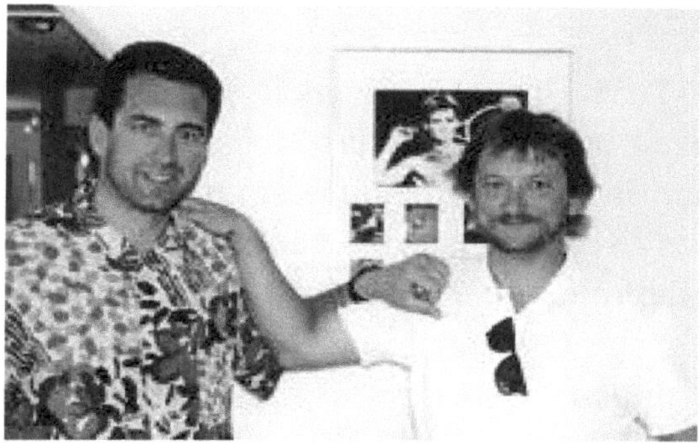

Foto: Bergmüller mit mir zu Besuch bei Nick Bollettieri im Gästezimmer seines Lieblings Andre Agassi

In Deutschland gab es damals schon sogenannte Olympiastützpunkte mit ärztlicher Betreuung. Es gab in Bergmüllers Team ständig verletzte und ich gab Heini den Rat, mal mit den Rekonvaleszenten zu dem Olympiastützpunkt Freiburg Prof. Dr. Klümper zu fahren. Jahre später kam diese Institution im Zusammenhang mit dem Radsportskandal und **Doping** in ziemlichen Verruf. Bergmüller war einer der ersten Konditionstrainer, der zu dieser Zeit bereits ungewöhnliche Wege beschritt. Er gründete später den **Olympiastützpunkt Obertauern** und gewann unter anderem auch mich als Teilhaber an diesem Projekt, das ohne staatliche Hilfe durch die einzelnen Gesellschafter getragen wurde.

Bis es zu der Entstehung des Olympiastützpunktes Obertauern kam, war es ein langer Weg mit vielen, vielen Tagungen und Besprechungen. Sogar mit Nick Bollettieri arrangierte ich ein Treffen zusammen mit Bergmüller in seiner Tennisakademie in Sarasotta/Bradenton Florida. Oft fanden diese Treffen bei den Nachbarn und Jugendfreunden von Bergmüller in Werfen statt. Die **Gebrüder Obauer**, ihres Zeichen 5-Sterne-Köche und seit Jahrzehnten in Österreich das Nr.-1-Restaurant, waren für diese Tagungen sehr beliebt. **Rudi und Karl Obauer** sind sehr sportbegeistert und in ihrem Beruf einfach Weltklasse, was ihr Verständnis für Profisport-

ler begründet.
Es war für Marie-Therese und mich eine große Freude, als wir unsere Hochzeit bei den „Obauers“ feiern durften und seither vergeht kein Jahr, in dem wir zumindest am Hochzeitstag bei diesen Spitzenköchen vorbeischauen. Bergmüllers Karriere und der **Olympiastützpunkt Obertauern** erreichte seinen Höhepunkt mit dem Aufstieg des Österreichischen Skihelden **Hermann Maier**. Man kann ruhigen Gewissens sagen, durch die Betreuung von Bergmüller am Olympiastützpunkt gelang Maier dieser phänomenale Aufstieg und Bekanntheitsgrad. Mit dem Ende von Hermann Maiers Karriere zeichnete sich auch das Ende des Obertauern-Projekts ab. Meine Anteile an dem Stützpunkt hatte ich aber schon vor dieser Zeit an den Österreichischen Skiverband auf Wunsch von Präsident **Schröcksnadel** abgetreten. Die Zeit, um mich mehr in das Projekt einzubringen. fehlte mir damals einfach. Turniere spielen, IMG-Projekte und die Betreuung eines eigenen Golfplatzes nahmen mich zu sehr in Anspruch.
Patrick Ortlieb, aus dem bekannten Nobelskiort **Lech am Arlberg** war ein besonderer Freund von mir. Patrick war ungefähr 19 Jahre, als wir uns erstmalig durch meine Tätigkeit für die Skifirma **Head** trafen. Im Laufe dieser Zeit entwickelte sich Patrick zu einem der weltbesten Abfahrer mit Siegen in der Abfahrt bei der Olympiade in Albertville 1992, bei der Weltmeisterschaft und der berühmten Streifabfahrt in Kitzbühel, um nur die Wichtigsten zu nennen.

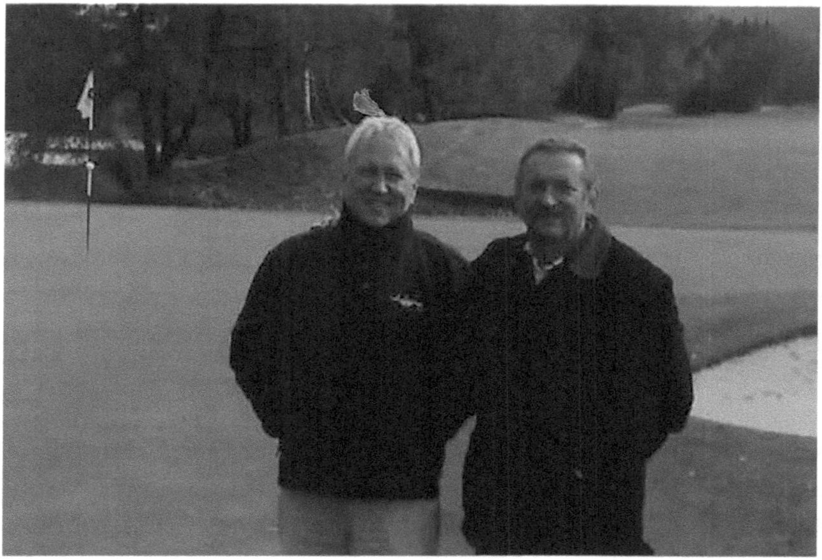

Chris Roderick, IMG, li. Beim Golfplatzbau

Eines Tages bat mich Patrick, seinen Vater und dessen Freunde, alles Hoteliers aus Lech a. A. zu einem Golfschnuppern einzuladen. Gesagt getan. Da kreuzte dann eine damals zugegeben etwas wilde Truppe bei mir auf. Von Golf hatten die keine oder wenig Ahnung. Mir schwante Übles für die soeben frisch errichteten Spielbahnen. Soweit es in der Kürze der Zeit ging, gab ich den Herren einen Crashkurs und eine Minimalausrüstung. Da es stark regnete, waren glücklicherweise kaum Spieler auf dem Platz und so brachte ich den Einstieg der Lecher Golfer einigermaßen heil für Platz und Spieler über die Runden.

Damals hätte ich nie daran gedacht, dass dies der Beginn einer langen Freundschaft mit Lech und vor allem mit dem damaligen Tourismusdirektor, dem weltweit als Mr. Lech bekannten **Professor Hubert Schwärzler** sein würde. Hubert gehört bis heute zu meinen besten Freunden.

Das Ende und ein neuer Anfang in Österreich

Sie werden sich fragen, liebe Leser, wie hat er alle diese Aktivitäten unter einen Hut gebracht – vor allem was war eigentlich mit den Turnieren? Der Teil Turniere, bitte gestatten Sie mir das, wird in einem nächsten Kapitel behandelt. Wo ein Anfang ist, musste vorher was zu Ende gehen. Das Ende meiner Tätigkeit für die Erlemann-Gruppe zeichnete sich ab, als diese für das Projekt in Österreich Insolvenz anmeldeten und mir bzw. auch IMG dafür keine Zahlungen mehr überwiesen.
Wenig später verkaufte Dr. Erlemann, trickreich, wie er war, auch das fast fertige Projekt **Sporting Club Bad Saarow**, Scharmützelsee, Berlin. Dr. Erlemann trat dabei, was sogar gegen seine Mentalität sprach, geschickt in den Hintergrund. Er verhandelte dabei mit dem auch in Haag-Maria-Theresia engagierten Bauunternehmer, **Haselsteiner**. Geschickt spielte er dessen österreichische Bauholding gegen eine schwedische Firmengruppe aus, um beim Verkauf an Haselsteiner einen größeren Preis zu erzielen.
Es war in der Tat ein Projekt der Superlative, das am Scharmützelsee, rund 60km südöstlich von Berlin gelegen, realisiert werden sollte. Der österreichische Bauunternehmer Hans Peter Haselsteiner übernahm es von der Erlemann-Gruppe. Der Vision von der perfekten Sportclubanlage vor den Toren Berlins sollten Taten folgen. Während das Interesse der Investoren im weiteren Verlauf dem perfekten Clubangebot auf allerhöchstem Niveau galt, blickte die Öffentlichkeit auf die zu erwartenden Auswirkungen für die Region, neben Golf und Tennis sollten Yachting und Reitsport die Gäste begeistern. Eine 5-Sterne-Hotellerie und hochklassige Gastronomieangebote waren im im Begriff zu entstehen.
Acht Monate später am 29. Juli 1992 erfolgte im Berliner Büro der Golfhotel und Sportanlagen GmbH die Gründung des Sporting-Club-Berlin. Im Frühjahr 1995 war der Arnold-Palmer-Platz be-

spielbar und ein Jahr später der Faldo Course. Aufgrund von Zwistigkeiten mit Bernhard Langer wurde der dritte geplante Platz von Stan Eby und Jake McEwan fertiggestellt. IMG zog sich darauf zurück und die Besitzer und Betreibergesellschaften der Anlage wechselten. Es herrschte auch eine ständige Fluktuation im Management. Zur Zeit wird die Anlage von einem führenden Entwickler und Betreiber von Privatclubs der Fa. CCA geführt.

Mit dem Ausscheiden von IMG waren auch meine Aufgaben in Berlin und Haag a. A erledigt.

Meine Planungen, nun vor allem meine berufliche Karriere, besonders als Spieler mit Hilfe meiner Beziehungen zu IMG in den USA fortzusetzen, wurden durch ein neues Projekt, das ich selbst inszenierte, vereitelt.

Meine Frau Marie Therese fand zum einen einen Umzug nach Florida nach vielen gemeinsamen Besuchen dort wenig attraktiv. Zum anderen wollte sie unbedingt in Österreich bleiben und als Kompromiss, den ich noch vorschlug, fassten wir Italien als Wohnort ins Auge. Ich hatte vorher einige Zeit sporadisch dort gelebt und spreche ganz leidlich italienisch.

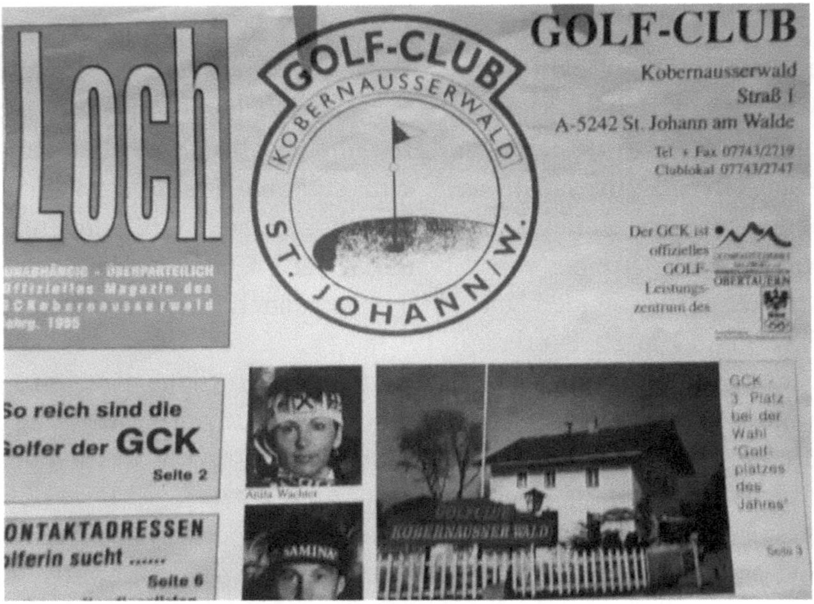

Der Golfclub Kobernausserwald

Warum kam es anders? Während der Zeit in Haag a. H. Golfclub Maria Theresia kam ständig ein Landwirt aus der Gegend und löcherte mich, ihm und einigen Partnern, darunter ein bekannter österreichischer Sportler, bei der Errichtung und Planung eines Golfplatzes zu helfen. Für diese Gruppe entwickelte ich ein Konzept und Planung. Steckte viel Zeit und Arbeit in diese Anlage. Kurz bevor die Bauausführung begannen, sollten meine Mühen umsonst gewesen sein, mangels Liquidität der Betreiber. Eine Einigung für meine entstandenen Kosten fand darin statt, dass ich das ganze Projekt übernahm.

Ich begann also mit Hilfe meiner Frau als Sekretärin erst eine neun-Lochanlage mit einem alten Bauernhaus als Clubhaus zu installieren. Heute im Rückblick frage ich mich selbst, welcher Teufel mich da geritten hat, in der österreichischen Pampa eine Golfanlage zu errichten und zu betreiben.

Der Ort **St. Johann im Walde** bei Ried im Innkreis mitten im größten mitteleuropäischen zusammenhängenden Waldgebiet. dem **Kobernausserwald** gelegen, brachte mich auf die Idee, den Club Golfclub Kobernausserwald zu nennen. Der Vater meines Freundes Patrick Ortlieb, Guy Ortlieb, ein gebürtiger Franzose, Gourmet und Spitzenhotelier. nannte den Platz gerne Saint Jean dans le foret. Schließlich machte die dortige Tourismusregion mit dem Namen Kobernausserwald auch entsprechend Werbung. Es war wahrscheinlich die Herausforderung und der Ehrgeiz sowie der absehbare Golfboom in dem letzten Jahrzehnt des 20. Jahrhunderts, der mich antrieb, eine Anlage nach schottischem Vorbild mit wenigen Eingriffen in die Natur quasi für jedermann zu erstellen. So etwas war in der österreichischen und süddeutschen Golfszene komplett neu.
Verhältnismäßig rasch hatte ich eine ständig steigende Mitgliederzahl. Gewiss waren meine sportlichen Erfolge und Berichte in der Presse über mich sehr hilfreich.
Meine Erfahrungen aus den vielen Besuchen in Schottland sowie den Publikkursen in den USA waren mir ein Vorbild. Trotz der Hügellandschaft und der Einfachheit des Platzes, wie man solche Plätze auch zuhauf in Schottland trifft, war es, als hätten viele darauf gewartet, einen unkomplizierten Club zu finden, der jenseits der elitären vorhandenen Plätze jedermann die Scheu vor dem Golfsport nehmen sollte. Dies war mein eigentliches Ziel. Es machte mir riesig Spaß mit ein paar treuen angelernten Mitarbeitern, vorneweg hatte ich das Glück mit **Karl Mühlbacher** einen besonders geschickten Allrounder gefunden zu haben, den Platz zu errichten. Viele meiner Freunde, besonders mein Häsi, dachten, jetzt ist er verrückt geworden, in dieser Einöde einen Golfplatz zu errichten. Was sie nicht wussten, der Club lag nicht zu weit weg von der riesigen Anlage in Bad Griesbach und auch nicht zu sehr entfernt von Salzburg. Mitglieder kamen aus dem Umfeld ja sogar

aus München und Hamburg. Man kann sich vorstellen, welche Kritik von den althergebrachten Clubs der Gegend kam, die nur ebene, ondulierte Plätze kannten und auch die Vorstellung, dass jedermann golfen könnte, ablehnten. Bei der Errichtung gab es natürlich, wie bei allen anderen Objekten, die ich im Golf errichtete immer den gleichen Ärger. Besonders vermeintliche Umweltfreunde vergifteten anfangs die Atmosphäre und als Nichtösterreicher war der Umgang mit den örtlichen Behörden nicht so mein Ding. Meine Marie-Therese brachte dies dann immer auf die richtige Schiene. Sie kannte ihre Landsleute besser. Nach den ersten Jahren des Betriebes sprossen aus dem Umland weitere Golfprojekte aus dem Boden, nach dem Motto, was dieser Deutsche da kann, können wir schon lange. Ein erbitterter Konkurrenzkampf und Abwerbung von meinen Mitgliedern setzte ein. Durch den starken Zulauf, besonders auch durch Fernmitglieder aus Lech und Salzburg ergab sich eine Erweiterung der Anlage auf 18 Spielbahnen von selbst.

Für meine vielen Sportsfreunde wurde meine Anlage zu einer golferischen Heimat. Meine langjährige Freundin **Evi Mittermaier-Brunndobler** mit ihrem Mann Meinhard und der ganzen Familie, die vielen Skirennfahrer, die Serviceleute aus der Skiindustrie, viele Mitarbeiter aus der naheliegenden Skifirma Fischer, alle schätzten das Flair der Anlage.

Zu dieser Zeit waren mehr Olympiasieger aus verschiedenen Sportarten dort Mitglieder als in keinem anderen Club in Deutschland oder Österreich. Dies war ursprünglich von mir nicht geplant. Doch wie es so oft ist im Leben, es kommt oft anders, als man denkt. In jener Zeit der Gründungsphase des Golfclubs Kobernausserwaldes kamen ein illustrer Freundeskreis aus meiner Sportwelt wie eine Familie zusammen. Beispielsweise **Hans Zelisko,** gebürtiger Österreicher, Manager dazumal des **Midland Country Clubs in Texas, USA,** Heimatclub von Präsident **G. Bush**, gewann die

erste Clubmeisterschaft im GCK. Ihn hatte ich auf einer Turnierreise in Texas kennengelernt und er wurde Mitglied im GCK.
Am Ende der 1990er-Jahre dachte man aber in Österreich, besonders die Touristiker und jeder größere Gasthof oder Hotel, dass wenn man einen Golfplatz baut, Unmengen von reichen Golfern als Kunden quasi die Anlagen überfallen. So wurden in der Umgebung meines eigenen Platzes auch mit Hilfe von lokalen Politikern in nächster Nähe zu viele Anlagen gefördert und errichtet. Der Konkurrenzkampf war so hart, dass mein treuer Mitarbeiter und Headgreenkeeper Karl Mühlbauer, der den Platz wie seinen Augenapfel bewachte, Mitarbeiter der Konkurrenz dabei erwischte, als diese unsere Grüns mit dem Pflanzenvernichtungsmittel „Round up" bestreuten. So weit ging die Auseinandersetzung. Es fehlte dazu einfach das Einzugsgebiet, um genügend Golfer zum Betrieb all dieser Anlagen zu bekommen. Besonders Lokalpolitiker, darunter ein führender Wirtschaftspolitiker des Landes Oberösterreich, wollten meine Argumente bei diversen Treffen von sinnvollen Genehmigungen beim Bau neuer Anlagen nicht folgen. Im Gegenteil, vielleicht lag es auch an meinem Status als Ausländer, es wurde meinem Betrieb immer mehr das Leben erschwert. Man baute auch ein Thermenhotel in der Nähe und wollte dort unbedingt einen Golfplatz errichteten. Leider fehlten die entsprechenden Interessenten und Mitglieder und man versuchte so auch Abwerbungen von meinem Platz. zu betreiben. Plötzlich wurde eine völlig unübliche Steuerprüfung meiner Anlage, die sich als leere Luft erwies, durchgeführt und erhöhte meinen Ärger. Sogar meine Einnahmen als Spieler wollte die österreichische Finanz überprüfen. Da ich aber in Deutschland als Spieler steuerpflichtig war und dies überkorrekt von meinem Bruder immer erledigt wurde, ging auch dieser Schuss nach hinten los. Es war aber durchaus verständlich, dass versucht wurde, Überprüfungen durchzuführen. War es in jener Zeit doch noch möglich, besonders bei großen Anlagen

Steuern zu sparen oder diverse Gelder unterzubringen. Dieser vielfache Ärger führte dann letztendlich dazu, das ganze Projekt bei der erstbesten Gelegenheit zu veräußern. Aber im Golfgeschäft dreht sich das Rad schnell und aufgrund meiner vielfachen anderen beruflichen Belastungen musste ich mich von dem Club trennen, was dazumal viele nicht verstanden. Besonders die Rücksicht auf meine Familie und die Gesundheit zwangen mich dazu.

Die Anlage nahm mich zu Beginn doch sehr in Anspruch, bis ich den Betrieb, die Mitarbeiter und die Mitglieder soweit geschult hatte, dass ich mich meinen weiteren vielfachen Verpflichtungen widmen konnte.

Nun war es auch an der Zeit, als meine Frau mit unserem Sohn schwanger war, auch privat für ein entsprechendes Heim zu sorgen. Durch Freunde konnte ich vorübergehend ein Haus in Bad Reichenhall errichten lassen, da dieser Ort eine Nähe zum Salzburger Flughafen, zum Golfclub Kobernausserwald und auch zum **Olympiastützpunkt Obertauern** hatte. Auch nach der Geburt unseres Pauls nahm ich, wann immer es ging, meine Familie mit auf meinen beruflichen Reisen. So machte unser Sohn seine ersten Schritte in Florida und wenn ich im Training auf den tollsten und berühmtesten Anlagen der Welt war, saß er im Kindersitz eingeklemmt im Golfbuggy.

Der Verkauf war nicht gerade ein Glücksgriff, denn mit dem Käufer, einen wie sich später herausstellte unseriösen Immobilienhai aus Westdeutschland, hatte ich nur Ärger. Lange musste ich vor Gericht letztendlich erfolgreich streiten, um zumindest einen Teil des Kaufpreises zu bekommen. Den Rest ist der gute Mann bis heute schuldig und unauffindbar in der ganzen Welt untergetaucht. Mein beauftragter Detektiv jagte ihn fast rund um den Globus. Als er gefunden wurde, gab er einen Offenbarungseid ab. Damit ist man machtlos, ihn haftbar zu machen. Ich war aber nicht der Einzige, den er schädigte, wie sich herausstellte. Der Industrielle

Rauball, Bruder des **Dr. Rauball, Expräsident von Borussia Dortmund**, fiel auf diesen Kerl ebenso herein, wie wir bei gemeinsamen Aktionen gegen den Schuldner feststellen mussten. Leider ließ besagter Käufer die Anlage in Konkurs gehen, als sein Vorhaben vom Bau diverser Hotels nicht genehmigt wurde. Persönlich war ich dabei nicht mehr involviert. Der Club und später ein Clubmitglied übernahmen dann den Golfplatz und betrieben diesen, soweit ich dies verfolgen kann, bis heute erfolgreich, wenn auch unter einem Doppelnamen GC Sonnberg/Kobernausserwald.
Zu meinem Leidwesen bestehen bis heute zu dem Golfclub keine Kontakte mehr, obwohl alle meine von mir geplanten Anlagen irgendwie wie Kinder von mir waren.
Der für viele überraschende Verkauf mag die Ursache des heute fehlenden Kontaktes sein. Aber in dieser Zeit war meine Belastung durch meine anderen Aktivitäten, Turnierspielen, Engagement im Olympiastützpunkt, Beratung und Betreuung von Anlagen weltweit und besonders im Wohnsitz in **Grado** in Italien mit eben auch Golfturnieren so streng, dass mir meine Ärzte dringend den Ausstieg aus einigen Projekten sehr nahe legten.

Lech am Arlberg

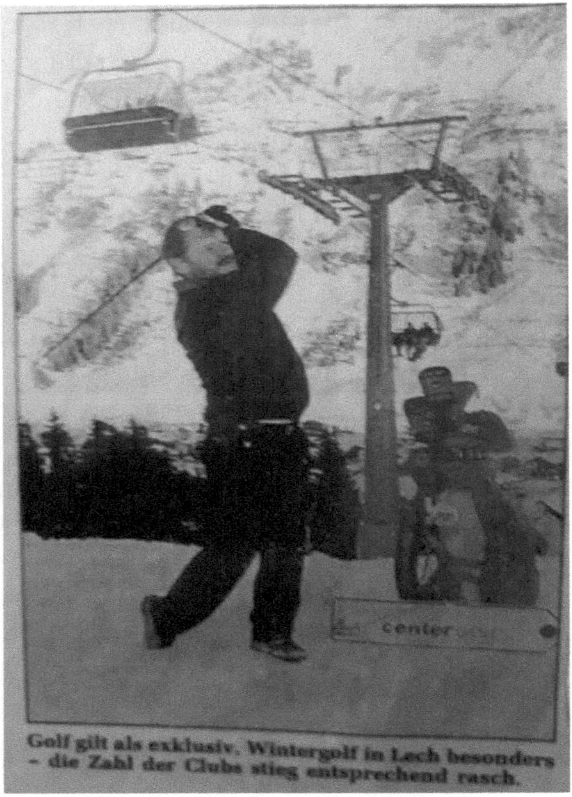

PR-Gag: Wintergolf mitten auf der Piste in Lech auf den Titelseiten

Seit dem Besuch der Lecher und vor allem durch meinen Freund Patrick Ortlieb war der Kontakt zu Lech nicht mehr abgerissen. Einige der Lecher wurden bald mit die ersten Mitglieder in meinem Golfclub Kobernausserwald und vor allem mein Freund Professor **Hubert Schwärzler, Mr. Lech,** Tourismusdirektor von Lech, Präsident und Mitbegründer der edlen „Best of the Alps" Gemeinschaft, wurde durch mich vom Golfbazillus angesteckt.

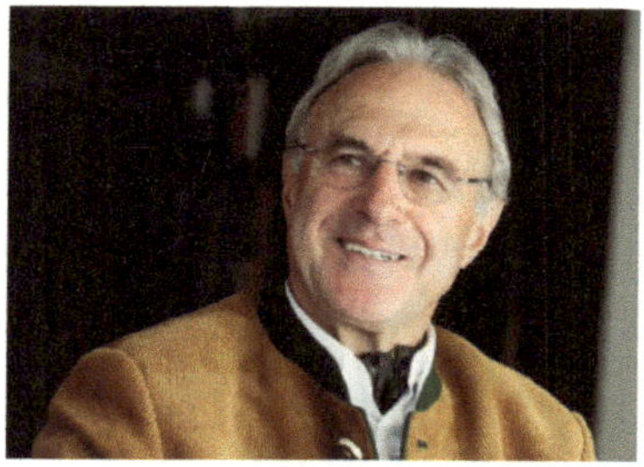

Professor Hubert Schwärzler, Mr. Lech

Nun ist Lech, auf rund 1500 m Meereshöhe gelegen, nicht gerade der ideale Ort für Golf. Aufgrund der langen Winter ist es eine sehr kurze Sommersaison in diesem Edelresort. Hubert aber sah gerade für die kurze Sommersaison eine Möglichkeit eine bessere Auslastung für die Hotels zu erreichen. Er bat mich deshalb auf einer einfachen Wiese am Ende des Ortes in Richtung Zug jeweils dreimal im Jahr eine Woche nach Lech zu kommen und dort Golfunterricht und Kurse abzuhalten. Nun, der Beginn auf der sehr rustikalen Almwiese war schon gewöhnungsbedürftig für mich. Der Zulauf besonders der Einheimischen und auch der Gäste war enorm. Regelmäßig kam ich total erschöpft nach so einer Woche nach Hause zurück.
Anfangs waren einige der Hoteliers sehr sehr skeptisch Golf gegenüber. Es gab einige Sitzungen, bei denen ich die Argumente, Golf würde dazu führen, dass die Skikunden nicht mehr nach Lech kommen, entkräften musste. Wie gesagt, die ersten Wochen wurde ich mit großer Skepsis beobachtet.
Aber mit dem immer größer werdenden Kreis von Neogolfern, die durch meine Schule gingen, gewann Lech auch mehr Freunde am Golfsport. Die notwendigen Mitgliedschaften für den Anfang erhielten die Lecher über meinen Golfclub und schon waren sie in den Ferien unterwegs. Auch ihre Gäste waren von der Möglichkeit, neben dem Bergwandern etwas auf der zwar etwas primitiven Dri-

ving Range ein paar Bälle zu schlagen und sogar Golfunterricht und die Platzreife zu bekommen, sehr angetan.
Sogar der damalige Landeshauptmann (Ministerpräsident) **Martin Purtscher** mit Gemahlin kam zu mir, um Golfen zu erlernen. Er schrieb mir viel später einen sehr netten Brief, mit dem er sich bei mir bedankte, durch Golf einen Ausgleich zu seiner Tätigkeit gefunden zu haben.
Bei einer dieser Sommerwochen in Lech war der Zuspruch so groß, dass ich Hubert Schwärzler die Idee vortrug, einen Golfclub Lech zu gründen. Die Driving Range musste aus Platzgründen verlegt werden und es war in dem engen Tal schwierig, Ersatz zu finden. Der Hotelier Peter Burger erklärte sich dann bereit, da er selbst Golfer geworden war, die Range auf seinen Hotelgrund zu verlegen. Dafür mussten Hubert und ich viele Gespräche führen. Werbeaktionen mit mir, wie Bildern von Abschlägen im Schnee und Übungsmöglichkeiten in der nicht ganz ausgelastete Tennishalle, infizierten ganz Lech und deren Gäste mit Golf.
Der Vorschlag von Hubert Schwärzler und mir, einen Golfclub in Lech zu gründen, der vorerst mal mangels Platz ja nur außerordentliches Mitglied im Golfverband sein konnte, wurde dann umgesetzt und bei der Gründungsversammlung stellte ich auch die notwendigen Statuten dafür zur Verfügung.
Ziel war es natürlich, eine Neun-Lochanlage zu bauen. Mit dem damaligen Präsidenten Clemens Walch ging ich so manches Mal über die Wiesen und Felder des Ortes, um zu sehen, was machbar in dieser Höhenlage ist. Sehr schwierig waren natürlich die diversen Besitzverhältnisse, wie es aber meist bei dem Beginn einer neuen Golfanlage üblich ist. Schließlich konnten wir eine Minianlage von drei Löchern inklusive Driving Range verwirklichen.
Erst viele Jahre später, als ich schon lange nicht mehr in Lech aktiv war, gelang es den Lechern eine Neun-Lochanlage zu verwirklichen. Diese Zähigkeit zeigt, warum der Ort und seine Einwohner

weltweit so erfolgreich und berühmt sind.
Besonders freue ich mich, wenn ich ab und an von den Erfolgen einzelner Golfer/innen höre, die einmal von mir in die ersten Schritte des Spiels eingeführt wurden. Überhaupt ist es mir immer eine Freude, wenn ich nach Jahren von den vielen, vielen ehemaligen Golfern/innen höre, die einmal durch meine Tätigkeit den Weg zum Golfen fanden und dies mit Begeisterung ausüben.
Mit Professor Hubert Schwärzler verbindet mich immer noch eine sehr enge Freundschaft über das Golfspiel hinaus. Viele gemeinsame weltweite Reisen und vor allem auch gemeinsame Jagden, besonders ins Golfmutterland Schottland, verbinden uns weiterhin.

Isola de Sole „Grado“

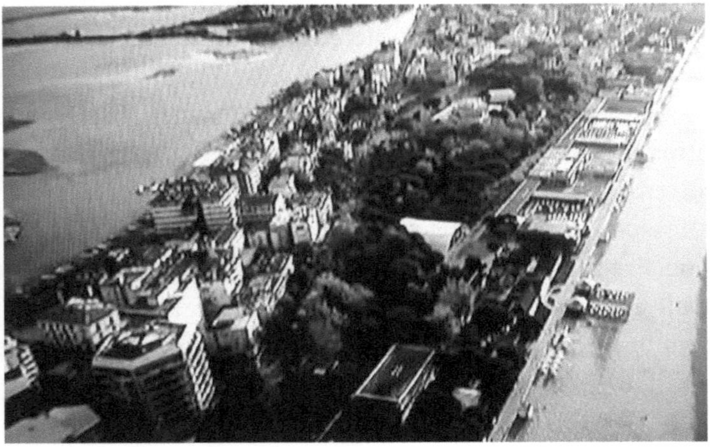

Mitte der 1990er-Jahre spielte ich ein Turnier der Challenge Serie in der Schweiz in Gruyere, nahe Montreux. Gruyere, bekannt wegen des hervorragende Käses, war ein sehr schwieriger, äußerst hügeliger enger Kurs. Beim Pro/Am-Turnier wurde mir neben zwei Bekannten aus Bayern auch der italienische Immobilieninvestor **Peppi Puggina** zugeteilt.

Obwohl mein Team und ich nicht sehr erfolgreich spielten, war die Bekanntschaft mit **Peppi Puggina** ein schicksalhaftes Treffen. Puggina erfuhr von mir, dass ich unter anderem auch Golfplätze plante und managte, ja sogar in dieser Zeit selbst einen betrieb.

Peppi wollte ursprünglich in seiner Heimatstadt Grado, zwischen Triest und Venedig gelegen, eine Apartmentanlage mit einem Yachthafen errichten. Da er erst kurz vor unserem Treffen mit dem Golfsport begonnen hatte, kam er auf die Idee, neben seiner geplanten Anlage Marina Fiorita eine Golfanlage zu errichten. Ausgangspunkt war auch, dass ihm der Hafen nicht genehmigt worden war.

So kamen wir auf eine Gemeinsamkeit und ich besuchte mit meiner Familie Grado. Wir waren von der kleinen, italienischen Stadt an der Adria, die noch eine lebendige, echte Altstadt mit Leben hatte und nicht von den sonst üblichen Bettenburgen eingesäumt

war, sehr angetan. Auch die geplante Anlage gefiel uns so, dass wir dort eine Wohnung erwarben. Was den geplanten Golfplatz anging, erfuhr ich durch meinen Freund Ortlieb aus Lech, dass in Grado ein gewisser Marzolla bereits eine kleine Golfanlage betrieb und eine Erweiterung auf 18 Loch plante. Wieso durch Ortlieb? Die Unternehmerfamilie Marzolla besaß neben riesigem Immobilienbesitz auf der Insel Grado mit Campingplatz und Yachthafen in Gröden in Südtirol Skiliftanlagen und Hotels. Die Kinder des Familienoberhauptes Gianni Marzolla, der nebenbei auch einmal als Präsident des italienischen Skiverbandes fungierte, waren Skirennfahrer und einer ging einmal mit Ortlieb in eine Schule. Daher wusste ich von dem Golfplatz im Bau in Grado.
Nun machte so meine Empfehlung an Puggina keinen Sinn, noch einen zweiten Platz in Grado zu errichten. Vielmehr empfahl ich eine Kooperation mit Gianni Marzolla in der Form, dass Käufer von Apartments zugleich Spielrechte auf dem neuen Golfplatz erwerben konnten. Somit war beiden Projekten gedient. Durch Werbung in den Medien und bei meinen Golfern sowie durch von mir geplante Events in Grado erhielten beide Anlagen einen regen Zuspruch. Meine Familie und ich fühlten uns viele Jahre sehr wohl in dem italienischen Badeort und damit ging auch der Wunsch von uns, teils in Italien und teils in Österreich zu leben, wie geplant in Erfüllung. Nach einem Jahrzehnt verließen wir dann Grado, um in Großgmain bei Salzburg das Wunschhaus meiner Frau zu beziehen.

Turniere – Turniere – Turniere

Um es kurz zu machen, „Inklupedia" schrieb über meine Turniererfolge:

Heinz Schmidbauer (* 4. Mai 1951) ist ein deutscher ehemaliger Golfspieler und Golftrainer. :

„Heinz Schmidbauer absolvierte ein Studium und Examen zum Sportlehrer an Technischen-Universität München. Weiter bildete er sich in Wirtschaft, Bank und Marketingbusiness fort. Im Jahr 1994 erlangte er die Classifikation A mit der Prüfung zum Diplom Head-Golf-Pro. Im Jahr 1995 gewann er erstmals die PGA Championship in Ungarn. 1996 konnte er den Erfolg wiederholen. Es folgten weitere Siege unter anderem in den Vereinigten Staaten, in Südafrika und in England.

Nach dem Rücktritt vom aktiven Sport betreute Schmidbauer als Trainer viele internationale Sportstars. Er arbeitete mit berühmten Sportlern wie Arnold Palmer und Nick Bollettieri zusammen. Weiterhin arbeitete er als Manager und Golfdirektor, Headpro oder Pro in verschiedenen internationalen Golfclubs wie dem Golfclub Maria Theresia in Österreich. Schmidbauer lebt heute vorwiegend in Italien und Österreich. Er ist noch als Kolumnist für diverse Golfmagazine wie dem Golfsportmagazin. de tätig. "

Erfolge:

- Hungarian PGA-Championship 1995, 1996
- Dubai Pro/Am 1997 - 1. Divison - Gewinner (5. Platz im Einzel)
- K & Ö Trophy 1997, Gewinner
- Sun Rise -Challenge Sarasota, USA, 1998, Gewinner
- Sun City World-ProAm Southafrica 1998, Gewinner
- All England Remaxx-LD S. Divison Open 2005, Hanbury Manor, Hertfordshire, England, Gewinner

Von den vielen Turnieren, welche ich im Laufe meiner Golfkarriere spielte, sind mir einige besonders in Erinnerung geblieben.

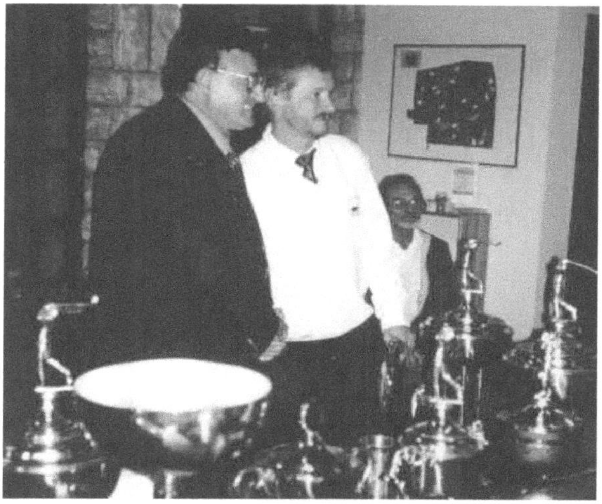

Hungarian PGA Open

Durch meinen langjährigen Freund, dem ungarischen Weltklassentennisspieler ***Robert Machan,*** hatte ich immer eine besondere Verbindung zu Ungarn. Es war dann ein Grund, dass ich mehrmals die Hungarian PGA Championship spielte und ich dieses Turnier auch zweimal gewinnen konnte.

Die von dem Briten **Jim Long** († 2016) und der dortigen PGA gegründete **World-ProAmTour** führte rund um den Globus interessante Profiturniere durch. Als ich das erste Mal in Dubai im **Dubai Creek** spielte, war die damals noch junge Golfdestination Dubai ein Erlebnis.

Am Rande der Wüste in großer Hitze gelang es mir einen für mich damals sehr guten 5. Platz zu belegen. Trotz der Proteste von uns Spielern beim Flug zum nächsten Turnier, direkt zurück nach London zu fliegen, machte die Emirates Airline einen Zwischenstopp in Beirut/Libanon.

Kaum am Flughafen dort angekommen, mussten wir aus dem Flugzeug raus. Maschinengewehrsalven krachten rundherum. Das Flughafengebäude war über und über mit Einschusslöchern bedeckt. Mit großer Verspätung konnten wir dann den Flug fortsetzen. Beim Abflug konnten wir uns ein Bild von der zerstörten Stadt machen. Sie sollte einmal das Monte Carlo des Nahen Ostens und eine Perle gewesen sein.

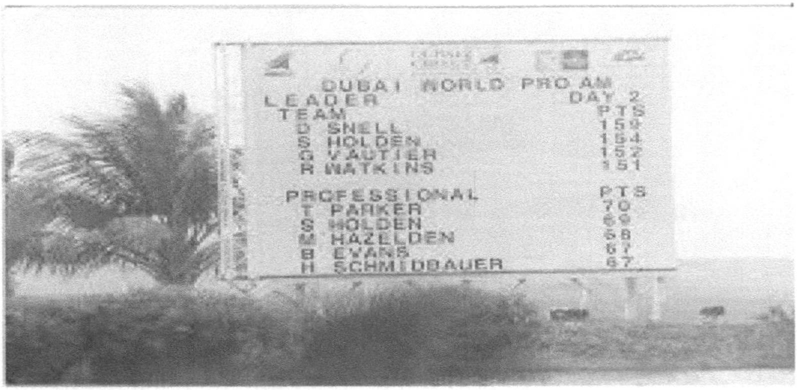

Dubai

Sun City Südafrika

Afrika, egal ob Südafrika, Namibia (dies durfte ich durch unseren Nachbarn in Grado kennenlernen, der zum großen Teil in Windhook lebte), Kenia, viele dieser afrikanischen Länder habe ich besucht. Wer einmal diesen wunderbaren Kontinent betreten und die Gerüche, die Geräusche, die roten Sandstraßen erlebt hat, kommt nicht mehr von Afrika los und will immer zurückkehren, so sagt man. Besonders neben ein paar anderen Siegen ist mir der Gewinn des Turniers in **Sun City** in **Südafrika** in Erinnerung geblieben.
Sun City ist ca. zwei Stunden von Johannesburg gelegen. Diese künstliche Stadt ist quasi das Las Vegas von Südafrika, vornehm-

lich aus Hotels mit Spielcasinos bestehend. Von den beiden Golfanlagen dort wurde ein Platz, auf dem das Turnier stattfand, von der südafrikanischen Legende **Gary Player**, genannt auch der „schwarze Ritter“, wegen seiner immer schwarzen Bekleidung, geplant.

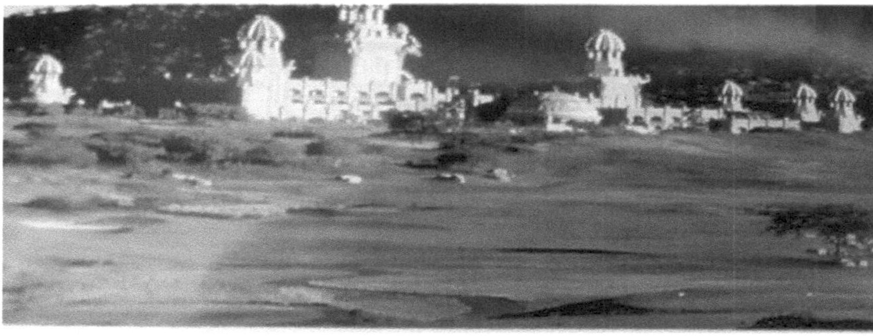

S

Sun City – Lost City ‚Südafrika

Der zweite Platz „Lost City“, den wir damals aus Trainingsgründen spielten, hatte dabei ein Par drei, mit einem Inselgrün. Rund um das Gewässer des Inselgrüns lagen jede Menge riesiger Krokodile, sodass es nicht zu empfehlen war, das Grün nicht zu treffen.
Im Starterfeld des Turniers befanden sich nach meiner Erinnerung neben Südafrikanern sehr viele Briten. Als ich nach einer meiner besten Runde im gesamten Golferleben, einer 62 am dritten Tag des Turniers, die Führung des Spielerfeldes übernahm, begannen natürlich die bekannten Psychospielchen. So wurde beispielsweise abends im Spielerhotel kaum noch mit mir gesprochen. Am vierten und letzten Turniertag wird bekannterweise so gestartet, dass der Führende zum Schluss des Feldes spielte. Mein Partner, ein junger stämmiger Südafrikaner, Jeremy mit Vornamen, war schlaggleich mit dem Briten Bob Cameron zwei Schläge hinter mir. Jeremy bildete mit mir den Schlussflight und es war mir trotzdem klar, dass mein eigentlicher Gegner Cameron war, der sehr erfolgreich

auf der European Tour spielte.
Jeder Turnierspieler, egal ob Amateur oder Profi, weiß um die Anspannung vor dem ersten Abschlag. Bei uns Profis beginnt es meist schon auf der Driving Range und der Begrüßung. Jeder Spieler hat gewisse Animositäten gegenüber Mitspielern. Manche mag man, einige sind einem zutiefst unsympathisch, andere versuchen dich mit dauerndem Gequatsche aus der Ruhe zu bringen, besonders der oftmalige Masterchampion Lee Trevino, ein Amerikaner mit mexikanischen Wurzeln, war bekannt dafür.
Mein Ritual war immer bei Turnieren das gleiche. Ich suchte mir einen etwas abgelegenen Platz auf der Driving Range, um mich einzuschlagen.
Aus den Augenwinkeln beobachtete ich immer die Schläge meiner Konkurrenten und ich wusste, dass es umgekehrt genauso war.
Man belauerte sich mit dem Betreten der Anlage. Die Begrüßungen mit befreundeten Pros war meist eher angenehm, nur wenn man sehr nahe beieinander lag mit den Scores, war es unverbindlicher. Nicht so wohlgesonnene Gegner konnten schon mit ein paar Sätzen wie, „spielt Ihr eigentlich Golf in Deutschland oder hast du bei deinem Ergebnis gestern viele Bälle aus der Tasche fallen lassen", die Feindseligkeiten eröffnen. Zum Verständnis: Im Profigolf herrscht eine Art Boxen, auch wenn man wortwörtlich nicht zuschlägt. Hier wird der Krieg eher psychologisch ausgeführt. Es geht hier schließlich um viel Geld und Existenzen.
Die Minuten vor dem Start habe ich oft nicht mehr in Erinnerung. Meine Betreuer sagten mir später immer, dass ich sehr unausstehlich und abwesend mit den Gedanken war. Das Abholen der Scorekarte im Starterzelt, alles nimmt man unbewusst wahr. Ich kann mich erinnern an Spieler, die kurz vor dem ersten Abschlag nochmals zur Toilette gingen und sich auch vor Nervosität übergaben.
Es war nie gleich bei mir. Manchmal beschlich mich bei Turnieren vor dem Start ein sehr unangenehmes flaues Gefühl in der Magen-

gegend, das sich dann meist nach dem ersten Abschlag legte. Dann gab es die leider allzu seltenen Tage, da hatte ich eine Aggressivität in mir, eine Sicherheit zum Bäume Ausreißen. In Sun City hatte ich wieder einmal dieses Gefühl.
Kaum konnte ich es erwarten, als letzter Spieler aufgerufen zu werden.
Die hunderten Zuseher rund um das 1. Tee nahm ich kaum noch wahr, genauso wenig wie meine Betreuer. Wie immer suchte ich mir ungefähr 20 Meter vor mir einen Punkt, ein Büschel verbranntes Gras dazumal, als Zielorientierung über das ich den ersten Drive schlagen wollte. Ich griff nach meinem Driver und bereits bei den Probeschwüngen fühlte es sich gut an. Der Gedanke war bei Abschlägen bei mir immer der Rhythmus. Nur nicht zu schnell schwingen. Meist schwingt man unter Druck viel zu hastig, dies waren meine Gedanken. Du musst beim Abschwung langsam durchziehen. Dies waren immer meine Gedanken, wenn ich mit dem Driver spielte. Nach dem ersten Abschlag nimmt man den Beifall der Zuschauer oder das Raunen bei einem verzogenen Schlag schon wahr. In Sun City klappte es vorzüglich.
Die brütende Hitze von über 35 Grad, welche über der Anlage damals lag, ist mir genauso in Erinnerung wie der immense Sonnenbrand, den sich mein Freund „Buxi“ Buxbaum, bei den vorgegangen Übungsrunden an den Beinen geholt hatte, als er mich begleitete. Trotz aller Warnungen musste er mit einer kurzen Hose spielen. Ein Arztbesuch war angesagt und die ganze Woche konnte er Speisen nur im Stehen einnehmen, da das Sitzen für ihn schmerzhaft war. Wir Pros sind ja verpflichtet, immer in langen Hosen zu spielen und versuchen, so weit wie möglich die Sonne zu vermeiden, vor allem wenn man aus dem tiefsten alpenländischen, kalten Winter kam. Die Profiturniere in Südafrika sind meist im Januar und Februar. Besonders die Unterarme und der Nackenbereich sind bei uns Profis gefährdet und ich habe heute dort, so sagen meine

Dermatologen, unheilbare Hautschäden. Eincremen war nie so meine Sache, da die Hände immer rutschig wurden.
Nun, während der einzelnen Bahnen, spielten die Flights vor mir manchmal sehr langsam, sodass mein Partner und ich warten mussten, dann war das Tempo wieder so, dass der Schiedsrichter uns zu schnellerem Spiel aufforderte oder sonst mit Strafe, sprich Punktabzug drohte.
Mein Spielpartner war bereits an der dritten Spielbahn mit einem Triplebogey aus dem Rennen. Von da an spielte er äußerst lustlos und meckerte ständig über sich selber. Dies kann sehr gefährlich für den Mitspieler sein, dass man dabei mit runtergezogen wird. Deshalb war ich sehr auf räumlichen Abstand zu ihm bedacht. Wie von Anfang an vermutet war Cameron der Gegner. Über den Spielstand informierten mich meine Betreuer sehr diskret, ob ich vorne oder hinten lag. Viele Spieler mögen dies nicht, da sie leicht nervös werden können dadurch. Es war auch bei mir nicht immer gleich. Letztendlich muss man unabhängig vom Spielstand sein eigenes Spiel durchziehen und niemand kann da helfen. In dem Fall aber, in Sun City, war ich mental so stabil, dass es mir half, den Spielstand zu wissen. Dadurch konnte ich bei manchen Gelegenheiten defensiver bzw. auch aggressiver spielen.
Auf der letzten Spielbahn, einem Par vier, das von einem großen Teich durchzogen war, führte ich mit zwei Schlägen Vorsprung. Mein Spielpartner schlug vor mir seinen Drive ins Wasser und war bereits außerhalb der Möglichkeit noch um den Sieg mitspielen zu können. Man musste nur aufpassen, von seinem nicht sehr guten Spiel angesteckt zu werden. Vom Abschlag aus konnte man die vollbesetzten Tribünen rund um das 18. Grün sehen.
Aus dem Grunde legte ich mein Spiel defensiv an. Mit dem Griff zu einem Eisen zwei legte ich den Ball vor das Wasserhindernis. Klarerweise hatte ich dann einen sehr langen Schlag bergauf, um das Grün zu erreichen. Noch immer wusste ich von meinem Caddy,

dass ich weiterhin mit zwei Schlägen vor **Bob Cameron** aus GBR lag. Mit einem Eisen vier schlug ich dann mit meinem zweiten Schlag etwas hinter das Grün. Man muss sich das so vorstellen, dass jetzt in der Erinnerung alle diese Schläge wie im Unterbewusstsein von mir quasi in dem viel berühmten schwarzen Loch oder Flow ausgeführt wurden. Nur wer selber jemals in solchen Wettkampfsituationen war, kann dies wirklich nachvollziehen. Man nimmt eigentlich von seiner Umgebung kaum mehr was wahr. Im Gedächtnis ist mir nur geblieben, als mein Caddy und ich zu meinem Ball gingen, dass ich unter den umstehenden Zusehern unter der Tribüne meinen Kontrahenten Cameron sah. Kurz trafen sich unsere Blicke. Mit dem Rücken zu ihm musste ich einen kurzen Chip ausführen und als ich dann den Putt über zwei Meter zum Sieg einlochte, fühlte ich vermeintlich wie Nadeln die Blicke Camerons auf meinen Rücken.

Als ich das „Plop“ des Balles im Loch hörte, drehte ich mich sofort um und suchte mit den Augen den Briten. In seinem Gesicht nahm ich die Enttäuschung wahr. Später, während der Siegerehrung, war er aber der sehr faire Sportsmann und gratulierte ehrlich zu meinem Sieg. Dieses Beispiel, lieber Leser/in, soll Ihnen zeigen, wie hart auch im Profigolf um die Siegerschecks gekämpft wird.

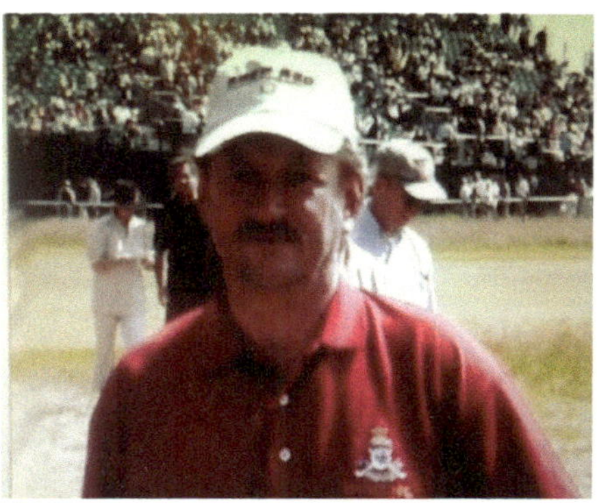

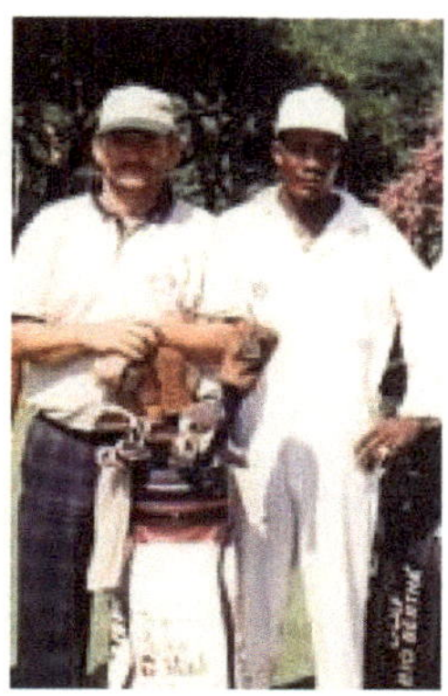

mein Caddy und ich, Sun City, Südafrika

Mein letztes Turnier, welches ich spielte, war die **PGA European Fourballchampionship** in Lumine/ Spanien.
Warum ich mir dieses Turnier nochmals angetan habe im hohen Spieleralter von 60, hatte zwei Gründe. Erster Grund war meine Tätigkeit für **Golfbreaks**, einer britischen Firma aus Windsor, die auf Golfproreisen spezialisiert war. Golfbreaks war der Hauptsponsor dieser Europameisterschaft und hatte mich gebeten, mitzuspielen, um das Spielerfeld aufzufüllen. Der zweite Grund war, dass ich meinem Freund und Prokollegen **Franco Torrano**, der für Golf lebt und stirbt, einmal die Teilnahme an einem so großen Turnier ermöglichen wollte. Man kann sich vorstellen, dass wir beide älteren Herren keine Chance hatten und den Cut nicht überlebten. Sieger wurde der britische Rydercupspieler **Paul Broadhurst** mit seinem Partner. Bereits beim ersten Abschlag, als sich das bekannte Gefühl in der Magengegend einstellte, war mir bewusst, hier hast du nichts mehr verloren. Die Zeit ist vorbei. Die beiden Pro-Kollegen, die mit uns spielten, voll im Saft, nahmen uns bei jeden Drive 20, 30 Meter an Länge ab. Irgendwann muss man dem Alter Tribut zollen.

Eine Karriere voller Verletzungen

Viele Sportlerkarrieren sind geprägt von Verletzungen. Heutzutage kommt kaum noch ein Profisportler, natürlich abhängig von der Sportart, ohne Verletzungen durch sein Leben. In meinem Falle, Stand derzeit, musste ich mich 21 Operationen unterziehen. Begonnen hat dies natürlich in meiner Jugend als Skirennfahrer, mit mehreren Brüchen. Später zwangen mich nach meinem Sportstudium sogar zwei Kreuzbandrisse, welche zu dieser Zeit eigentlich das sportliche Aus bedeuteten, zur Aufgabe meines Jobs an der Universität als Sportlehrer.

Diese Kreuzbandrisse, damals 12 Wochen Gips, waren später die Ursache für meine Knieprothesen im Alter. Trotz allem hatte ich immer sehr viel Glück, immer tolle Ärzte kennengelernt zu haben. Einer, der mir lange Zeit über die Knie- und Ellbogenschwierigkeiten hinweghalf war **Dr. Christian Schenk**. Christian lernte ich ebenfalls über Patrick Ortlieb kennen, als dieser mit einem Kreuzbandriss bei ihm in der Klinik in Schruns in Vorarlberg landete. Schenk wurde ein begeisterter Golfer, Mitglied in meinem Club und machte Reisen mit mir nach Schottland mit. Jedes Mal, wenn ich ihn konsultieren musste, war eine Trainerstunde vorher in den Praxisräumen angesagt. Mit Mullbinden wurde über das Chippen und kurze Spiel diskutiert und geübt. Als Christian seine Privatklinik in Schruns errichtete, rief er mich zu sich. Auf dem Dach seiner Klinik musste er dieses begrünen, um eine Genehmigung für seine Hubschrauber zu bekommen. Die Idee, die wir dann ausführten, war, dort ein Putting-Grün anzulegen.

Schenk operierte oft bis tief in die Nacht. Er ist einer der führenden Sportärzte, besonders was die beidhändige Arthroskopie angeht, in Europa. Es würde zu weit reichen, um die Vielzahl berühmter Sportler aufzuzählen, deren Karriere er gerettet hat.

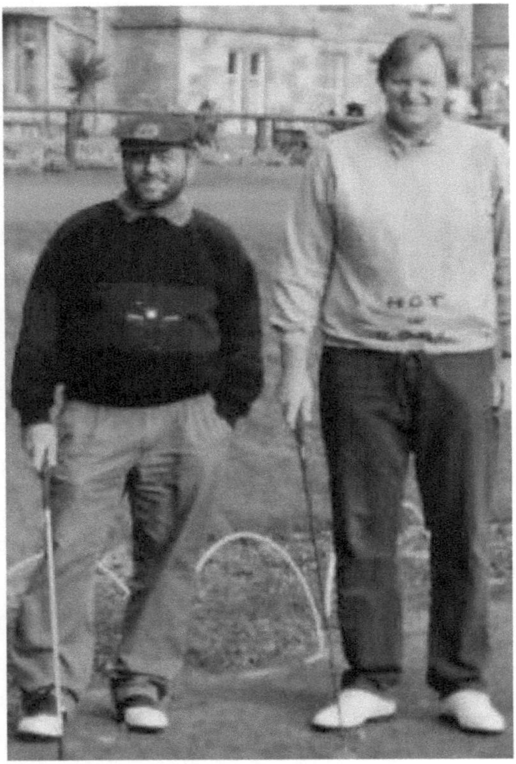

Longtime Freund „Buxi" Buxbaum li. & Dr. Christian Schenk re.

Um kurz zwischen den OPs mal zu verschnaufen, war es sein Gedanke, rauf aufs Dach und ein wenig putten. Wie oft er dies wirklich gemacht hat, dazu schweigt er gerne!

Mit seinem Rat und dem meines Cousins, **Professor Dr. Thomas Harrer**, schaffte ich es meine Knie bis über jenseits der 60er Lebensjahre zu retten, bevor mir dann Frau **Dr. Kathrin Sekyra** von der Uniklinik Innsbruck erfolgreich im Abstand von zwei Jahren

Knieimplantate machte. Schon lange vorher machten mir meine rechte Schulter, durch eine alte Verletzung aus der Skifahrerzeit, einem Schlüsselbeinbruch stand das Gelenk auseinander, zu schaffen. Die Millionen Golfbälle die ich geschlagen hatte, taten dem Gelenk nicht gut. Den Rest holte sich das Gelenk, als ich bei einer Gamsjagd in den Alpen im späten Dezember bei Tiefschnee samt erlegter Gams in ein Loch abstürzte und dem Schultergelenk ade sagen konnte. Professor **Habermeyer,** ein Spezialist in München, ersetzte alles. Die Wirbelsäule ist für viele Profigolfer, wie beispielsweise Tiger Woods, ein Problem, da sie aufgrund der Bewegung viel Kraft auffangen muss.

Meine Wirbel machten im zunehmenden Alter große Schwierigkeiten und eines Tages war es soweit, dass mein rechtes Bein gelähmt war und ich im Rollstuhl saß, wie eingangs erwähnt.

Spezialisten, Neurochirurgen aus München, **Moni Peer** und Dr. **Rene Hedecker**, schafften es, in einer vielstündigen Op mich vor einer endgültigen Lähmung zu bewahren. Es folgten noch einige weitere Operationen. Durch meine Erfahrungen von früheren Verletzungen und mein Wissen gelang es mir aber bis heute, dass ich wieder normal gehen kann. Diese Erfahrungen sowie viele weitere Tipps gebe ich nun schon seit Jahren in meiner Kolumne im deutschen Golfsportmagazin sowie auch gelegentlich in anderen Medien weiter. Damit hoffe ich, vielen Golfern bei gesundheitlichen oder auch spieltechnischen Problemen helfen zu können, ihr Golfspiel weiterzuentwickeln.

Golf mit Weltklassespielern und bekannten Persönlichkeiten auf Weltklasseplätzen

Durch meinen Beruf hatte ich das Glück, alle fünf Kontinente dieser Erde besuchen zu dürfen. Beim Bemühen aus dem Gedächtnis einigermaßen die Golfplätze dieser Erde aufzuzählen, die ich bespielte, bin ich bei etwas über 2000 ohne deutsche und österreichische Plätze hängengeblieben.
Nur ein kleiner Ausschnitt an Erlebnissen aus dieser Zeit

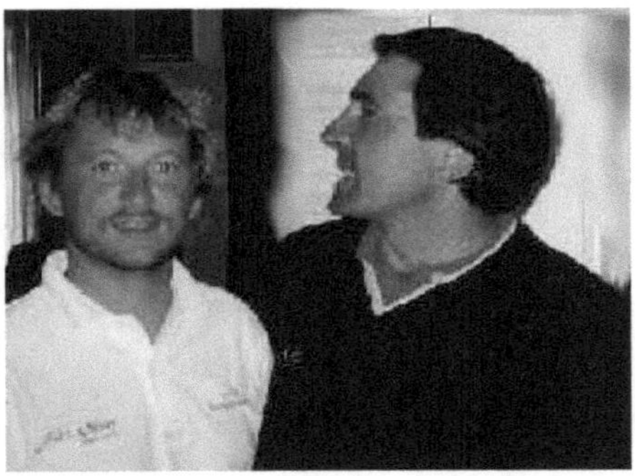

Seve Ballesteros (re.), der große Spanier († 2015)

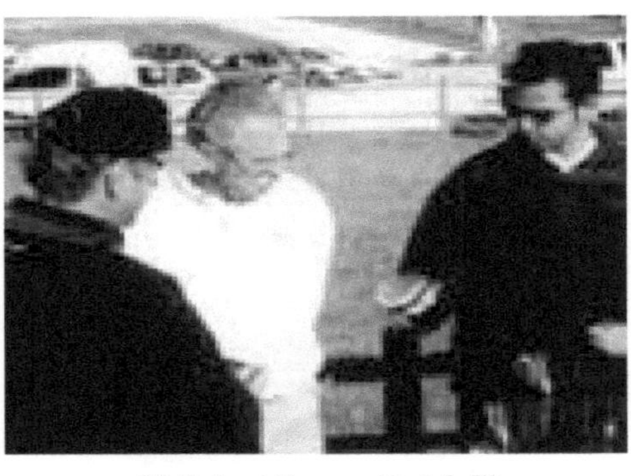

von re. H. Schmidbauer, Butch Harmon,
Ex Coach von Tiger Woods und sein Sohn

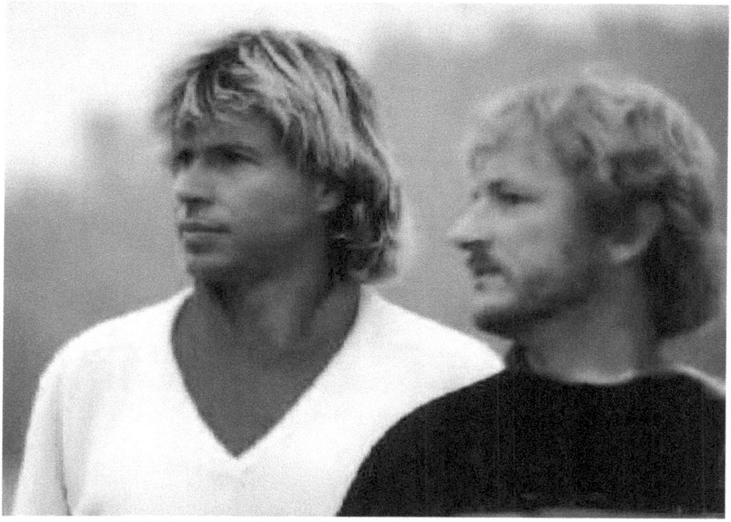

Skilegende & Sänger Hinterseer

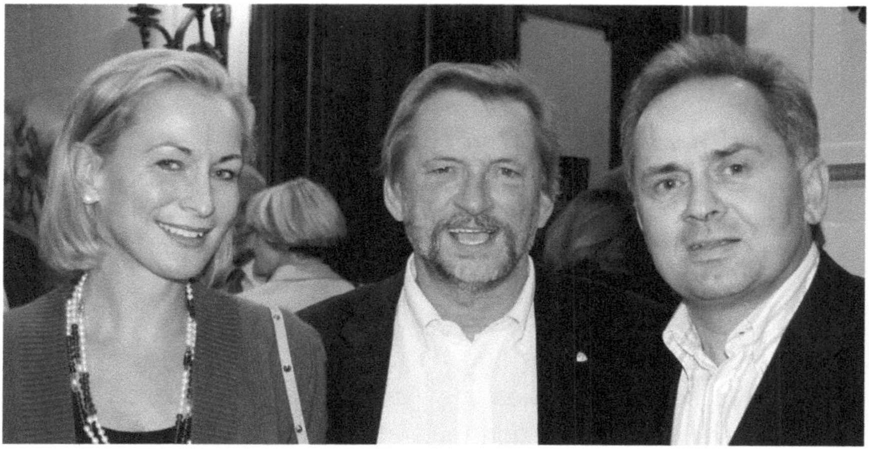

M.T. & H. Schmidbauer mit Skilegende Jimmy Steiner

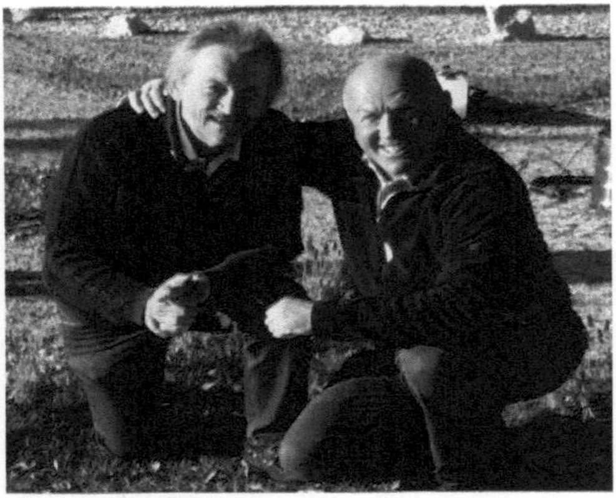

Skiweltmeister David Zwilling

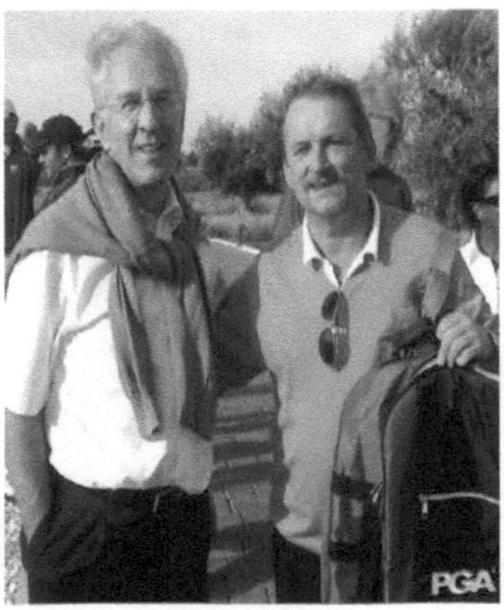

Heinz Fehring, Ex PräsidentPGA of Europe

Eine für mich bis heute sehr beeindruckende Begebenheit war, als ich durch meinen Freund und Berater Ex-Bankdirektor **Otto Sagstetter**, in seiner Funktion als Aufsichtsratsvorsitzender der Fa. **Brain Lab** in München den meisten der damaligen Vorstandsmitgliedern dieser medizinischen High-Tech Firma Golf nahebringen durfte. Bei einer Führung durch diese Firma, welche weltweit komplette Op-Säle erstellt, wartet und weiterentwickelt, wird man in Ehrfurcht erstaunen.

Das Golfgeschäft

Durch die im Laufe der Jahre gesammelten Erfahrungen wurde ich immer mehr von Golfinvestoren konsultiert. Mein Freund Chris **Roderick**, der jetzt zusammen mit dem ehemaligen British Open Champion und vielfach ausgezeichneten Golfplatz-Architekten **Tom Weiskopf** in Scotsdale/Arziona eine eigene Firma betreibt, stehe ich immer noch gerne zur Verfügung, wenn sie in Italien z.B. einen Kurs planen, dort Preise und Personal einholen müssen. Beratungen sind oft schwierig. Die Kosten, weniger für Bau als vielmehr für den Betrieb einer Golfanlage, werden zumeist unterschätzt. Vielen angehenden Golfbetreibern, die mich konsultiert haben, sah ich es an den Augen an, dass sie meinen Ausführungen, was die Kosten betrifft und wie viele Mitglieder sie in kürzester Zeit akquirieren müssten, keinen Glauben schenkten. Die zunehmende Anzahl von in Konkurs gegangenen Anlagen in den letzten Jahren geben mir leider recht. Golfplätze, was die meisten nicht verstehen wollen, sind in erster Linie eine Umwegrentabilität, ähnlich wie ein Schwimmbad, eine Tennishalle oder ein Wellnessbereich.

Die stagnierende Zahl der Golfer/innen weltweit trifft besonders auch hierzulande zu. In Ländern wie in Deutschland und Österreich, wo der Golfsport nach wie vor ein absoluter Randsport ist, sind die Ressourcen mehr oder weniger ausgeschöpft. Bei Golfanlagen gilt wie bei Immobilien: Lage, Lage, Lage!

In den dicht besiedelten Ländern in Großstadtnähe, ist es schier unmöglich, die 80 ha, welche für einen 18-Lochplatz notwendig sind, zu einem akzeptablen Preis zu bekommen. Die Auflagen, auch seitens der Umweltbehörde, sind sehr streng. Dies wird immer unterschätzt. Bei den vielen Anlagen, die ich mitplante, waren dies riesige Hindernisse. Hinzu kommen meist soziale Konflikte,

sprich Golf nur für Reiche, welche oft zu einem großen Widerstand in der Bevölkerung führen können. Dies habe ich einige Male am eigenen Leibe verspüren müssen. Sehr oft sind diese Ängste auch auf Unkenntnis über den Golfsport zu verstehen.
Die zu große Dichte an Golfplätzen wird zunehmend zur Marktbereinigung führen müssen. Nicht überall sind Golfplätze sinnvoll, besonders in prekären Lagen.
Ein weiteres Manko ist, dass vielfach die Anlagen von ungeeignetem Personal gemanagt werden. Oft wird vergessen, dass es hier um ein Geschäft mit einem Millionenumsatz geht. Dies erfordert auch Manager mit umfassender betriebswirtschaftlicher Ausbildung. Am besten Betriebswirte. Das golftechnische Knowhow ist dabei eher zweitrangig.
In den USA werden die Anlagen wirtschaftlich zumeist von solchem Personal geführt. Als ehemaliges Mitglied der Golfmanager Association of America, welche ein betriebswirtschaftliches Studium als Nachweis für eine Aufnahme als Mitglied voraussetzen, weiß ich, wovon ich spreche.
Wenn wir eine Golfanlage planten, ging eine gewissenhafte und umfangreiche Untersuchung mit einem genauen Geschäftsplan voraus. Des Ergebnis solcher Feasibility Studien konnte durchaus negativ ausfallen, auch wenn es dem Kunden nicht gefiel.
Leider gibt es hier zu viele schwarze Schafe unter den „Beratern“ , welche nur den Auftrag erhalten wollen und nach abkassieren der Honorare verschwinden. Eine genaue Überprüfung der Ausbildung und des Rufes solcher Berater sei dem künftigen Golfplatz-Interessenten angeraten.
Einige von vielen meiner Beratungen seien hier noch erwähnt, wie der Auftrag eines **Bulgarischen** Unternehmens in **Panagyurishte**, nahe **Sofia**. Nach langen Diskussionen mussten meine Mitarbeiter und ich dem Unternehmen vom Bau des Platzes aus vielerlei Gründen abraten.

Ein besonderer Fall war die Beratung über einen Golfplatz in über 1500 m Höhe im Salzburger Land. Ein Dorf von ca. 1000 Einwohner wollte in dieser Höhe eine Golfanlage errichten und es waren schon teure Planungen im Gange. Einer der künftigen Betreiber konsultierte mich und nach einer gewissenhaften Überprüfung kamen wir überein, dass er aus dem Projekt ausstieg.
Mein Honorar war der Abschuss einer Gemse in seinem Jagdrevier.

Teil 2

Der nun folgende zweite Teil meines Buches, lieber Leser, ist für alle unter Ihnen, die gerne ihr Golfspiel verbessern wollen. Neben Tipps für die Verbesserung Ihres persönlichen Könnens informiere ich über interessante Golfplätze in der ganzen Welt, die ich bespielte. Weiters gibt es Einblicke über die Geschichte des Sports, Profis, Turniere und vor allem Tipps für Ihre Gesundheit beim Golf. Dies alles finden Sie auch in meiner Kolumne im Golfsportmagazin.

Meine Favoriten unter den Golfplätzen

Hier nur einige Tipps und eine unvollständige Auswahl der herausragendsten Plätzen ohne Deutschland und Österreich, die ich besuchen konnte:

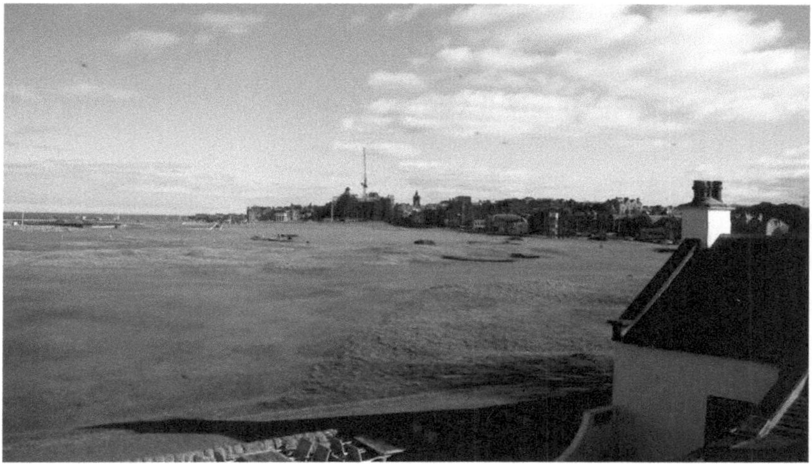

Schottland

St. Andrews all Courses
Royal Dornoch Golf Club,
Carnoustie
Dainfern Country Club ,
Belfry
Kingsbarns
Crail
Carnoustie
Turnberry Golf Schottland
Prestwick Golfanlagen
Muirfield Golfanlagen Schottland

Gullane Golf Schottland
Loch Lommond Schottland
Gleneagles
Royal Troon
Prestwick

USA Golfcourses

Arnold Palmer's Bay Hill Club & Lodge
Doral golf
PGA National Resorts
Deer creek
Innisbrook
Niceville Blue Water Bay
Hilton Head island
Legend courses Myrtle Beach
Lake Nona Orlando gc
tpc Sawgrass
Stonebridge Country Club
Wailea Golf Maui Hawaii
Augusta National Golf Club

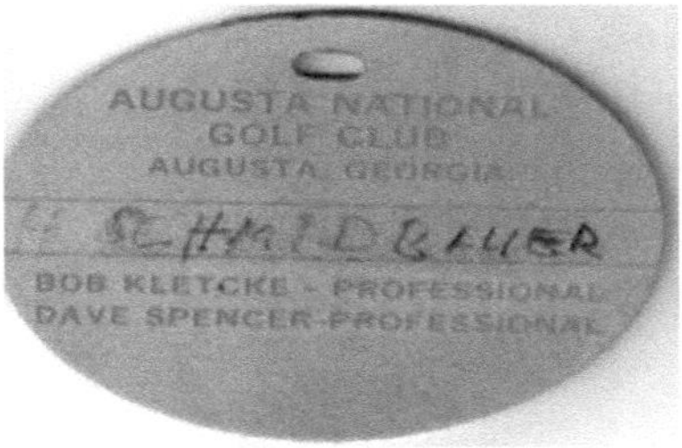

Pebble Beach Golf Resort
TPC Scottsdale
Kiowah island SC

Troon North
Stowe Mountain GC
Desert pines las Vegas
Deritage Club Ohio
Pinehurst No. 2 NC
Midland Golf

Südafrika

Sun City
Durban
Clovelly
George
Fancourt
Plettenbergbay
San Lameer Country Club
Erinvale
Stellenbush
Wildcoast
Selbourne

Mexico

Cancun
Juarez Golfcourse

Spanien

Valderama GC
Sotogrande
La Manga
Las Brisas

LUMINE Mediterránea Beach & Golf
PGA Catalunya Resort
Son Severa Mallorca
Adeje (Teneriffa)

Singapure

Sentosa Golf Club

Neuseeland

Rotorua Golf Club "Arikikapakapa Neuseeland"

China

Mission Hills China 觀瀾湖

Japan

東京クラシッククラブ
Golfplatz und Country Club
Tokio

Jamaica

Half Moon
Tryall Golf Club

Italien

Garda Golf
Azzarga Golf
Padua GC
Venezia GC
Donnafugata GC

Is Molas Resort
Masseria San Domenico
Roma Golf
Verona
San Remo

Frankreich

Le Golf National , Paris
Gc Nizza

Schweiz

Bad Ragaz
Gruyere
Geneve
Lugano
Samedan St. Moritz
Crans sur Sierre
Lausanne

Marrakech

Palmeraie Golf Palace & Resort
Royal Marakech
Palm Golf

Wales

Celtic Manor

England

Richmond Park

Royal St. George
Royal Lytham & St, Annes
Hanbury Manor
Royal Birkdale
Sunningdale
Berkshire
Wentworth

Portugal

San Lorenzo Golf Club
Pine Cliffs
Quinta do Lago
Vale do Lobo
Vila Sol
Penina
Villamura
Penha Longa GC

Irland

K-Club
Royal Portmarock
Lahinch
Killarney GC
Ballibunion
Waterville GC
Old Head Island GC

Puerto Rico

Hyatt Dorado Beach Golf

Kanada

Whistler Fairmont
Banff Springs
Jasper Park Golf

Norwegen

Oslo Golf
Ullna Golf

Schweden

Malmö Burlöv Golf

Australien

Cairns Golf Club
Royal Sydney
Port Douglas Gc
Royal Melbourne

Cook Island Südsee

Aitutaki Golf Club

Griechenland

Costa Navarino
Creta Golf

Namibia

Windhook Golf

Swakopmund GC

Luxembourg

Grand Ducal
Belenhaff Golf

Thailand

Banyan
Majestic
Palm Hills
Royal Hua Hin

Türkei

Gloria
Montgomerie
Cornelia
Sueno
Istanbul GC

Ägypten

Mena House
Dreamland Golf

Tschechien

Marienbad: In Marienbad spielte ich Ende der 1980 Jahre das erste Profigolfturnier im damaligen Ostblock mit. Der alte Platz ist Anfang des 1900 Jahrhunderts vom damaligen englischen König George errichtet worden. Das Turnier wurde in Form eines

Pro/Ams ausgetragen. Mein Amateurteam bestand aus einer langjährigen Freundin, der ehemaligen deutschen Skirennläuferin **Evi Mittermaier-Brunndobler,** mit Gemahl Meinhard, sowie **Jimmy Steiner**, Ex-Skirennfahrer. Gesponsert wurde das Turnier von den Casino Austrias, die in Marienbad ein Casino eröffnen wollten. **Dr. Wallner**, zugleich NOK Präsident von Österreich und Chef der Casinos, war für uns, sprich, damals die Errichtung des Olympiastützpunktes Obertauerns, eine wichtige Person, sodass ich dachte, eine Teilnahme in Marienbad könnte nicht schaden. Einige meiner Prokollegen drängten auch zur Teilnahme, da als Nebeneffekt der **„Playboy"** als Cosponsor auftrat.
Die Enttäuschung für die Pros: Es war nur ein einziges **„Bunny"** vor Ort um Getränke zu reichen.

Die Tragödie des Peter Burgstaller

2007 (†43)

Eines Tages brachte der Carrera-Sportchef Heinz Strassegger, der Ehemann meiner Sekretärin Bärbel, den Fußballtorwart Peter Burgstaller samt Ehefrau Irmi mit in meinen Golfclub Kobernausserwald.

Es entwickelte sich daraus eine Freundschaft, auch zwischen den Frauen, da beide zur gleichen Zeit schwanger waren. Peter war gerade am Ende seiner Karriere und eröffnete ein Managementbüro für die Vermarktung von Fußball. Es lag dann irgendwie nahe, dass er sich auch um meine Golfagenden kümmerte. So machten wir gemeinsam viele Events, bei denen ich den Teilnehmern als Pro zur Verfügung stand. Firmen wie die Skifirma **Völkl**, deren österreichischer Chef **Hans Dobelhammer** durch mich Golfer wurde und heute Präsident eines Golfclubs ist. Weiters standen auch Firmen wie z. B. Bosch auf dem Programm.

Peter war auch Vermittler von Sponsoren für die österreichische Fußballnationalmannschaft. In dieser Eigenschaft flog er zusammen mit anderen Sportgrößen wie Franz Beckenbauer zur Auslosung der Fußball-WM in Südafrika nach Durban. Am Flughafen verabschiedeten wir uns, da ich fast zeitgleich nach Thailand zu einem Golfevent fliegen musste.

Peter fragte mich, wo er in Durban golfen könne.

„Bitte geh nicht in die Innenstadt oder in öffentliche Clubs dort", sagte ich. „Das ist dort sehr gefährlich." An diese Warnung kann ich mich noch gut erinnern. „Wenn du spielen gehst, frag immer bei dem Golfdirektor nach zuverlässigen Caddys", war mein weiterer Rat.

Durban war mir von eigenen Besuchen bekannt und der Bruder eines Freundes, der mich immer auf die Gefahren dieser Stadt hingewiesen hat, wohnte lange dort.

„Spiel in dem nahegelegenen eingezäunten Golfclub Selbourne.

Dort haben viele Europäer Ferienhäuser, wie z.B. der ehemalige österreichische Tennisspieler **Feigl**, der mit der Tochter meines Steuerberaters verheiratet ist“, habe ich ihm empfohlen.
Wenige Tage nach meinem Abflug nach Hua Hin klingelte mein Handy. Meine Frau erzählte mir zu meinem Entsetzen, Peter Burgstaller sei tot. Schweigen! Peter wurde auf dem Golfplatz Selbourne erschossen. Wie vom Donner gerührt am anderen Ende der Welt hörte ich von dem Unglück.
So ganz sind die Umstände bis heute nicht geklärt. Wie man vermutet, wurde an einer Stelle ein Neubau errichtet und der Sicherheitszaun wurde niedergerissen. Peter, ein großer, gutaussehender, kräftiger Sportler, war allein auf die Runde gegangen. Wie man heute zu wissen glaubt, wurde er von zwei Einheimischen, die durch den offenen Zaun in das Resort eindringen konnten, überfallen, ausgeraubt und getötet.
Der Tod von Burgstaller ging durch die Weltpresse, da es ja ein sehr brisantes Thema anlässlich der bevorstehenden und umstrittenen Fußball-WM in Südafrika war. FIFA-Präsident **Blatte**r gab ein Interview, in dem er Südafrika als absolut sicher bezeichnete, was natürlich weltweit große Kritik hervorrief. Als Freund von Peter schrieb ich dem Herrn Blatter einen sehr geharnischten Brief. Bis heute warte ich auf eine Stellungnahme. Natürlich hat Burgstaller entgegen all meiner Ratschläge, „spiele nie allein, lass dir deine Begleiter von Offiziellen des Clubs zuteilen usw.“, gehandelt. Trotzdem fühle ich mich heute noch irgendwie verantwortlich, da ich ihn in guter Absicht zu diesem Platz gesandt habe.
In Rio war ich, in Favelas, die riesigen Townships in Kapstadt, Mombassa, und viele weitere gefährliche Orte kenne ich. Aber immer hatte ich auch Glück, ortskundige Begleiter, unauffällige Kleidung, keine wertvollen Dinge, Uhren etc. bei mir, nur etwas Geld, welches im Falle eines Überfalles sofort den Besitzer wechseln sollte.

Ein weiterer Golfschüler von mir wurde ebenfalls in der Nähe von Kapstadt ein paar Jahre nach Peter Burgstaller ermordet, als er aus einem Auto ausstieg und einem vermeintlich Verunglückten helfen wollte.

Immer wieder gebe ich meinen Freunden und Golfern, wenn sie sich in Länder begeben, die als gefährlich eingestuft sind, die oben erwähnten Ratschläge. Nach wie vor werden diese Gefahren von den Golfreisenden unterschätzt. Heute ist es jedermann möglich, auch in die entlegensten Winkel der Erde zu fliegen und sogar dort sind mittlerweile Golfplätze zu finden. Vergessen sollte man dabei nie die bittere Armut, in der auch die Angestellten, Caddys und Greenkeeper in diesen Resorts leben. Auch gutgemeinte üppige Trinkgelder sollten nicht gegeben werden. Nur was landesüblich ist, wäre korrekt. Sonst bewegen wir uns in einer Spirale, die niemandem weiterhilft.

Südsee, Atutaki, Cook Islands

Aitutaki zählt zu den schönsten Lagunen der Welt. Es gibt auf der Insel keinen Massentourismus und die Hotels oder Bungalowanlagen sind sehr klein. Von Neuseeland kommend waren meine Familie und ich auf dem Wege zu einem weiteren Golfevent in Kanada am **Whistlermountain.**

Schon lange träumte meine Frau davon, einmal eine Südseeinsel zu besuchen, und angesichts der Flugroute lag es nahe, einen Zwischenstopp in der Südsee einzulegen. Von **Auckland** flogen wir mit Zwischenstopp **Papeete** (Tahiti) nach Rarotonga. Bei der Reservierung des Hotels hatte ich vergessen, dass wir von West nach Ost geflogen waren und daher einen Tag zu früh in unserem Hotel ankamen. In **Rarotonga** mussten wir bis auf das Handgepäck alle unsere Sachen deponieren, damit das kleine Wasserflugzeug, welches uns nach Aitutaki brachte, nicht zu schwer wurde. Wie kamen wir auf die Idee, ausgerechnet diese vielleicht 40 Fußballfelder große Insel zu besuchen?

Bei einem Golfaufenthalt und Besuch des **Great Barriere Riffs** in **Port Douglas/Australien** lernte ich eine italienische Künstlerin kennen, die sich freute, mit mir in ihrer Landessprache zu sprechen. Sie gab uns den Tipp Aitutaki und erzählte uns, dass dort eine Österreicherin lebte, die wir dann auch besuchten.

Das Unglaubliche an der Geschichte war aber, auf Aitutaki gibt es einen 9-Loch-Golfplatz. Irgendwann mussten dort ein paar Golfverrückte ein paar Grüns zusammengeschaufelt haben. Das Clubhaus war eine Bretterbude, an dessen Front eine Scoretafel hing. Darauf die kaum leserlichen Ergebnisse einer Golfparty, die mindestens 10 Jahre zurück sein musste. Natürlich bespielten wir den Platz mit geliehenen Schlägern, die sicher kurz nach dem Zweiten Weltkrieg gefertigt wurden. Egal, es hat Spaß gemacht und es war sicher die abenteuerlichste Golfrunde, die ich erlebt habe.

Spirit of the Game

Bei einem meiner zahlreichen Schottlandbesuche durfte ich Golffreunden, die mich dabei begleiteten, mehr zeigen, als man üblicherweise von Schottland kennt. Für Golfer ist doch der **Royal St. Andrews Golfclub** und die Stadt St. Andrews der Inbegriff des Golfsports schlechthin.
Natürlich sitzt dort die oberste Europäische Regelkommission und es finden auch in regelmäßigen Abständen die berühmten British Open statt. Doch wie sagte mir letzthin ein sehr vornehmer Schotte im altehrwürdigen North Berwick Golfclub, gegründet 1843: „Zugang ins Clubhaus gibt es nur nach einer Einladung – St. Andrews ist eine Erfahrung und ein riesiges Geschäft, aber mit traditionellem Golfleben in Schottland hat es wenig zu tun."
Natürlich kann man heute über Reiseveranstalter „All inklusive" St. **Andrew, Royal Troon, Turnberry, Ladybank** usw. buchen und irgendwann sollte ein interessierter Golfer diese Plätze auch spielen.
Man kann zwar noch so viele Sterne in den Hotels anbringen oder noch so viele berühmte Golfarchitekten (meist firmieren bekannte Golfstars als Designer) bei der Errichtung der Golfanlagen verpflichten – eines kann man nicht kaufen: den Flair, den Geist und die Geschichte.
Dies alles findet man nur in Anlagen, die vor 1900 gegründet wurden, als bei uns noch kaum einer wusste, wie man Golf schreibt.
Erst Mitte der 1980er Jahre wurde im deutschsprachigen Raum der Golfsport etwas populärer, doch der Höhepunkt der letzten Jahre ist schon wieder überschritten.
Mag sein, dass für viele Golfer, die bereits einige Jahre diesen Sport betreiben, das Nonplusultra ein Golfurlaub im Süden Europas oder Florida ist. Vielleicht hat man sogar die besagte Schottland Tour – einmal St. Andrews und zurück – auch schon hinter

sich gebracht. Es bleibt für mich aber immer die Frage, hat man auch den Spirit des Spiels aus Schottland mitgenommen?
Dazu bedarf es mehr. Man muss die „ehrlichen, alten Klubs“, wie North Berwick, Rousemount, Boat of Garden, Nairn, Murray u.a. besuchen. Wer kann mit den Namen der ersten Golfpros und späteren Golfplatzdesignern wie **Dr. McKenzie**, **James Braid**, **Young** und **Old Tom Morris** etwas anfangen?
Von Schottland aus ging dann der Weg in die „Neue Welt“, eben zum Teil durch die oben erwähnten Golfpioniere, die diesen Spirit dorthin trugen und auch dort Plätze wie **Pinehurst No. 2** bauten. In den USA war dann der erste Siegeszug des Golfes nach dem Ersten Weltkrieg zu verzeichnen, als Plätze wie Augusta entstanden und Namen wie **Ben Hogan, Bobby Jones**, **Henry Vardon** das Spiel prägten. Nach dem Zweiten Weltkrieg war neben Sam Snead vor allem Arnold Palmer der Begründer des heutigen Golfsports.
Auch ich darf mich zu der vielgerühmten „Arnie's Army“ zählen. Jack Nicklaus, bis heute der Golfer des Jahrhunderts, der Arnie als Nummer Eins ablöste, Gary Player, Tom Watson, Bernhard Gallacher, Tom Weiskopf – diese Namen sind in den USA, England und Schottland so bekannt wie bei uns die Namen von Fußballspielern oder Skifahrern vergangener Zeiten.
Diese Wurzeln und Verbundenheit zum Golfsport sind bei uns nur einer Minderheit zugänglich, da die meisten eben erst seit zehn, zwölf Jahren spielen. Wahrscheinlich kennt man noch Nick Faldo oder Greg Norman, in Deutschland natürlich Bernhard Langer. Doch die wenigsten wissen, dass der verstorbene Steve Ballesteros Anfang der 1970er der erste Kontinentaleuropäer war, der ein „Major“ gewinnen konnte und als Erster in die bis dahin ausschließliche Domäne der Briten, Schotten, Australier und Amerikaner einbrechen konnte. Golf steckte damals bei uns noch in den Kinderschuhen.

Wenn Sie also den Spirit of the Game wirklich kennenlernen wollen, bleibt Ihnen nichts anderes übrig, als die altehrwürdigen Clubs in Schottland aufzusuchen. Es braucht Sie nicht zu wundern, wenn Sie im Gespräch feststellen, dass der Kellner Handicap 0 hat. Dies ist dort genauso normal, als wenn am Arlberg der Ober perfekt wedeln kann. Unverständnis herrscht auch in Schottland über die bei uns übliche Jagd nach irgendeinem Handicap mit einer Stelle hinterm Komma. Dies erregte nur Kopfschütteln bei meinem schottischen Pro-Kollegen im Royal Burgess Club, als mein Sohn sein Handicap mit der Kommastelle bekanntgab.
Die verblüffende Gegenfrage war: „Seid ihr sicher, ihr spielt und sprecht von Golf?“
Golf, so wie es der „Spirit of the Game“ sein sollte – nach den Vorstellungen der alten Schotten – ist mehr als nur ein Spiel. Es ist auch die Art und Weise, wie man lebt.

„Golf richtig gelebt, verändert auch euer Leben. “

Golf wird ein Profisport

Der *Prestwick Golfclub* im Westen von Schottland, jetzt nahe dem ebenfalls berühmten *Golfclub Troon* gelegen, wurde 1851 gebaut und war der Austragungsort der ersten Britisch Open. Dieses Turnier war das erste nationale Majorturnier. Der erste Sieger war 1860 *Willie Park* und er erhielt als Preis einen Gürtel mit Silbermünzen. Die Legende von *Old Tom Morris* aus St. Andrews wurde mit seinen Siegen bei der Open in den Jahren 1862,1864 und 1867 geboren. Bis heute existiert sein Golfshop am Rande des 18. Grüns des *Old Courses* in St. Andrews.

Bis auf die wenigen von reichen Gönnern gesponserten Turnieren lebten die meisten Golfpros der damaligen Zeit von Wetten gegeneinander, vom Unterricht und von der Herstellung von Schlägern und Bällen sowie der Arbeit als Caddies. 1894 wurde die *United States Golf Association (USGA)* in den USA gegründet, um dort das Spiel zu regulieren. Neben den Regeln betreut die USGA auch das dortige Handicapsystem. Bereits um 1900 existierten mehr als 1000 Golfclubs in den USA. In Chicago wurde die erste Anlage mit 18 Löchern gebaut. Signifikant für amerikanische Golfkurse, sogar bis heute, ist durch das reichlich vorhandene Land, dass die meisten Anlagen dort sogenannte *„Parkland-Kurse“* sind.

Im Gegensatz dazu waren in den frühen Jahren die Golfplätze in Großbritannien meist sogenannte *„Links“-Kurse*, d.h. Kurse, die entlang des Meeres verliefen und auf dem eher unfruchtbaren Land zwischen Meer und fruchtbaren Ackerland gebaut waren.

The *Professional Golfers Association (PGA) of America* wurde 1916 gegründet.

Der vielleicht größte Profispieler dieser Vorkriegszeit (Zweite Weltkrieg) war **Bobby Jones**. Er gewann als erster neben vielen anderen Siegen den sogenannten **„Grand Slam“**. Wobei dieser Grand Slam noch nicht alle Turniere der heutigen Zeit als Inhalt hatte. **Bobby Jones** war bekannt für seine stets sehr modische extravagante Kleidung beim Spiel.

Die vier wichtigsten Golfturniere der Welt werden die "Majors" genannt.

Schafft(e) es ein Spieler, alle vier Turniere in einem Jahr zu gewinnen, dann hat er den „Grand Slam".

Folgende 4 Turniere zählen zu den"Majors":

1. **The US Master**, es ist das einzige Turnier, dass immer in Augusta gespielt wird. Der Sieger erhält das grüne Jacket.
2. **The British Open**
3. **The US- Open**
4. **US-PGA-Championship**.

Das Masters-Golf-Tournament wird als *erstes* der Majors immer im April im **Augusta National Golfclub** gespielt. Die Geschichte des Turniers geht mehr als 80 Jahre zurück. Zum ersten Male wurde es 1934 ausgetragen. Der Club wurde von **Bobby Jones** mitgegründet und vom bekannten schottischen Architekten **MacKenzie** in den frühen 1930er designt. **Augusta** ist eine kleine Stadt in Staate **Georgia/USA**. Die exklusive Clubmitgliedsschaftspolitik hat viel Kritik auf sich gezogen, da der Club bis 1990 keine schwarzen Mitglieder und keine Frauen aufgenommen hat. Als **Tiger Woods**, als erster Farbiger das Turnier gewann, musste er wie alle vorherigen Sieger aus Tradition ebenfalls als Ehrenmitglied in den Club aufgenommen werden. Im August 2012 hat der Club zum ersten Male zwei weiblicher Mitglieder, nämlich die farbige Politikerin **Condolezza Rice** und Darla Moore aufgenommen. Der Club verteidigte seine Aufnahmepolitik immer damit, dass er eine private

Organisation ist.
Die Entwicklung des Augusta National Golfclubs war der Hintergrund für das Buch und den erfolgreichen Film **„The Legend of Bagger Vance“**.
Diesen Film und das Buch kann ich Ihnen nur empfehlen, um den Zeitgeist der damaligen Golfwelt zu verstehen.

Amateur- und Profigolf

Oftmals werden Amateurgolf und Profigolf verwechselt. Grundsätzlich gibt es im Profigolf keine Vorgaben, sprich, Handicapsystem, da beim Profigolf immer derjenige der Sieger ist, der die wenigsten Schläge gebraucht hat. Man kann durch den Verzicht auf den Amateurstatus, den man schriftlich bei dem Golfverband bekanntgeben muss, ins Profilager wechseln. Voraussetzung dafür ist natürlich, dass sich der Amateur für eine Profiliga durch die Teilnahme an den Tourschulen oder bei niedrigeren nationalen Profiligen qualifiziert und man schon als Amateur annähernd nachweisbare Leistungen für den Einstieg ins Profilager erbracht hat. Man verliert auch den Amateurstatus, also ohne für eine Profiliga qualifiziert zu sein, wenn man durch Golf, sei es durch Werbung, Unterricht oder Preise, die einen gewissen Wert übersteigen, finanzielle Vorteile hat. Die Tätigkeit, Stellung, als qualifizierter PGA- Golflehrer, also PGA-Golfpro, ist in etwa mit der eines staatlich ausgebildeten Skilehrers/Tennislehrers zu vergleichen, bzw. die eines Profispielers mit einem Skirennfahrer im Skiweltcup. *Amateurgolf* wird von den jeweiligen Golfverbänden und Profigolf (hier Golflehrer und Profispieler) von der jeweiligen *Professional Golfers Association (PGA)* geregelt.

Wer keine Ziele hat muss sich nicht wundern, wenn er nicht ankommt!

Eine viel zitierte Krise im Golfsport mag viele Ursachen haben. Sei es, dass der Bedarf, die Platzierung sowie die Ausrichtung der Golfanlagen falsch eingeschätzt wurden, sei es, dass die sozialen Hintergründe einer notwendig gewachsenen Einbindung einer Sportart in das nationale Leben eines Volkes falsch beurteilt wurden – auf alle Fälle stagniert die Anzahl der Golfbegeisterten. Die dauernde Änderung von Regeln, der immer kompliziertere Ein-

stieg in den Sport und damit die permanente Strategieänderung der Dachverbände ist ein sicheres Zeichen für die fast schon verzweifelten Versuche, das Steuer herumzureißen.
Eine große Gefahr dabei ist es hierzulande, noch immer den Träumen und Illusionen von Golf als Volkssport á la USA oder UK hinterherzujagen. Man vergisst dabei, sich mehr um den „Bestand" zu kümmern. Viele Golfer sind golferisch in die Jahre gekommen. Vermehrt ist es bemerkbar, dass Golfer, die vor 15 bis 20 Jahren mit dem Golf begonnen haben, Motivationsprobleme haben. Dies mag zu einem geringen Teil auch auf die oben aufgeführten Umstände zurückzuführen zu sein. Aber es kommt einfach ein gewisser Abnutzungseffekt und damit fehlende Motivation bei den vorhandenen Golfern ins Spiel.
Von der Platzreife weg in früheren Jahren bis zum Handicap XY ist man ja einigermaßen schnell angelangt. Dann haben der Golfer und die Golferin versucht mittels diverser Schlägerwechsel, Trainerwechsel und mit für „Otto-Normalverbraucher" viel zu ungeeigneten Computer- und Trainingsprogrammen das Level des eigenen Spiels nochmals anzuheben, was in den meisten Fällen misslang. Bei diversen Golfreisen wurden auch die schönsten Ecken der Golfwelt abgehakt.
Was bleibt dann noch übrig und was kann man gegen fehlende Motivation tun?

Zielsetzung

Der psychologisch leicht erklärbare Effekt des Frustes, der fehlenden Motivation ist eine Folge der fehlenden Zielsetzung.
Die zu starke Fixierung hierzulande auf das Handicap und dessen starres System, welches zunehmendes Alter, Krankheiten, berufliche Änderungen nicht so leicht berücksichtigt, verstärkt zudem mit laufenden Golfjahren den Frust. Um dem vorzubeugen und um sich die Freude am Spiel zu erhalten, halte ich ein „SELBSTMA-

NAGEMENT" für unabdinglich.

Selbstmanagement
Sie sollten sich hinterfragen: Warum spiele ich, was macht mir Freude, mit wem spiele ich, usw.?
Setzen Sie sich Ziele und unterscheiden Sie dabei zwischen:
Kurzfristige – langfristige Ziele
einfache – komplexe Ziele
Zwischenziele – Hauptziel
Nur wenn Sie aus Motiven, egal aus welchen, die Sie ehrlich begeistern, golfen, wird Ihnen dieser Sport lange Jahre Freude bereiten. Denn das Motiv, das sich ja im Laufe der Jahre vielleicht verändern kann, ist entscheidend für Ihr Verhalten und die Motivation zu golfen.

Motivation
Welche Faktoren beeinflussen nun unsere Motivation, einen Sport auszuüben? Sport hat viel mit Emotionen zu tun. Ich nenne es das Bauchgefühl.
Genauso wichtig ist der Faktor Kopf, damit ist unsere Ratio, der Verstand, gemeint und last but not least der Arm, damit meine ich die Erfahrung.
Diese drei Faktoren beeinflussen mein Golfspiel entscheidend, da sie meine Fähigkeiten, was ich gerne mache, was ich möchte und ob ich mich bei dem Sport wohlfühle, bestimmen.
Wenn man nur positive Rückflüsse, d.h. nur Erfolgserlebnisse, hat, ist eine Motivation leicht, sich neue Ziele zu setzen. Wenn jemand ein starkes Motiv hat zu golfen, hat er/sie auch einen hohen Anreiz ein gewisses Niveau zu erreichen, umgekehrt ein niedriges Motiv (spiele Golf nur aus Rücksicht auf meinem Partner z.B.) wird immer zu einer schwachen Leistung führen. Aus meiner Sicht sind es vorwiegend drei große Motivationsursachen:

1. Sozialer Aspekt.
2. Anschluss an die Gesellschaft, Anerkennung oder Furcht der Zurückweisung
3. Macht. Kontrolle über Schwächere oder umgekehrt Verlust dieser Macht
4. Leistung. Anerkennung durch Erfolg bzw. Misserfolg.

Konfliktbewältigung

An dem Punkt allerdings, wo durch negative Erlebnisse bedingt die Motivation zu leiden anfängt, sollte der Wille einsetzen. Besonders willensstarke Menschen sind im Leistungs- bzw. Berufssport erforderlich. Es gibt auch im Golf Beispiele, wo nicht so talentierte Sportler aber mit unbändigem Willen ausgestattet, erfolgreicher sind, als „die Talente". Willensstarke Menschen schaffen es durch das oben erwähnte „Selbstmanagement" ihre Visionen, trotz Rückschlägen, zu erreichen. Allerdings sollten die Ziele dabei realistisch, messbar, speziell, terminlich vereinbar, aber auch anspruchsvoll sein.

Die Steuerung und Führung der Motivation und Ziele kann durch Hilfe eines guten Trainers wesentlich erleichtert werden, es ersetzt aber nicht Ihr Selbstmanagement.

Zielkonflikte sind negative Komponenten, die konsequenterweise zu Stress, verminderter Motivation, Unzufriedenheit und fehlendem Wohlbefinden führen.

Bei willensstarken Menschen kann dies aber durchaus auch zu „jetzt erst recht" und herausfordernden Reaktionen führen. Diesen Puffer zwischen Erfolg und Misserfolg gilt es zu bewältigen.

Es ist zu beobachten, egal, ob im Amateur- oder Profisport, wenn jemand einen sogenannten „Flow" oder „Lauf " hat, wird er immer von Erfolgserlebnissen aus vorhergegangenen Erfahrungen getragen und das Gleiche gilt natürlich umgekehrt. Um aus diesen Motivationstief zu kommen, sollten Sie über ein ehrliches Selbstmanagement zurück zur Freude an Ihrem Golfspiel kommen.

Liebe Golffreunde, verzeihen Sie mir bitte den vielleicht zu theoretischen Ausflug in die Sportpsychologie. Gerade aber die Wintermonate, mit eingeschränkten Golfmöglichkeiten geben Ihnen die Möglichkeit, ein wenig über Ihr Golf nachzudenken. Stellen Sie Überlegungen für die neue Saison und Ihre Ziele, gleich welcher Art, an. Lassen Sie sich bei der Findung Ihrer Ziele nicht „fremdsteuern”, egal, ob Sie Golfen aus dem Leistungsgedanken oder der Spaß und Freude heraus betreiben.
Gönnen Sie sich Pausen und schalten Sie auch ein wenig vom Golf ab, um dann mit neuer Motivation, neuer Energie die von Ihnen selbst gesetzten Ziele zu erreichen.

Die wichtigsten Faktoren zu einem erfolgreichen Golfspiel
Gerade vor dem Beginn einer neuen Golfsaison wird sich mancher Golfer/in die Frage stellen:
Was erwarte ich mir von der kommenden Saison?
Immer wieder höre ich darauf die gleiche Antwort, dieses Jahr will ich endlich Handicap XY erreichen!
<u>Nun ist darauf immer mein Rat und die Bitte an diese Golfer/in zu überlegen</u>:
Was sind meine wirkliche Spielstärke (Rundendurchschnitt) und die Möglichkeiten dazu?
Haben Sie die Fertigkeit, immer an Ihren technischen und mentalen Stärken zu arbeiten?
Können Sie diese Dinge auf dem hohen angestrebten Niveau verbinden?
Was wollen die Spieler/innen von Ihrem Coach?
Erfolg – Erfolg, Erfolg!
Deshalb sprechen Sie mit Ihrem Pro darüber.

Der Pro wird Ihnen folgende Fragen stellen:
Wo möchten Sie hinkommen?
Wann möchten Sie dieses Ziel erreichen?
Wie soll das Ganze erreicht werden?
Was möchten Sie dafür investieren und ist dies überhaupt für Sie machbar?
Um Erfolg zu haben, reicht es nicht, nur eine bessere Golftechnik zu entwickeln.
80% des Golfunterrichts findet leider heute nur in diesem Bereich statt.
Neueste Golfunterrichtsmethoden bevorzugen – Lernen auf dem Platz!

Folgende Faktoren je nach Niveau beeinflussen den/die Golfer/in:
Technikentwicklung,
Biomechanik,
Emotionale Stabilität,
Psychologie,
Strategische Mündigkeit,
Physiologie,
Sportmedizin- Ernährung,
Erholungsphasen,
Ausrüstung.

Ein besonderer Punkt ist die Anwendung von Videos. Besonders beliebt sind bei vielen Trainingsstunden fast tägliche Aufnahmen mit Video und deren Analysen. Hier hat sich auch nach Meinung von Experten der Universität Birmingham Grundlegendes geändert!

Ein Video gibt oft eine falsche Einschätzung, sowohl für den Lehrer als auch den Schüler der Elemente des Golfschwunges, da es

das sogenannte „Timing“, das heißt, die Zusammenarbeit der drei Elemente – aufdrehen, ganz aufdrehen, Durchschwung – nicht richtig wiedergibt.
Entscheidend für die Weite-Distanz des Ballfluges ist allein die Schlägerkopfgeschwindigkeit im Treffmoment und der Schlägerkopfwinkel.
Neueste Untersuchungen raten dem „ Normal-Golfer“ zu maximal einer Video-Analyse im Monat. Zuviel Video ist für den „Normalgolfer“ eher schädlich, sagen die Sportwissenschaftler, da es mehr für Verwirrung als Hilfe sorgt. Daher war schon immer mein Rat, einen guten Coach aufzusuchen, der nicht nur mit Video arbeitet. Spiegel halte ich für wesentlich besser.

Der perfekte Golfer

Auf der Suche nach den Limits im Golfsport sind Wissenschaftler überzeugt, dass das Leistungspotenzial noch längst nicht voll ausgeschöpft ist. Nur sehr selten werden im Golfsport Runden um die 60 Schläge oder sogar darunter gespielt (auf Par 72 Plätzen). Die Golfindustrie investiert Millionen in Wissenschaft, Forschung und Medizin, um noch mehr in puncto Länge, größere Präzision usw. bei Ihren Produkten wie Schläger und Bällen entwickeln zu können. Steve Otto vom R & A, mit seinem Team verantwortlich für die Zulassung von Schlägern, Bällen und so weiter, hat ein Verzeichnis von allen Schlägen, deren Längen und Lage bei allen wichtigen Turnieren der Vergangenheit archiviert. Aufgrund dieser Auswertungen wird auch über die Zulassung diverser Geräte entschieden. Überschreiten die Neuentwicklungen ein gewisses Limit, was ja technisch heute durchaus machbar ist, wird man im Interesse des Golfsports dagegen einschreiten. Man stelle sich vor, der Otto-Normalgolfer schlägt mit einem neu entwickelten Driver im Schnitt mehr als 250 Meter, dann würden alle Profigolfer dieses Gerät ja über 350 Meter schlagen. Somit würde der gesamte Golfplatzbau weltweit verändert werden müssen bzw. in Frage gestellt werden. Natürlich suggeriert die Golfindustrie seit Jahrzehnten mit jeder Neuentwicklung mehr Weite und Präzision, aber aus oben angeführten Argumenten wird R& A mit Recht hier gewisse Einschränkungen vornehmen.

Spätestens hier taucht auch im Golfsport die Frage der erlaubten Manipulationen auf. Wussten Sie, dass, wenn Tiger Woods einen exakten Putt einlocht, er sich auf sein gutes Auge verlassen kann?

Er hat allerdings dabei etwas nachhelfen lassen. In zwei Augenlaseroperationen ließ er sich seine ursprünglich starke Kurzsichtigkeit um mehr als 100% neu einstellen. Kurz nach den Eingriffen gewann er dann fünf Turniere. Auch hier stellt sich die Frage, ob eine ungerechte Nachbesserung am menschlichen Körper, wie durch Medikamente, die im Alltag das Leben kranker Menschen erleichtern, für Sportler Doping darstellen. Das Beispiel von **Woods** zeigt, was möglich ist beim Streben nach Rekorden und Bestleistungen. Auf der Suche nach geeigneten Turnern geht man so weit, dass man Kinder sowie deren genetischen Vorfahren begutachtet, um somit festzustellen, ob aufgrund des zu erwartenden Körperbaus diese Kinder für diesen Sport geeignet sind.

Doping in Golf ist wenig verbreitet aufgrund der Tatsache, dass das einzige Mittel zur Bekämpfung zum Beispiel von Nervosität Valium ist, dessen Einnahme aber zur Schläfrigkeit führt.

Vielfach wird bei Amateurturnieren nach 9 Loch eine Pause eingelegt. Hier sollten Sie unbedingt auf die weitverbreitete Unsitte, Alkohol zu sich zu nehmen, verzichten. Man hat festgestellt, dass nur ein kleines Glas Bier zu einem erheblichen Leistungseinbruch nach wenigen Löchern führt. Es ist viel besser, Wasser und Obst zu sich zu nehmen während der Runde.

Dies erlaubt natürlich auch bei unserem Sport die Frage, **wie sollen die körperlich besten Voraussetzung für das Golfen sein?** Nach Ansicht des Sportwissenschaftlers Erich Müller (SN vom 28. 1. 12), sind „die Belastungen der Knochen, Sehnen und Muskeln noch lange nicht ausgereizt in verschiedenen Sportarten“ u.a. im Golf. Seiner Ansicht nach ist aber besonders das Entwicklungspotenzial der Software „Gehirn“ noch dramatisch groß!

Persönlich stehe ich solchen Wegen wie im Turnsport übertragen auf Golf kritisch gegenüber. Trotzdem sei die Frage erlaubt, warum Länder wie Spanien, Italien, Schweden und in letzter Zeit sogar Österreich in der Breite des Spitzengolfs, siehe Teilnehmer auf der European Tour oder der Challenge-Tour seit Jahren mehr Spieler stellt als Deutschland. Bewusst werden hier nicht vergleichbare Länder wie USA und UK ausgeklammert.

Kein Wunderkind kommt aus dem Nichts. Neben Talent sind eine gute Schulung, ein passendes Umfeld, Trainingsfleiß und Wille Voraussetzung, um im Spitzengolf zu bestehen. Ausnahmetalente wie bei uns Langer oder Kaymer wären wahrscheinlich auch in anderen Ländern Weltspitze geworden. Verantwortliche müssen sich daher in Deutschland über Ausbildung und Förderung des Nachwuchses in der Breite hinterfragen auf der Suche nach dem perfekten Golfer.

Welches „Extra-Tuning" am Körper eines Golfers wird künftig akzeptiert? Ich halte zum Beispiel das oben erwähnte Lasern der Augen für durchaus legitim und habe die Erfahrung gemacht, dass viele Träger von Gleitsichtbrillen enorme Probleme beim Putten hatten, da sie optische Fehler bei der Ansprache des Balles begingen. Aus eigener Erfahrung ist das Ellbogengelenk nicht nur bei Tennisspielern, sondern auch bei Golfern eine Problemzone. Trotz OPs spiele ich seit einiger Zeit mit einem Tapeverband, der mir sehr hilft, die Schmerzen zu reduzieren.

Soll man Golfern verbieten, auszugleichen, was andere von Haus aus mitbringen, wenn es keine Schäden nach sich zieht? Wie diese Diskussion ausgeht, ist ungewiss. Sicher aber ist: Die Rekordjagd im Golf nach der perfekten Golfrunde und dem perfekten Golfer ist noch lange nicht zu Ende.

Erfolgreich Golfen ist nur mit Selbstvertrauen möglich!

Anlässlich der US PGA Championship in Valhalla , dem 4. Major vor einigen Jahren gab es vor allem für die österreichischen Golffans gegen Ende eine riesige Enttäuschung, da Ihr Golfprofi Bernd Wiesberger „nur“ geteilter 15. wurde.

Viele, vor allem die österreichischen Medien, haben ihn schon in einem Atemzug mit Größen a la Tiger Woods gewähnt, nach den sehr starken ersten drei Runden. Nun hat dieser Profi, in der Weltrangliste so um die 70 positioniert, wirklich ausgezeichnetes und für ihn überdurchschnittliches Golf gespielt. Der Druck und die Erwartungshaltung, welcher der Spieler dabei ausgesetzt ist, war nicht nur durch die Fans und Medien, sondern auch durch die eigene Erwartungshaltung in so einem Falle enorm, da man vermeintlich als sogenannter „UNDERDOG” meint, unbedingt diese Chance nützen zu müssen.

Das Problem ist, dass man im Profigolf eben über vier Runden spielen muss und eben drei sehr gute Runden letztendlich nichts zählen. Siehe Fußball: Man kann zur Halbzeit führen, wenn man am Ende doch verliert.

Alles andere ist wirklich nichts anderes als Kaffeesatzleserei, nach dem Motto: Wenn, wäre, hätte. Die Situation, wenn man am dritten Tag an erster oder zweiter Stelle des Klassements liegt, mag dem Golffan angenehm erscheinen und die Erwartungshaltung ist entsprechend groß. In diesem Falle bei nur ein bis zwei Schlägen Differenz zwischen den ersten zehn platzierten Spielern, ist dies aber sogar eine äußerst unangenehme Lage, besonders für so einen vermeintlichen „Underdogspieler”. Für ihn bedeutet es die vermeintlich größte Chance seiner Karriere zum endgültigen Olymp. Für einen echten Gewinnertyp, wie eben Rory McIlroy mit aus bereits vielen solchen Siege ausgestattet, scheint es leichter zu sein. Noch dazu ist so ein Turnier mit lauter solchen „Winner-

Typen” gespickt.

Das Beispiel Greg Norman

Nun möchte ich an eine Situation erinnern, als vor vielleicht 25 Jahren, die damalige unangefochtene Nummer Eins der Welt, Greg Norman, vielmals versuchte endlich die Masters in Augusta zu gewinnen. Er scheiterte durch ungewöhnliches Pech mehrmals kurz vor dem Ziel, unter anderem, weil ein gewisser **Lary Mize** im Stechen einmal einen 40-Meter-Pitch zum Sieg einlochte.

Bei seiner letzten großen Chance führte Norman mit mehreren Schlägen Vorsprung am vierten Spieltag komfortabel gegenüber einem gewissen **Nick Faldo**, seinem Angstgegner. Am viel besagtem **Amenkorner** in Augusta Loch 11 bis 13 erfuhr Norman, dass Faldo ihm durch einige Birdies auf den Pelz gerückt war. Bei einem für einen solch abgezockten Profi einfachen Schlag von ca. 150 Meter über einen Teich aufs Grün, schlug Norman daraufhin drei Bälle ins Wasser und verlor noch das Turnier an Faldo. Nie wieder hat er dieses Trauma so richtig verkraftet und in Augusta gewonnen.

Anhand dieser Beispiele kann man ersehen, dass Selbstvertrauen in die eigene Stärke zu einem absoluten Spitzengolfer gehören. Weder durch noch so viel Talent und Trainingsfleiß kann diese mentale Stärke und der unbedingte Siegeswille erworben werden. Wie man am Beispiel Norman sieht, kann es sogar absoluten „Winner-Typen” passieren, dass dieses Selbstvertrauen verlorengeht. Ein guter Trainer wird versuchen, seine Spieler in erster Linie Selbstbewusstsein entwickeln zu lassen.

Jeder weiß, dass nur selbstbewusste Spieler, die mit sich und ihrem Können im Reinen sind, Turniere gewinnen können. Es müsste also jeder „positiv Denkende“ schlichtweg das Turnier gewinnen, was nicht möglich ist, andererseits wird man meiner Theorie folgend, nur durch Erfolge selbstbewusst. Dies ist wie ein Kreis. Tatsächlich ist es aber so, dass Selbstbewusstsein sich auch entwickelt, wenn der Spieler „korrekt“ vorgeht und weiß, dass dieses Vertrauen zur eigenen Stärke nicht angeboren oder geschenkt wird. Denn „Selbstbewusstsein“ ist nichts anderes als die Einschätzung, die Sie von sich selbst und von Ihrem Golfspiel haben. Diese Einschätzung sollte natürlich in einem entsprechendem Rahmen sein, das heißt ein Handicap-36-Spieler, der versucht, Schläge eines Tiger Woods nachzuvollziehen, wird nie ein entsprechendes Selbstbewusstsein entwickeln können.

Hier wird natürlich die Hilfe der Experten benötigt, um das eigene Können richtig einzuschätzen, damit sich Ihr Selbstbewusstsein positiv entwickelt.
Vielfach kommen Spieler zu mir z.B. mit der Frage: Ist es zu selbstbewusst, wenn ich mir vor meinen Abschlag über ein 180 Meter großes Hindernis sage, da komme ich sicher drüber?
Nehmen Sie die Spielbahn in Peeble Beach (California), dem wohl berühmtesten Par 3 der Golfwelt. Wenn Sie hier am Abschlag stehen und sich die Frage stellen, ob Sie über oder ins Hindernis kommen, wie lautet die Antwort, die Sie sich selbst geben?
Natürlich ist meine Antwort darauf immer: Selbstverständlich müssen Sie so denken, dass Sie es können! Ein von Selbstzweifeln befallener Golfer konfrontierte mich einst in einer ähnlichen Situation mit der Frage: Würdest Du 100.000 Euro setzen, dass ich über das Hindernis komme? Da kann die Antwort nur „nein“ sein.
Selbstbewusstsein bedeutet nämlich nicht, dass mir unbekannt wäre, dass es nur etwa eine 35-Prozent-Erfolgsquote bei obigen Grenzfällen gibt. 35 Prozent ist übrigens ein guter Durchschnittswert. Wenn man also vor obigem Problem steht, kann niemand verlangen, für das Gelingen 100.000 Euro zu setzen, dies hat nichts mit mangelndem Selbstbewusstsein zu tun.
Das Konzentrieren auf den Moment und nur der Gedanke, den Ball

über das Hindernis zu bringen, ist die Denkweise großer Golfspieler. Diese würden niemals fragen, ob man 100.000 Euro auf das Gelingen des Schlages setzt. Wahrscheinlich würden Golfer meine Theorie besser verstehen, wenn Selbstbewusstsein eine Erfolgsgarantie hätte. Leider ist dies nicht so.
Deshalb kommen den meisten Spielern sofort Selbstzweifel, wenn ein Schlag misslingt. bzw. sind sie unsicher, ob diese „positive Denkweise“ nicht doch falsch sei! Betrachten Sie es jedoch mal von einer anderen Seite: Wo sind denn Ihre Gedanken, wenn Sie beim Abschlag nicht daran denken, dass der Ball zum gewünschten Ziel fliegt? Beschäftigen Sie sich vielleicht eher damit, wohin Sie den Drive überall verschlagen könnten? **Wald, Wasser, Aus?** Dies wäre dann eine Denkweise, die definitiv funktioniert – wenn Sie den Ball wirklich in den Wald oder ins Aus schlagen wollen.
Merke: Negative Gedanken haben eine fast hundertprozentige Erfolgsquote!
Es liegt in der Natur des Golfspiels, dass es Ihrem Selbstvertrauen schwer zusetzen kann. Selbst ein Tiger Woods verliert in Laufe eines Jahres mehr Turniere, als er gewinnt. Nur ständiges Training an einem selbst und an Ihrem Können lässt Sie an der Selbstsicherheit arbeiten. Gerade hier liegt oft der Schlüssel des Geheimnisses, warum ehemalige Spitzensportler trotz vielfach mangelhafter Golftechnik erfolgreicher als „Otto Normalverbraucher“ spielen.
„Lernen Sie schlechte Schläge vergessen zu können und sich auf das Wesentliche, den nächsten Schlag, voll und ganz zu konzentrieren und an dessen Erfolg zu glauben.“ Nur wenn Sie daran glauben, wird Ihr Putt auch fallen! Natürlich geht dieser Putt ins Loch!
Selbstvertrauen bekommen Sie aber auch nur, wenn Sie sich Ihre persönlichen Ziele nicht zu hoch stecken. Ziele müssen erreichbar sein. D.h., wenn Sie z. B. mit Handicap 18 Runden zwischen 85 und 100 spielen, ist es voll ok. Auch ein Tiger Woods spielt an vier

Tagen oft zwischen 65 und 75, warum also sollten nicht auch Sie solche Differenzen haben? Wer sich aber ständig nur an den 85 und besser orientiert, bekommt verständlicherweise Frust. Etwas mehr Realitätssinn wäre hier angebracht.
Selbstvertrauen bekommen Sie aber auch nur, wenn Sie auf Ihrer Range konsequent üben und wissen, mit welchen Schlägern Sie welche Weiten erzielen. Auch hier gilt es natürlich, einen gewissen Bonus je nach Spielstärke einzurechnen – d.h. bei fünf Schlägen nehmen Sie nicht die weiteste oder kürzeste geschlagene Entfernung, sondern das Mittel. Wenn Sie jeden Schlag exakt gleiche Länge schlagen wollen mit einem HC von 20, dann ist das Ziel, s.o., zu hoch gesteckt – sollten Sie es können, bin ich sicher, dann ist Ihr HC auch wesentlich besser.
Wenn Sie jetzt auf Ihrer Driving-Range stehen, spielen Sie im Gedanken Ihren Heimatplatz durch, mit genau den Schlägern, wie Sie die jeweilige Spielbahn spielen würden, zuzüglich 2 Putts und notieren Sie sich das Ergebnis.

In meinen Augen wird bei uns zu viel an der Schlagtechnik trainiert. Fast 80 Prozent der Trainerstunden befassen sich mit dieser. Glauben Sie mir, mit etwas weniger perfekter Technik, aber mit sehr gutem Kursmanagement und viel Selbstvertrauen werden Sie bessere Resultate erzielen

Angst essen Golfer-Seele auf

Dieses Thema des Melodramas von Rainer Fassbinder kommt mir oft in den Sinn, wenn ich mit meinen Golferinnen und Golfern trainiere. Nach fast 50 Jahren Golf habe auch ich persönlich viele Krisen und Situationen erlebt, in denen die Angst vor dem Versagen oder Scheitern groß war. Kaum ein Spitzensportler – und ich bin mit vielen aus diversen Sportarten und Könnenstufen befreundet – hat dies nicht schon erlebt. Aber auch der „Ottonormalverbraucher“ steht, ob er es glaubt oder nicht, vor dem gleichen Problem wie ein Spitzengolfer. Die golferischen Einbrüche eines Tiger Woods haben in meinen Augen wenig mit technischen Problemen zu tun, sondern vielmehr mit dem Umgang der psychischen Anforderungen.

Ein paar Beispiele, wie vielfältig „Angst“ auftreten kann:
Angst vor dem Versagen, Angst, den Ball nicht zu treffen, das Loch beim Putten auch aus kurzer Entfernung zu verfehlen, Angst an einem bekannten Hindernis zu scheitern, Angst vor bestimmten Mitspielern, dem unpassenden Wetter oder Plätzen, diese Reihe lässt sich beliebig lange erweitern. Bereits aus dem Verhalten von Spielern/innen bekommt man oft Rückschlüsse, wie es um sein Selbstvertrauen bestellt ist. Wer ständig Schläger, Trainer, Clubs wechselt, wer oftmals Mitspielern Schuld zuweist, all dies und ähnliches Verhalten zeigen hinlänglich, wie unsicher oder ängstlich der Spieler ist. Sehr oft neigt man auch dazu, sich schon vor einer Runde, quasi eine Entschuldigung zu geben, wenn man sagt: Habe ja nicht trainiert oder kaum gespielt, kenne den Platz nicht, mein Trainer hat den Schwung umgestellt (eine sehr oft getätigte, beliebte Aussage, vor der mir immer graust), oder der Platz, der Regen und der Mitspieler ist unangenehm. Wenn Sie solche negative Gedanken haben, ehrlich, dann ist es besser, an diesem Tage nicht

zu spielen. Sie werden nur frustriert sein oder Sie lernen damit endlich umzugehen.
Ich kann mich an eine Runde vor vielen Jahren mit einem Freund (einem bekannten Journalisten und Golfkenner) erinnern, der von Hause aus gerne negativen Gedanken nachhing, als ich während eines Turniers an einem schwerem Par 5 mit einem Holz 5 das Grün attackierte. „Das kannst du nicht machen, lass das", waren seine Worte. Aber ich war felsenfest überzeugt, ich kann es, auch wenn es taktisch nicht sinnvoll war. Letztendlich klappte es und er schüttelte nur den Kopf über diese Art von Selbstvertrauen.
Ein interessantes Gespräch hatte ich mit einem anderen Freund, den ich in einer anderen Sportart gecoacht habe, der damals sogar in dieser Disziplin Olympiasieger geworden ist, als ich ihn fragte, ob er sich noch an diese Tage erinnert. Erstaunlicherweise konnte er mir alle kleinen Details seines Rennens erzählen. Von dem Ort und der Umgebung hat er keine Erinnerung mehr, so sehr war er fokussiert auf sein Rennen. Er nahm sich vor, den Ort in nächster Zeit einmal zu besuchen. Bleibt zu hoffen, dass seine Tochter in die mentalen Fußstapfen ihres Papas treten kann.
Was will ich mit diesen Beispielen sagen?
Legen Sie künftig vielleicht etwas mehr wert auf die Arbeit an Ihrer mentalen Stärke mit einem guten Coach. Lernen Sie mit Druck und „Prüfungsangst" umzugehen. Viele Spitzensportler aus anderen Sportarten, welche in kurzer Zeit beim Golf verhältnismäßig erfolgreich waren, sind es nicht, weil sie soviel motorisch talentierter sind als Sie. Nein, ich habe festgestellt, diese Personen (und ich trainiere viele erfolgreiche Sportler) schaffen es, bis zu einem gewissen Grade einfach besser mit dem Druck – mit der Angst – umzugehen als der Ottonormalverbraucher, auch wenn Sie technisch schlechter sind. Meine Kritik an dem üblichen Golftraining und Trainerstunden ist, dass diese in der Regel viel zu techniklastig sind. Da werden alle möglichen Computerprogramme

usw. eingesetzt, mit denen die wenigsten Golfer (bis auf paar Profis), umgehen, geschweige denn diese Tipps umsetzen können. Wissenschaftlich nachgewiesen ist, dass diese Trainingshilfen den Amateurgolfer eher negativ beeinflussen. Meiden Sie auch die „Trainer-Verkäufer“, welche Ihnen alle möglichen neuen Schläger, Bälle andrehen wollen, mit der „Garantie“, nur diese helfen Ihnen weiter. Wenn Sie in die Bags der Spitzenspieler schauen, würden Sie überrascht sein, fern von Sponsoring, mit welch „altem“ Gerät diese oftmals zu Werke gehen. Vertrauen Sie einfach Ihrem Gerät und Ihrem Bauch.

Wie kann ich einen Blackout oder die Angst bekämpfen?

Den Blackout erzeugen wir, indem wir uns durch starke Versagensängste in große Anspannung versetzen. Wir reden uns ein, dass es eine große Schande wäre, wenn wir im Spiel versagen, gleich, ob ein Anfänger den Ball nicht trifft oder der Profi den Ball anstelle aufs Grün im Wasser versenkt. Durch diese Horrorbilder im Kopf versetzen wir uns psychisch und körperlich in Alarm. Angst und Panik kommen auf. Diese starke Erregung führt dazu, dass sich das Gehirn quasi ausklinkt und sowohl motorisch wie psychisch versagt. Diese Versagensängste entstehen immer durch (ängstliche!) Gedanken und Vorstellungen. Es gibt genügend Beispiele, wie dies auch Spielern vom Kaliber eines Greg Norman und Bernhard Langer (im Ryder-Cup) passiert ist, da auch sie nur Menschen sind.

Vermeiden Sie Gedanken wie:

- Ich darf mir keinen Fehler erlauben. Dazu der empfohlene Hilfsgedanke: Fehler sind kein Beinbruch;
- Ich muss das Loch in Par spielen, sonst ist es aus! Dazu empfohlene Hilfe: Ich habe gut trainiert, habe auch am nächsten Loch eine weitere Chance;

- Wenn ich verliere, stehe ich als Versager da! Gedanken umdrehen: Ich habe bereits ganz andere Prüfungen in meinem Leben gemeistert, tolle Schläge gespielt.

Wie trainieren Sie das „mentale Training"?
Mit VORSTELLUNGSÜBUNGEN, denn Ihr Gehirn bemerkt nicht, ob Sie sich etwas nur vorstellen oder ob Sie es tatsächlich erleben. Beispiel: Stellen Sie sich vor, Sie beißen in eine Zitrone. Was ist die Folge? Sie haben Ihr Gesicht verzogen und produzieren mehr Speichel, ohne dass Sie tatsächlich in eine Zitrone gebissen haben. Ergo: diese mentale Beschäftigung reicht aus, um eine motorische Reaktion zu erreichen. Mentales Training besteht aus:
1. Entspannungsübungen
2. dem eigentlichen mentalen Training.

Zu 1 (Entspannungsübungen) hier ein paar Tipps: Beginnen Sie am Tag vor einem Golfmatch bereits im Bett mit Entspannungsübungen. Atmen Sie tiefer ein und atmen Sie tief aus, ohne anzuhalten. Dies machen Sie ein paarmal und dann halten Sie den Aten 6 bis 10 Sekunden an und zählen dabei von 1001 bis 1010 z.B. Wiederholen Sie diese Übung zwei- bis dreimal, bis Sie ruhiger geworden sind.
Suchen Sie sich eine Kleidung aus, die Sie gerne tragen und die sehr bequem ist, in der Sie sich also rundum wohlfühlen.
Nehmen Sie ein leichtes, nahrhaftes Frühstück zu sich – ohne Cola, Nikotin, Milch, Fruchtsäften und stark prickelndem Mineralwasser.
Joggen Sie leicht um Ihren Block und genießen dabei die Umgebung.
Seien Sie rechtzeitig unterwegs zum Start – ohne Hektik. Planen Sie zeitlich Staus o. ä. ein.
Legen Sie in der Fahrt zum Golfplatz Ihre Lieblingsmusik in den CD-Player.

Ballen Sie vor dem Start mehrmals die Fäuste und entspannen Sie diese wieder.
Führen Sie Ihre ersten Schläge immer mit einem Ihrer Lieblingsschläger aus.

Zu 2 (mentales Training): Bereits am Abend vor Ihrem Golfmatch erinnern Sie sich beim Einschlafen an besonders gute Runden und Erlebnisse, die Sie hatten. Andre Agassi sagte einmal: „Ich habe mindestens 10.000 Mal im Kopf Wimbledon gewonnen."
Vor dem ersten Abschlag: Sie stellen sich am Tee vor, wie Sie gestern auf der Driving Range hervorragende Abschläge geschlagen haben. Schließen Sie dazu kurz die Augen und sehen den Ball fliegen.
Wichtig, erinnern Sie sich: Erfolgreiche Menschen sind „Ich-kann-Denker". Denn wenn wir an uns selbst zweifeln, verurteilen wir uns zum Misserfolg und schöpfen unsere Fähigkeiten nicht voll aus. Übernehmen Sie die Verantwortung für Ihr Ergebnis. Niemand außer Sie selbst ist dafür verantwortlich. Niemand hilft Ihnen, kein Trainer, kein Schläger, kein Ball.
Wenn ein Golfer Erfolg hat und er sich bei seinem Trainer bedanken will, dann gibt es diese Antwort: „Es freut mich, dass du Erfolg hast, aber nur du bist letztlich dafür verantwortlich, der Trainer hilft nur ein wenig dazu."
Bei den Gesprächen mit den Golfern, gerade am Anfang einer Saison, bemerke ich immer ein gewisses Angstgefühl besonders nach der Winterpause. Treffe ich den Ball wieder richtig?
Nun, gerade diese innerliche Angst und besonders die Erwartungshaltung nach einer Pause setzt Stress frei. Wie gehe ich damit am besten um? Meine Empfehlung lautet:
Stufen Sie auf einer Skala von 0 bis 5 selbst ein, wie stark die Angst ist, dass Sie den Ball oder die Bälle nicht treffen könnten,

schließen Sie dann die Augen und versuchen Sie, sich an den letzten Sommer an einen bestimmten besonders gelungenen Abschlag zu erinnern.
Versuchen Sie mit geschlossenen Augen einen Schwung zu machen, der Ihnen das ähnliche Gefühl verleiht.
Anschließend atmen Sie einmal ganz tief durch, lassen Sie sich einfach fallen – befreien Sie sich mit dem Ausatmen von einem angespannten Körpergefühl.
Gehen Sie danach sofort zu Ihrem Ball und versuchen Sie, während des Schlages sich nur auf einen bestimmten Rhythmus zu konzentrieren, indem Sie sich ein Wort wie zum Beispiel „Rot–Wein" oder ähnlich vorsagen.
Jeglicher Gedanke, was passieren könnte oder was Ihnen der Golflehrer noch alles gesagt hat, was Sie beachten sollen, in diesem Moment muss er aus Ihren Gedanken verschwunden sein.
Folgende weitere Tipps helfen Ihnen bei der Bewältigung der ersten Runden in der neuen Saison, indem Sie positive innere Selbstgespräche führen:
– Ich spiele Golf und ich genieße es
– Ich freue mich auf den nächsten Schlag
– Den nächsten Putt z. B. werde ich lochen
– Heute spiele ich mit Leichtigkeit und Freude ohne Kraft Golf
– Ich finde jeden Ball
– Bloß nicht den Ball ins Aus Schlagen! Wenn sich diese innere negative Stimme meldet, antworten Sie ihr: Ich habe keine Zeit, darüber nachzudenken. Ich muss an meinen Schwungrhythmus denken!
Ich versuche beim Schwung, auch bei einem Probeschwung meinen **Rhythmus** mit meinem Wort (s. o.) zu begleite.n Ich gehe auf der Runde mein eigenes Tempo (nicht einmal schneller oder langsamer).
Beim **Chippen** oder Pitchen führe ich einen Probeschwung durch,

der mir das Gefühl gibt, dass ich den Ball genau auf den von mir vorgesehenen Aufsprungpunkt platziere.
Bei Störungen durch Mitspieler: Betrachte diese Unterbrechung als Erinnerung, die dir sagt, ich achte nur auf meinen Schwungrhythmus!
Pre-Shot Routine: Nimm dir fest vor, bei all deinen Schwüngen das gleiche Ritual bei der Vorbereitung und Durchführung vorzunehmen
Jeder Schlag ist eine neue Chance: Deshalb gib dir selbst diese Chance. Nicht immer folgt auf einen guten Schlag wieder ein guter, aber eines ist sicher, wenn man versucht, fehlerhafte Schläge mit Risiko auszubessern, dies geht meist schief.
Durch gute Schläge steigt manchmal die Erwartungshaltung nach guten Schlägen und Ergebnissen an. Durch die zu starke Erwartungshaltung verkrampfen gerne die Muskeln. Deshalb: Versuche dich zu entspannen, durch Rhythmusschulung und gleichmäßiges ruhiges Gehen und Atmen.

Ehrgeiz, Hoffnung und Selbstüberschätzung sind schlechte Ratgeber!
Versuche vor jedem Loch, deine Chancen realistisch einzuschätzen. Dann versuche diese Vorgaben zu erfüllen und notiere dir, was du daraus gelernt hast.
Länge meiner Schläger. Ein für mich besonders wichtiger Punkt, besonders am Anfang einer Saison. Gerne frage ich meine Schüler: Wie weit schlägst du z. B. ein Eisen 6?
In 70% der Fälle bekomme ich äußerst vage Antworten und Angaben. Wie soll ein Schlag dann auf 130 Meter gelingen, wenn ich mir nicht sicher bin, welchen Schläger ich dafür zu 100% verwende! Deshalb muss ich zu 100% überzeugt sein, dass der Schläger x 100%ig 130 Meter geht.
Diese Sicherheit muss ich mir jetzt am Anfang der Saison auf der

Range holen, d.h., ich muss wissen, wie weit jeder meiner Schläger geht! Halten Sie dazu den Schläger am Griff immer nur so fest in der Hand, als ob Sie einen Vogel in der Hand halten würden.
Zu 95% ist immer der Schläger der Richtige, den Sie instinktiv aus Ihrem Bag nehmen. Versuchen Sie hier aufkommende Zweifel bereits im Keim zu ersticken.

Frustration beim Golfen

Sie spielen nun schon eine Zeitlang Golf und nichts geht mehr vorwärts! Sie sollten sich daher ein paar Gedanken über Ihr Spiel machen. Vielleicht helfen Ihnen zur Bewältigung ein paar Pro-Tipps zum Thema Frustration beim Golfen
Die Erwartungshaltung bezeichne ich im Unterricht als das „kleine schwarze Männchen“. Es versucht mit allen Mitteln genau das, was nicht gut für uns ist. Immer und immer wieder. Und wir hören auch noch auf diese Kommentare!
William Guy hat seine Sichtweise in Kürze zusammengefasst: „Wenn also Frustration ins Spiel kommt (im wahrsten Sinne des Wortes), geht der Körper in einen Modus über, bei dem wir unser Ziel immer stärker erreichen wollen. Je verbissener wir das erreichen möchten, desto größer wird die Muskelverspannung und desto schwieriger wird es, den Schwungrhythmus zu kontrollieren.
Wenn bei Ihnen also das Gefühl der Frustration einsetzt, müssen Sie lernen, gegenzusteuern. Eine gute und korrekte Atemtechnik ist wichtig, um den Adrenalinpegel zu kontrollieren. Atmen muss gelernt sein. Sie können aber für sich in Stress-Situationen mal versuchen, tiefer in den Bauch zu atmen und sich nur auf die Atmung zu konzentrieren. Deswegen sind asiatische Meditation-Techniken bei Profi-Golfern sehr beliebt. Sie lenken die Aufmerksamkeit nach innen. Eine Möglichkeit, um die Gedanken zu stoppen, ist die „Zwick-Technik“. Wenn Sie merken, dass Ihre Gedanken anfangen, wild in der Gegend rumzudüsen und Sie behindern, zwicken Sie sich. Das wird Ihren Gedankenfluss stoppen. Viele Pros haben auch ein Gummiarmband, mit welchem sie sich unter Kontrolle halten. Der Fokus darf nicht auf dem Resultat sein, sondern muss immer auf dem ruhen, was Sie tun müssen, um das Resultat zu erzielen.
Die Kontrolle über das Resultat bekommen Sie nur so:

Mind control = body control = club control = impact control = ball flight control = target control = score control!

In meinem Unterricht achtete ich sehr stark auf die Fokussierung der Aufmerksamkeit. Aufmerksamkeit ist gesamtheitlich. Konzentration ist gezielte Aufmerksamkeit, quasi wie ein Taschenlampenstrahl, der z.B. nur die Griffstärke beleuchtet und alles andere umgeht.
Wenn Sie also lernen wollen, aus der Frustration rauszukommen, müssen Sie lernen, Stress wegzuatmen, sich Ziele zu setzen und sich an die guten Dinge erinnern. Ein nach vorne schauen, sich auf das konzentrieren, was Sie tun müssen.
Sie müssen auch lernen mit den Druck in den verschiedenen Situationen umzugehen:
a) z. b. Spielen über ein von Ihnen gefürchtetes Hindernis, einer Spielbahn etc.
b) Spielen mit einem Flightparnter/in, der Ihnen nicht gerade zusagt
c) Spielen in einem Turnier: Angst vorm vermeintlichen Versagen-Blamieren
Wer nun ein guter Spieler werden möchte, muss sich mit diesen Drucksituationen auseinandersetzen. Arbeiten Sie bei Ihrem Spiel vor allem an Vertrauen. Sie müssen Ihrem Golfschwung vertrauen. D.h. auf der Driving-Range sollte sich Ihr Schwung gut anfühlen, Sie sollten merken, wie Ihre Schläge gleichmäßiger werden, die Balance besser wird, die Schwunggeschwindigkeit gleichmäßiger und kontrollierter wird. Dadurch werden Sie auf jeden Fall mehr Sicherheit gewinnen. Diese Sicherheit wird Ihnen die Möglichkeit geben, sich auf den ersten Abschlag zu freuen!
Als kleine Anleitung: Verlangsamen Sie die **Schwunggeschwindigkeit**

kontrollieren Sie die Griffstärke und reduzieren Sie den Griffdruck auf ca. 4 bis 5, auf einer Skala von 0 bis 10.

Wenn Sie das schaffen, sind Sie wieder in der Bewegungsorientierung. Ach ja, gegen Frustration hilft auch noch ein anderes Mittel: **HUMOR!**

Mit richtigem Training zu einem besseren SPIEL

Gute Spieler muss man nicht zum Trainieren auffordern. Viele Sportler, auch die Golfer, glauben, dass sich trainieren, trainieren, also Arbeit und Einsatz lohnt.
Wenn ein Teilbereich Ihres Spielkönnens nicht funktioniert, gehen Sie auf die Driving-Range und trainieren, bis sie mit Ihrer Leistung in dem Bereich zufrieden sind.
Viele Golfer glauben, dass Training den Weg zur Perfektion ebnet und dass, je mehr sie trainieren, sie umso eher ihre Leistung steigern. Unter diesem Mythos wachsen viele Golfer auf und bringen es sogar relativ weit. Besonders Golfer, die in anderen Sportarten sehr erfolgreich waren, bringen eine Menge „an sich selber glauben" und Vertrauen in die eigene Leistungsfähigkeit mit, gleichen dadurch technische Mängel eher aus.
Doch die Tür zu dem meist sich selbst gesteckten Ziel (meist ist es zu hoch gewählt) bleibt vielen Golfern verschlossen. Warum?
Harte intensive Trainingsarbeit im Golf ergibt noch lange keine Erfolgsgarantie, wie z.B. in Ausdauersportarten. Im Gegenteil, falsche Trainingsarbeit oder Trainingssteuerung kann sich negativ auswirken, weil es die Einstellung zu dem Sport aufgrund von Frustrationen zerstört.
Hier gilt vor allem *Qualität und richtiges Training vor Quantität.*

Wie trainiere ich nun richtig?
Sie müssen zunächst verstehen, dass eine erfolgreiche Trainingsarbeit zwei Einheiten, beinhaltet.

1. **Die sogenannte Ü b u n g s ph a s e**

In dieser überprüft und trainiert der Golfer seine Technik, Geräte etc. mittels seines Verstandes (kognitives Denken), zumeist etwas

ungeduldig, er beobachtet seine Schläge kritisch und arbeitet an den technischen Details meist mit Hilfe seines Golftrainers. Diese Phase ist wichtig, um Schwungveränderungen, Schlagerumstellungen etc. vorzunehmen.
Profispieler warten nicht erst eine Verschlechterung Ihrer Technik ab, sondern sobald sie nur die geringste Unregelmäßigkeit, sei es Griff, Ballposition etc. entdecken, begeben sie sich sofort zum Trainer oder gehen auf die Range, um dieses technische Problem in den Griff zu bekommen.

2. Die zweite Einheit gezielten Trainings ist die An-sich-**Glaubensphase.**

Hier wird vor allem der kreative Bereich im Gehirn angesprochen. Wenn Sie Ihrem Schwung vertrauen möchten im Turnier oder auf der Runde, so müssen Sie dies genauso wie die technischen Voraussetzungen üben und trainieren. Experten gehen sogar so weit, dass sie sagen, dass 60% der Trainingsarbeit dieser Phase gewidmet werden soll!
Beobachten Sie nun Spieler, so wie ich, viele Jahre auf der Driving-Range. Kaum dass ein nicht perfekt getroffener Ball geschlagen wurde, versucht man sofort, den nächsten Ball zu schlagen, um diesen Fehler wieder auszugleichen, ohne geistige Nachbereitung und Vorbereitung auf den neuen Schlag!
Durch dieses Fehlverhalten treten Probleme verstärkt im mentalen Bereich bei Golfern auf, auch bei solchen, die nun schon einige Jahre diesen Sport betreiben und mit Ihrer Leistung stagnieren und, was sie noch mehr zur Verzweiflung bringt, die Trainingsleistungen im Turnier/Wettkampf nicht umsetzen zu können.
Als Golfprofi weiß ich, dass die drei Schlüsselbereiche **TECHNIK, KÖRPER und PSYCHE** in guter Zusammenarbeit über Erfolg oder Misserfolg einer guten Runde entscheiden.

Nun erreicht nicht mehr jeder Golfer die Geschmeidigkeit eines Tiger Woods aufgrund verschiedener Voraussetzungen (Talent, zunehmendes Alter, etc.), sodass bestimmte körperliche Gegebenheiten individuell eingeschränkt sind.
Hilfe durch Trainer/Pro-Stunden bezieht sich meist fast ausschließlich auf die *technische* Seite des Golfspieles und auch die neuesten Entwicklungen im Gerätebereich sind, wie Sie feststellen werden, nicht der Weisheit letzter Schluss.
Profigolfer oder Profisportler nehmen schon seit vielen Jahren die Hilfe von sogenannten *Mentaltrainern* in Anspruch, um Ihre Leistungen zu verbessern. War dies noch vor vielen Jahren mit einem negativen Touch verbunden, Hilfe bei einem „Seelenklempner“ zu suchen, so ist dies im heutigen Profisport, egal, welcher Sportart, ob Einzel- oder Mannschaftssport, ein „Muss“, das Wissen eines **Dr. Bob Rotella**, **Tim Gallwey** oder **Dr. K. Morris**, um nur einige zu nennen, in Anspruch zu nehmen.
Als Sportwissenschaftler weiß ich natürlich, dass man mit der mentalen Seite alleine keine Turniere gewinnen kann, aber aufgrund langjähriger Erfahrung mit Sportlern/Golfschülern ist mir bewusst, dass der mentale Bereich dieses Sportes im Amateurbereich bei vielen Spielern, aus vielerlei Gründen (Ausbildung, Wissensstands der Schüler/Lehrer) nicht genügend geschult wird.
Um die mentale Seite des Golfen erfolgreich anzugehen, müssen Sie Ihr Golfspiel in vier Teile zerlegen:

1. VOR DEM GOLFEN

Psyche und Körper auf der Driving Range trainieren – *technische Übungsphase*

2. WÄHREND DES GOLFSPIELS

Die zwei Gehirnhälften und wie wir sie einsetzen
Glaubensphase

3. DAS „DAZWISCHEN“

Wie wir unsere mentale Einstellung steuern.

4. NACH DEM GOLFEN

Ihr Gedächtnis und wie Sie die Erfahrung namens Golf darin speichern – ein wichtiger zukünftiger Erfolgsfaktor.

Zu 1. Vor dem Golfen
Der Grad Ihres Selbstvertrauens ist einer der Schlüsselfaktoren, den Sie mit zum ersten Tee nehmen. Selbstvertrauen heißt: Inwiefern traue ich mir zu, einen bestimmten Schlag oder eine bestimmte Aufgabe auszuführen? Mit wie viel Selbstvertrauen ich den Platz betrete, dies beeinflusst unweigerlich das Ergebnis.

„SELBSTVERTRAUEN heißt auch an SICH GLAUBEN!“
Dies ist das „Inner-GAME“. Sie kennen es vielleicht aus dem Straßenverkehr, wenn man in einer kritischen Situation, z. B. beim Umschalten einer Ampel von grün/gelb auf rot im Zweifel ist, ob man noch über die Kreuzung fährt oder doch eine Notbremsung durchführt, diese Verzögerung, diese Stimme, welche zu einem sagt, fahr drüber und die zweite Stimme die innerlich *halt* ruft!
Das Ergebnis in diesem innerlichen Konflikt führt oft zu unbefriedigenden Zuständen, man steht z.B. plötzlich mitten auf der Kreuzung!
Gleiches gilt im Golf, eine Stimme sagt, dieser Schläger ist der richtige und im gleichen Moment, besonders während des Schlages, kommt die zweite Stimme, die Zweifler-Stimme, auch hier

kommt es in 90% der Fälle zu einem schlechten Ergebnis.
Wie kann ich diese Situation umgehen?
Die meisten Golfer denken trainieren, trainieren. Doch gibt uns Training mehr Selbstvertrauen?
Ich glaube, dass ein Selbstvertrauen, welches allein auf technischem Training beruht, höchst anfällig oder auf Dauer unbeständig ist.
In der Regel läuft es doch so ab: Mit viel Selbstvertrauen kommen wir auf die Driving-Range oder die Spielbahn, verschlagen wir einen Ball komplett, verschwindet auch das Selbstvertrauen, stattdessen fangen wir ängstlich an zu zweifeln. Kennen Sie dies?

Deshalb müssen wir uns hinterfragen, was wirklich das Ziel unseres Trainings ist!

In meinen Augen sollte Training neben:

1. der körperlichen Fähigkeit – Technik, Schwungänderungen (Übungsphase)

2. die „SIMULATION des ECHTEN SPIELES"
beinhalten.
(Glaubensphase)

Das Einzigartige am Golf ist, dass *jeder* Schlag, den Sie auf dem Platz ausführen, *Konsequenzen* hat.
Beim TRAINING hingegen haben die Schläge *keine Konsequenzen.* Wenn Sie ein Spiel voller Konsequenzen spielen, wie Golf, aber sich nie im Selbstvertrauen üben, werden Sie höchsten gut im TRAINING.
Deshalb stellen Sie sich Aufgaben auf der Range mit Hilfe Ihres Trainers und

1. führen Sie Buch über die Schläge, damit Sie sehen, dass Sie wirklich besser werden. Mit dem „Buchführen“, wie viele Putts z.B., wie viele Chips usw. können Sie schwarz auf weiß Ihre Erfolge nachvollziehen.
2. Ihr Training muss schwerer sein als das Spiel

Sportwissenschaftler sprechen dabei von dem sogenannten **„Bradman- Effekt“!**

Zu 2. Während des Golfens
Das ganze Gehirn nutzen, linke Gehirnhälfte, rechte Gehirnhälfte, Bewusstsein/Unterbewusstsein.
Das größte Problem, das mir über die Jahre begegnet ist, liegt darin, dass Golfer auf dem Platz zu viel über Schwungtechniken nachdenken. Gleichzeitig sagen aber auch viele Spieler, dass sie ohne einen Schwunggedanken, also eine gedankliche Brücke für ihren Schwung, Schwierigkeiten haben. Eine große Schwäche beim Training war in der Vergangenheit die fehlende klare Linie. *Mental-Gurus* predigen „Denk an das Ziel“ und *Golfpros* sagen „Denk an den Schwung“ – die Ergebnisse sind entsprechend unbefriedigend.

Diese beiden WELTEN *müssen* zusammenkommen.

Deshalb nutzen Sie das ganze GEHIRN, nämlich die linke Hälfte, welche für die *RATIONALITÄT,* und die rechte Hälfte, welche für die *KREATIVITÄT* zuständig ist.
Ich denke, dass ein Lösungsweg darin besteht, zwei GOLFBEREICHE zu schaffen und diese miteinander zu verbinden:

1. den DENKBEREICH (Rationalität) – Übungsphase

2. den SPIELBEREICH (Kreativität) – Glaubensphase

1. Der Denkbereich „In der ZONE“:
sollte in einem Raum hinter Ihrem Golfball, ca. 2 Meter dahinter, sein. (Stellen Sie sich eine farbige Linie vor, Ihre Lieblingsfarbe, benützen Sie im Training dazu einen farbigen Stock.)

In diesem Raum hinter der Linie, Ihrem DENKBEREICH, denken Sie über alles nach, was für Ihren Schlag notwendig ist, welcher Schlag, Hook, Slice, etc, Wind, Schläger, über alles verschaffen Sie sich DIESEITS dieser Linie Klarheit.
Auch den Probeschwung führen Sie diesseits der Linie aus. Damit programmieren Sie Ihr Gehirn und Ihren Körper auf die Bewegung, die Sie mit dem Golfball ausführen wollen.
So nützen Sie die analytische „LINKE GEHIRNHÄLFTE“.
Wenn Sie nun bereit sind und über alles nachgedacht haben, ist die entscheidende Zeit gekommen, diese *LINIE ZU ÜBERSCHREITEN.*

Die GLAUBENSPHASE:
Verlassen dürfen Sie diese ZONE nur, wenn Sie bereit sind zum „TU ES“, wie ich es nenne ... *„JUST DO IT“.*
Dafür ist die rechte Gehirnhälfte zuständig. Mit dem Überschreiten der Linie gehen Sie die Verpflichtung ein, dass Sie wirklich bereit zum Spiel sind ... quasi der „Point of NO RETURN“.
Vergleich: Ein Flugzeugpilot hat mir einmal erklärt, dass es nach dem Start und dem Abheben einen Punkt gibt, an dem er keinesfalls mehr den Start abbrechen kann, die Entscheidung abzuheben ist damit endgültig.

DIE ZONE:

Das Tolle an dem Üben mit Linien oder imaginären Linien ist, dass wir gewohnt sind, uns danach zu richten. Wir halten auf Autobahnen die Spur der Linien. Wenn wir über eine Wiese laufen, wissen wir dank einer Linie, dass wir Fußball spielen. Unser Gehirn reagiert also auf Linien.
Die Linie wird, ähnlich den Ritualen in den meisten Kampfsportarten zum Signal für das Gehirn, den Schlag fließend und unbewusst auszuführen.
Üben Sie deshalb wirklich mit farbigen Stäben und Sie können sich nach dem „Point of no return" ablenken, durch Sprechen eines einfachen Begleittextes ROOOT-WEIN oder COCA-COLA. Ohne die Sicherheit aus der Zone, ohne den Glauben an die eigene Fähigkeit oder auch das Vertrauen in das Material, den Schläger oder den eignen Trainer oder dessen Anweisungen sollten Sie den Point of no return nicht überschreiten oder Ihre ZONE verlassen.
Eine klare Trennung von Übungs- und Glaubensphase kann es für ein erfolgreiches Golfspiel nicht geben, im Gegenteil, nur im MITEINANDER ist der Erfolg zu suchen. Nur an den neuen Schläger, Trainer zu glauben oder an die neue Schwungtechnik, ohne Verhaltensänderung in der Übungs- und Glaubensphase führt nur zu zweifelhaften kurzfristigen Erfolgen, wie Sie bald bemerken werden. Spätestens wenn Sie nach einiger Zeit mit dem neuen Driver wieder anfangen zu slicen, werden Sie dies feststellen.

Zu 3. Das Dazwischen

Um Spaß beim Golfen zu haben, muss man im „JETZT" bleiben, sich quasi vom Spiel tragen lassen, den Augenblick genießen und nicht zu viel über das Ende und das ERGEBNIS nachdenken.
Manche Golfspieler glauben nicht, dass der Begriff „Spaß" bei einer so schwierigen Sportart und vor allem im Turnier was zu suchen hat und verwechseln Golf mit Kampfsportarten!
Spaß und WETTBEWERB gehören zusammen.

Wenn Sie einfach im „JETZT“ stehen und nicht ängstlich über sich und andere nachdenken, dann sind Sie auf dem Wege zu Ihrer persönlichen Spitzenleistung. Ähnlich wie Schauspieler vor und während des Auftritts auf der Bühne, auch er will nicht nur proben.

Neuer Körper – Neues Denken
Es ist erwiesen, wenn wir unser Denken verändern, verändern wir auch unseren Körper, unsere Körperhaltung und Körpersprache.
Überlegen Sie, wie viel deprimierte und niedergeschlagene Menschen kennen Sie oder beobachten Sie z.B. während eines Golfturniers? Wie sehen diese Menschen aus? Welche Körperhaltung haben Sie?
Wenn wir uns schlecht fühlen, unterstützt unser Körper dieses Gefühl durch die Haltung, dann atmen und bewegen wir uns entsprechend, eingezogene Schultern, Kopf gesenkt, flache Atmung etc.
Entscheidend ist, dass jeder unserer Gefühlszustände auch immer mit einem körperlichen Zustand und einem Denkmuster verbunden ist. Auch wenn es unglaublich ist:
Wenn wir am Körper was verändern, ändern wir auch unseren Mentalzustand.
Forschungen beweisen eindeutig: Knackt man die Körpersprache, öffnet sich die Tür zu einer neuen Geisteshaltung.

Trainieren Sie daher aufrechten Körpergang – tiefe Atmung!

Als Folge daraus empfehle ich Ihnen, dass Sie einmal darüber nachdenken, ob die Zeit, die Sie auf dem Golfplatz verbringen, nicht das WICHTIGSTE am Spiel sein könnte?
Wie Sie vielleicht wissen, von der gesamten Zeit auf dem Platz spielen wir nur 15%,. Was holen wir also aus der restlichen Zeit (85%) in der wir gar nicht spielen?
Wie würden Sie diese Zeit angehen?

Wie würden Sie zwischen den Schlägen laufen?
Was würden Sie sehen?
Wie viel würden Sie von der Umgebung wahrnehmen?

Es ist schwer zu glauben, aber wenn Sie sich darauf einstellen, werden Sie immer besser zwischen den Schlägen „abschalten“ können.
Sie werden aufhören zu denken und zu Sinnen kommen, wenn Sie die 85 % der Zeit ausnützen.
Die Ironie ist: Je mehr Sie zwischen den Schlägen abschalten, um so besser werden Sie dann wieder „anschalten“ können, wenn Sie es für den nächsten Schlag wirklich brauchen und Ihre Konzentration am Ende der Runde immer noch nicht erschöpft ist.
Wenn Sie an dieser Zeit zwischen den Schlägen arbeiten, werden Sie vermutlich wiederentdecken, warum Sie dieses Spiel so sehr lieben.
Denn denken Sie daran: Bei den meisten von Ihnen schlummert irgendwo tief im Innern das große Vergnügen daran, draußen in der Natur zu sein.

Aber dieses Vergnügen ist verschüttet. Warum? Weil die Spielkultur der Golfer, bei der das Ergebnis das einzig Wichtige ist, von Ihnen Besitz ergriffen hat.
Die Zeit zwischen den Schlägen ist ironischerweise aber das Einzige an diesem Spiel, was wir wirklich steuern können.
Über dreihundert Jahre versuchen nun Menschen schon, den Golfball nach Ihrem Willen zu steuern. Aber:

Selbst die besten SPIELER der WELT schlagen viele SCHLECHTE BÄLLE.

Ergo, nur die Zeit zwischen den Schlägen können wir zu 100%

steuern und diese Zeit und dieser Druck hängt nur von uns persönlich ab, ob wir ein schönes Erlebnis haben oder ob wir uns zwischen den Schlägen weiter mit Selbstquälerei und Schinderei auseinandersetzen wollen

Zu 4. Nach dem Golfen

Ich bin überzeugt, dass der wichtigste Schlüssel zu optimalen Leistungen unser GEDÄCHTNIS ist.

Neuere Forschungen zeigen, wie wir den Eindruck negativer Erinnerungen verringern und wodurch wir ERINNERUNGEN an Erfolgserlebnisse VERSTÄRKEN und ERHALTEN können. Erinnern Sie sich an Ihre Schulzeit, wenn Sie eine vermeintlich gute Schulaufgabe zurückerhalten haben.

Was bedeuten rote Striche am Rand? Ihre Fehler! Niemals streicht ein Lehrer alle RICHTIGEN Antworten an.

In unserem Kulturkreis sind wir fixiert darauf, die Schwächen und Mängel, siehe Zeitungen, Realityshows, der Menschen herauszufinden.

Wenn Golfspieler zum Pro gehen, höre ich immer: „Sag mir , was ich alles FALSCH mache!“

Ich halte dagegen die Aussagen von TIGER WOODS in seinem BUCH, „How I play GOLF“ für sinnvoll. Sein mentales *Erfolgsgeheimnis* im Golf liege darin, dass er sofort frühere Erfolge oder gute Schläge im Geiste abrufen kann und Niederlagen, schlechte Schläge einfach abhackt.

Bei meiner Arbeit mit Turniergolfern habe ich festgestellt, dass eine solche Einstellung die Leistung verbessern kann. Denn das Gehirn wird umprogrammiert: Es konzentriert sich darauf, was man will, und verharrt nicht bei Niederlagen.

Damit will ich keineswegs sagen, dass Sie von jetzt an alles nur noch durch die rosarote Brille sehen und Ihre Fehler ignorieren

sollen. Aber es besteht ein gewaltiger Unterschied, ob Sie aus Ihren Fehlern lernen oder immer daran FESTHÄNGEN.
Lernen Sie aus Ihren Erfahrungen, unternehmen Sie die nötigen Schritte zur Lösung des Problems und gehen Sie dann weiter voran.

GOLF und ZEIT!

Unabhängig von Ihrem Beruf, die Zeit, die Sie für Ihr Golf aufbringen wollen, werden Sie finden, wenn Sie Ihr Ziel richtig setzten.

Ziele müssen erreichbar sein.

Golfen kann Ihnen als Spiel zu vielen schönen Momenten und Glücksgefühlen verhelfen, da es eine Herausforderung stellt, sich selbst zu beweisen.
Meiner Erfahrung nach steht aber im Beruf sehr erfolgreichen Menschen genau dieser Erfolg im Golfen im Wege.
Hier werden von den „Erfolgsmenschen“ für sich selbst gewohnheitsmäßiger Ziele gesetzt, die sich eben mit den dadurch verbundenen Zeitaufwand nicht verwirklichen lassen, unabhängig vom Talent.
Jemand, der ein einstelliges Handicap spielt und keine Zeit zum Üben findet, kann dieses Handicap unmöglich auf die Dauer spielen und er wird dadurch frustriert.
Leute, die ständig und dauernd Runden unter 80 Schlägen spielen, glauben Sie mir, finden immer Zeit zum Trainieren und sind an mehreren Tagen, Abenden in der Woche auf dem Golfplatz/ der-Driving-Range. Beständige Spieler nehmen sich jeden Tag ein paar Minuten, und sei es im Büro oder Abends zuhause im Wohnzimmer/Garten, Zeit, ihre systematisierte Schlagvorbereitung in Erinnerung zu rufen.
Deshalb stecken Sie sich nur so hohe Ziele und Ansprüche, wie Sie Beruf, Familie und Golf in den Einklang bringen können, und überprüfen Sie diese von Zeit zu Zeit auf Ihre Verwirklichbarkeit.
Wenn Sie so das Beste aus Ihren Möglichkeiten machen, werden Sie eher glücklich und zufrieden golfen.

Sie werden auf dem Golfplatz, wie im wirklichen Leben, Menschen begegnen, mit allen Facetten, aber auch bei Tiefschlägen, denken Sie an die vielen anderen Glücksmomente welche Ihnen Golf schon zuteil werden ließ. Vertrauen auf das Können bekomme ich nur durch richtiges Trainieren.
Vertrauen in die eigene Leistung ist der Schlüssel zum Erfolg!
Disziplin, Geduld, Konzentration, Gelassenheit, gepaart mit dem Willen und Trainingseifer zu gezieltem Training, führen zum Ziel.

Schnippen Sie die negativen Gedanken weg!

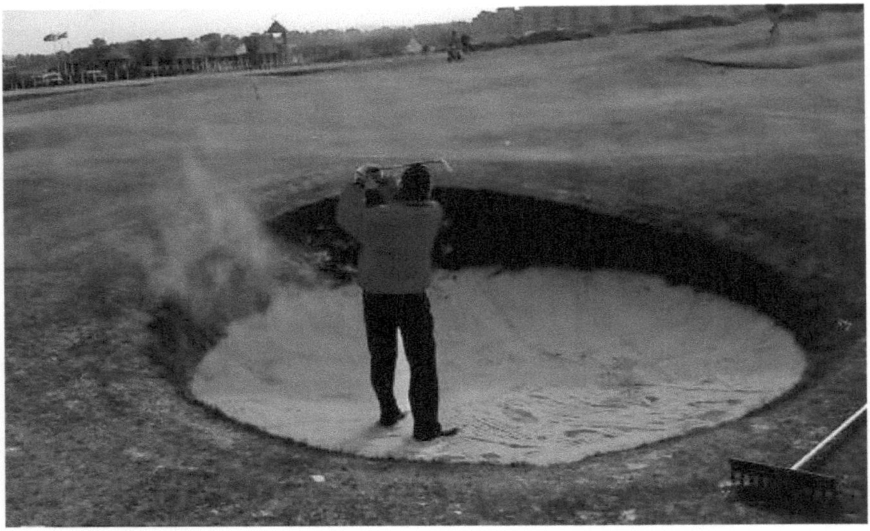

Keine Angst vorm Bunker!

Schon seit längerer Zeit werden in der Golfszene Armbänder aus verschiedenen Materialien, wie Kupfer, Plastik etc. von manchen Spielerinnen und Spielern getragen. Auch bei einigen Touring-Pros entdecke ich immer wieder diese Armbänder. Natürlich weiß ich, dass die vielen Versprechungen, die oft mit diesen Gegenständen verbunden werden, selten zutreffen und war entsprechend skeptisch ob deren Wirkung. Andererseits sind Golfer, wie viele Sportler allgemein (Fußballer z. B. ziehen nur Socken in einer bestimmten Farbe, Trainer nur bestimmte Pullis an etc.), etwas abergläubisch.
Ich fragte mich, was wirklich dahinterstecken möge, und suchte Rat bei einem mir bekannten Psychologen. Beide kamen wir zu dem Schluss: Eine Menge der mentalen Probleme, welche Golfer haben, begründen in der Ursache, wie ich es bezeichnen würde, dem „**negativen Denken**“!

Schlechte Ergebnisse, trotz guter Technik beruhen eben am Mangel an Selbstvertrauen, Konzentration (hier kann die Ursache auch mangelnde Kondition sein!) und damit natürlich verbunden entsteht die **Ängstlichkeit** zu versagen.
Die meisten Golfer, die einen Ball durch eben dieses „**negative Denken**" verschlagen, denken eben, sie sind nicht in einer guten Verfassung diesen Schlag auszuführen, aber ***trotzdem und unverständlicherweise*** schlagen sie dennoch irgendwie auf den Ball. Diese Golfer haben kein Rezept mit dem Umgang mit negativen Gedanken und durch den Misserfolg entsteht eine Spirale nach unten, aus der man kaum rauskommt während einer Runde. Als **eine** Hilfe, dies konnte ich bei meinen Schülern/innen feststellen, welche mit diesem Virus „negative Gedanken" während der Preshot-Routine befallen waren, betrachte ich das Tragen so eines Armbandes.
Manche werden sagen, dies ist verrückt, und zugegeben, nicht bei allen funktioniert dies, manche Golfer können auch andere Dinge bei diesem Virus als Hilfsmittel einsetzen.
Die Vorgehensweise mit dem Band ist so gedacht, dass der/die Spieler/in die Pre-shot-routine sofort unterbrechen soll, wenn in seinem Kopf negative Gedanken auftauchen und er sofort mit seinen Gedanken an sein Armband denken und dies fühlen soll und damit das Negative quasi wie mit den Fingern weggeschnippt wird. Dabei soll Folgendes durch seinen Kopf gehen: **„Ja, ich hatte jetzt vor dem Schlag ein negatives Gefühl, aber ich merke, diesmal hilft mir das Armband und ich habe keine Angst mehr vor dem Schlag."**
Die ersten Runden, es würde an ein Wunder grenzen, funktioniert dies vielleicht nicht, aber wenn Sie dies mal 10 bis 20 Runden versuchen, werden Sie merken, es kann helfen.
Wenn dieser Punkt eintreten sollte, wird der Spieler zuversichtlicher werden und die mentale Stärke wird ein anderes Level errei-

chen. Sie werden feststellen, mentale Übungen, zu denen ich obige zähle, sind mindestens so wichtig wie das Techniktraining. Leider beschränkt sich der Golfunterricht viel zu sehr nur auf das Erlernen oder das Verbessern der Technik.

Mein alter Freund **Nick Bollettieri**, der vielleicht weltbeste Tenniscoach, erklärte mir einmal, als wir über Technik im Unterricht allgemein diskutierten: „Das wichtigste, was ich meinen Spielern beizubringen versuche, ist das Gewinnen. Denn schöne Technik wird nicht bewertet, dies ist anderen Sportarten wie Eiskunstlauf z. B. vorbehalten."
Deshalb lautet mein Motto für meine Golfer/innen:

I learn teaching from teachers!
I learn golfing from golfers!
I learn winning from coaches!

Trauen Sie Ihrem Bauch

Trauen Sie Ihrem Bauch mehr und Sie werden sicherer und erfolgreicher Spielen?
Warum?
Die Intuition wird weitgehend aus Erinnerungen, Sinneseindrücken und Empfindungen gespeist.
Sie bezieht ihren Rohstoff aus dem ständigen Dazulernen, ohne dass wir uns dieses Lernprozesses sogar bewusst sind.
Diese Erfahrungen und dieses unbewusste Erlernen steht uns unbewusst bei passenden Gelegenheiten plötzlich wie auf Abruf zur Verfügung. Sei es, dass Ihnen was Besonderes im Eindruck blieb, z.B. den richtigen Schläger zur Hand nehmen, weil Sie von der Stelle immer mit diesem Schläger Erfolg hatten.
Besonders auf dem Gebiet des Sportes kommen uns intuitive Lösungen immer zu Gute.
Ein herausragendes Beispiel für intuitives, richtiges Spielen und Handeln war der Spanier Severiano Ballesteros, der erste wirkliche Kontinentaleuropäer, der Major-Turnier gewann und die Nr. 1 der Welt wurde. Seves Spiel lebte jahrzehntelang von der Intuition. Als er diese zum Ende seiner Karriere verlor und versuchte sein Spiel mit Ratio, also Verstand, umzustellen, blieben die Erfolge, trotz vielfacher Trainingsbemühungen und Trainerwechsel aus.
Schon **Einstein** sagte: „Der Intelligenz (auch der golfspielenden Intelligenz) sind Grenzen gesetzt, der Phantasie nicht!“
Der Psychologe und Hirnforscher **Gerd Gigerenzer**, Direktor des Max-Plank Institutes für Bildungsforschung in Berlin sagt:
„Neuere Forschungen sehen in unserer Intuition keine blinde Schicksalsmacht mehr, sondern eine unbewusste Intelligenz, die auf einfachen nachprüfbaren Grundlagen beruht. Gegenüber unseren logischen Erwägungen zeichnet sie sich dadurch aus, dass sie schneller auf den Punkt kommt und dass sie in vielen Fällen auch

zu besseren Ergebnissen führt. Das Rationale deshalb zu verteufeln ist natürlich falsch: Bei moralischen Entscheidungen hingegen ist es sogar notwendig und vernünftig, über die Bauchgefühle nachzudenken. Intuition ist nämlich oft abhängig von den Werten der Bezugsgruppe, der sich ein Mensch zugehörig fühlt."
Auf den Golfsport umgemünzt heißt dies, wenn Sie auch nur annähernd Zweifel haben, z.B. bei der Wahl der richtigen Spiellinie oder des richtigen Schlägers, die ersten intuitiven Gedanken sind im Zweifelsfalle die Besten. Vertrauen Sie einfach Ihrem Bauch!

Die Vorfreude auf die Golfrunde

Es ist nicht schwer über die Faszination, die Golf auf Menschen ausübt und die hörige Leidenschaft, welche Golf weckt, zu berichten, wenn man mit Golfern spricht.
Wenige Golfer machen sich aber *bewusst*, wie die Erwartung und die Vorfreude auf ein schönes Golferlebnis gerade dies beeinflusst. Im täglichen Umgang mit Golfern aller Spielstärken erfahre ich viel über deren Golferlebnisse. Die Berichte über Golfturniere und die Erfahrung bei bestimmten Golfplätzen werden aber meist von der persönlichen Erfolgs- oder Misserfolgsserie (sprich guter – schlechter Score) vorrangig geprägt.

Grundsätzlich unterscheide ich zwei Golfertypen:

1. **die Wettkämpfer**
2. **die Genussgolfer**

oder auch Turniergolfer oder Freizeitgolfer genannt.

Ersteren geht es vorrangig immer um das erzielte Ergebnis und danach wird der Golftag beurteilt. Misserfolge werden vorrangig auf den Platz, die Mitspieler und sehr selten auf den Golfer selbst bezogen.
Die **Wettkämpfer** unterscheiden sich wiederum in mehrere Gruppen:

a) die gerne an Turnieren teilnehmen und über Erfahrungen im Umgang mit Niederlagen, sprich, auch schlechten Scores haben, teils auch aus anderen Sportarten kommen.
b) Spieler/innen die eigentlich ungern spielen, dies aber aus gesellschaftlichen Gründen machen, bereits durch zu hohen Erwartungsdruck bzw. sich schon vor dem Turnier eine Ent-

schuldigung ausstellen (habe ja nicht trainiert, mein Driver funktioniert nicht), hier spiegelt sich oft die Angst vor dem golferischen Versagen wieder.

Die **Genussgolfer** teile ich ebenfalls ein

a) spielen viele Plätze, möglichst angenehm zu spielende Kurse. Score ist nicht wesentlich. Nette Flightpartner sind für diese Golfer wichtig.

b) Regelkenntnisse und Etikette sind nicht immer ausreichend vorhanden und führen oft zu Konfrontationen mit anderen Spielern. Scheuen sich mit guten Spielern auf die Runde zu gehen. Haben Angst vor „schwierigen Plätzen" und Turnierteilnahmen.

Egal, welcher dieser Golftypen Sie sind oder welchem Sie sich zurechnen, das Spektrum Golfspieler ist vielfach und gerade dies macht Golf so reizvoll. Aber vergessen Sie nicht, über allem soll der *Erholungsprozess* stehen. Deshalb reflektieren Sie einmal über einen Golftag und machen Sie sich zu folgenden Punkten Gedanken:
Die Erwartung, Vorfreude auf einen Golftag (was erwarten Sie?)
Die Fahrt zum Golfplatz
Das Golferlebnis – der Golftag selbst
Eindruck bei Ankunft, Vorbreitung-Range-Mitspieler
nach dem Spiel die Heimfahrt
Gedanken über den Golftag

Wenn man schon missgelaunt auf den Golfplatz fährt, wegen schlechtem Wetter, wegen Zeitdruck, (zu spätes Aufstehen, ungenaue Ortskenntnisse – Tee time), vermeintlich unangenehme Mit-

spieler, dann ist die Wahrscheinlichkeit, dass der Golftag ein Misserfolg wird, sehr groß.
Bereits mit der Entscheidung am Tag XY mit den Freunden eine Runde zu spielen oder an einem Turnier teilzunehmen erzeugt in uns eine Erwartungshaltung.
Jeder von uns erwartet sogar, dass diese herbeigesehnte Erwartung in Erfüllung geht, ja sogar übertroffen wird. Nun können aber eine Menge Dinge diese Erwartungshaltung und Vorfreude sehr negativ beeinflussen, z.b. Regen, schlechter Platz, unerwünschte Startzeit, Spielpartner usw,
Darum ist es wichtig, dass Sie Ihre Erwartungshaltung an einen schönen Golftag nicht zu hoch ansetzen und sich auch z.B. durch schlechtes Wetter die gute Laune nicht verderben lassen, nehmen Sie einfach passende Kleidung mit.
Planen Sie genügend Zeit für die Fahrt zum ausgewählten Platz ein, nichts ist schlimmer als Hektik und Zeitdruck.
Vermeiden Sie dichten Verkehr, wenn möglich, und freuen Sie sich bereits im Auto auf Ihr Spiel. Legen Sie Ihre Lieblingsmusik in den Player.
Sie sind bereits in der Erholungsphase
Wenn Sie das Clubgelände betreten, ist es wie der Eintritt in ein Restaurant. Nehmen Sie die positiven Eindrücke mit und wahr … den Blumenschmuck der Anlage, die nette Sekretärin, den freundlichen Caddymaster oder Pro.
Erfreuen Sie sich an der sicherlich schönen gepflegten Natur im Umfeld Ihres Platzes.
Gehen Sie positiv auf Ihre Flightpartner zu und Sie werden sehen, dass eine gute Stimmung im Flight sich positiv auf Ihr Spiel auswirkt.
Nehmen Sie die netten Erinnerungen, die Ihnen der Golftag brachte, mit auf dem Heimweg. Versuchen Sie sich z.B. auch bei einem schlechten Endresultat an die gelungenen Schläge zu erinnern.

Die Reflexion des gesamten Golftages ist abhängig von den beschriebenen Punkten.
Sicherlich werden Ihnen, was menschlich verständlich ist, in erster Linie die positiven Erlebnisse in Erinnerung bleiben und dies ist auch gut so.
Damit sind die besten Voraussetzungen für Ihre Erwartungshaltung für einen nächsten (erfolgreichen) Golftag bestens gegeben.
Liebe Golffreunde, nehmen Sie sich immer etwas Zeit, um über Ihre Golftage nachzudenken, und Sie werden noch mehr Freude an unserem Sport haben.

Golf World Tour?

Die Zeit scheint reif für grundlegende Änderungen im Golfsport. Nachdem im Amateurbereich die konkurrierenden Verbände US-GA und R&A zum Erstaunen vieler Golfer für 2019 eine große Reform und Einigkeit im Regelwerk sowie die Einführung eines weltweit einheitlichen Handicapsystems angekündigt haben, scheint auch im Profisport Bewegung in die verkrusteten Fronten der einzelnen Profitouren zu kommen.
Zumindest einer der prominentesten aktuellen Profispieler Rory McIlroy forderte dies ganz öffentlich und lautstark.
Eigentlich ist für die meisten Golfer/innen das Ranking im Profigolf unverständlich. Weder die verschiedenen Touren weltweit, noch die sogenannte Golfweltrangliste ist für Ottonormalgolfer verständlich. Was in anderen Sportarten wie Tennis oder Skifahren schon längst üblich ist, eine Welttour, scheitert im Golf nun seit Jahrzehnten an der finanziellen Konkurrenzsituation der beiden führenden Unternehmen.
Die US PGA Tour und die European Tour sind gewinnorientierte, kommerzielle Unternehmen, deren Gewinnmaximierung auf den Rücken der Profis ausgetragen wird.
Die Forderung **McÌlroys** ist dabei nicht neu. Bereits vor Jahrzehnten, soweit ich mich erinnere, forderten die damaligen Stars wie **Greg Norman, Seve Ballesteros, Faldo** usw. eine Welttour.
Anlass war es damals und ist es auch heute, dass natürlich in den USA, wo Golf Nationalsport ist und gnadenlos viele Sponsoren bereitstehen, die Preisgelder um ein Vielfaches höher sind als in Europa und dadurch natürlich die besten Profis an die dortigen Geldtöpfe gelangen wollen.
Die **US PGA Tour** schützte Ihre Interessen vor den starken europäischen Spielern, indem sie eine verpflichtende Teilnahme von mindestens 12 Turnieren von den europäischen Stars verlangte.

Dies machte quasi eine regelmäßige Teilnahme an der European Tour unmöglich. Auch heutzutage müssen sich die Europäer mehr oder weniger entscheiden, falls sie überhaupt qualifiziert sind, ob man hauptsächlich auf der US-Tour spielt oder in Europa.

Die Qualifikation für die ständige Teilnahme an der US-Tour, bzw Tourkarte haben im Moment weder ein Wiesberger noch ein Kaymer, der diese verloren hat. Die Qualifikation für die US-Tour kann man über die harte Tour der US-Tourschool erreichen oder man kann auch über folgende Kriterien an einzelnen Turnieren der PGA-Tour teilnehmen.

1. Tour-Commissioner **Tim Finchem** vergibt für jedes Turnier aufs Neue zwei Tickets an internationale Spieler.
2. Jeder Turnier-Hauptsponsor hat sich bis zu 8 Wildcards gesichert, die er „strategisch" oder an den Meistbietenden vergibt – ein eher teurer Weg, man kauft sich quasi als Spieler ein.
3. Tourkarte über FedExCup-Rangliste: Der Weg, auf dem Francesco Molinari und Jamie Donaldson ihre US-Tourkarte erspielten. Dazu mussten sie als Nichtmitglieder bis Ende der regulären Saison unter den Top 125 der FedExCup-Rangliste aufscheinen.
4. Special Temporary Membership
5. Montags-Qualifikation: Der steinigste Weg für die vier Besten in der wöchentlichen Vorqualifikation
6. Die erfolgreiche Teilnahme an der Tourschool oder die Qualifikation über die Webtour, also der 2. Liga in den USA, in etwa gleich der European Challenge Tour.
7. Der Aufstieg unter die Top 50 der Weltrangliste beschert Spielern zwar automatische Tickets für die vier Majors und World Golf Championship-Events, aber keine Karte für die US PGA Tour.
8. Sieger von US-Majorturnieren erhalten eine zeitlich begrenzte Tourkarte. (Kaymer)

Nun kommt ein weiterer Aspekt in den verwirrenden Dschungel der Qualifikation, wie will man eine gerecht bewertete Weltrang-

liste erstellen? Im Prinzip geht es bei beiden großen Touren nur noch darum, wer schafft es, die größeren Preisgelder zu akquirieren?
Die zweifellos finanzstärkere und damit auch spielstärkere US-Tour wird über kurz oder lang die European Tour schlucken und so hoffen alle Spitzenprofis, damit dürfte der Weg für eine einheitliche Welttour geöffnet werden.
Noch wehrt sich die European Tour verständlicherweise, schließlich geht es hier um viel Geld, Jobs, Macht und Einfluss, bis auf‘s Messer. Die einzige Trumpfkarte der Europäer ist noch die Vergabe des Europäischen **Rydercups** mit der Maßgabe an die Veranstalter zu verbinden, dass diese einige European Turniere mit reichlich Preisgeld (so ca. ab 5 Mio) veranstalten müssen, wenn sie den Rydercup austragen dürfen.
Als Golfer kann man eine Klärung in Welttour (egal, wie man sie nennt) quasi 1. Liga, darunter 2. Ligen, European-, Asien-, Afrikatour, 3. Ligen, wie Webtour, Challengetour usw. nur begrüßen, da man dann endlich einen ehrlichen Überblick über das Profigeschehen hat

Für Freunde der Historie

Bereits 1960 begannen **Jack Nicklaus, Gary Player** und **Arnold Palmer** eine Turnierserie, genannt „**Shell's Wonderful World of Golf**" zu spielen. Dies könnte man als Urform einer Worldtour bezeichnen. Eine World Championship of Golf wurde auch bereits auf der US Tour in den 1940er- und 1950er-Jahren gespielt.
Die Johnnie Walker World Golf Championship wurde im Tryall GC in Jamaica von 1991 to 1995 als Versuch einer quasi inoffiziellen Weltmeisterschaft der Profis ausgetragen, hat sich aber langfristig nicht durchgesetzt.
1968 kam es zur Gründung der US PGA Tour.
Die European Tour begann offiziell 1972!
Die Golfweltrangliste wurde erst 1986 eingeführt. (1. Spitzenreiter Bernhard Langer) Vorläufer der Golfweltrangliste war die 1968 eingeführte Mark McCormack's (IMG Marketing) World golf rankings.

Die meisten Siege auf der European Tour

Rang	**Name**	**Nation**	**Siege**	**Zeitspanne**
1	Seve Ballesteros	Spanien	49	1976–1995
2	Bernhard Langer	Deutschland	40	1980–2002
3	Colin Montgomerie	Schottland	31	1989–2007
4	Ian Woosnam	Wales	28	1982–1997
5	Nick Faldo	England	27	1977–1994
6	Ernie Els	Südafrika	23	1994–2007
7	José María Olazábal	Spanien	22	1986–2005
8	Sam Torrance	Schottland	21	1976–1998

Mit der Einführung der Welttour wäre es neben einer dann leicht zu durchschauenden und ehrlicheren Weltrangliste auch möglich, die Türen für eine sicher sehr attraktive Austragung einer Weltmeisterschaft für Golfprofis zu öffnen.
Vielleicht hilft Ihnen als interessierte Leser/in, diese vereinfachte Zusammenstellung des komplexen Gebildes, Profitouren und Ranglisten, beim nächsten Besuch (TV) eines Profiturniers, dessen Wertigkeit besser zu verstehen.

Die British Golf Open

Kaum eine Sportveranstaltung in dieser Welt kann auf eine so lange Geschichte und Tradition zurückblicken wie die jährlich stattfindende Britische Offene Golfmeisterschaft, die seit dem Jahre 1860, Sieger damals ein **Willie Park,** durchgeführt wird.
Die Open wird immer im Wechsel auf neun verschiedenen Plätzen in England und Schottland, meistens Linkskursen, also Golfplätze, die an der Küste gelegen sind, ausgetragen. In der ganzen Welt, vor allem im englischsprachigen Raum, zählt diese Sportveranstaltung zu den Sporthighlights des Jahres, ähnlich wie bei uns eine Fußball- oder Skiweltmeisterschaft. Wochenlang vor und nach der Open berichten in diesen Ländern die Medien von dem Turnier.
Jedes Mal, wenn ich dann von dem Besuch der Open nach Hause zurückkomme, suche ich hier vergebens nach ausführlicher Berichterstattung. Bis auf ein paar Randnotizen gewährt man bei uns dieser Veranstaltung wenig Raum, was auch darauf zurückzuführen ist, dass Golf eben bei uns eine Randsportart ist.
Die Historie der Open, dem wichtigsten und prestigeträchtigsten der vier Golfmajorturniere, vergleichbar im Tennis mit Wimbeldon, ist nicht nur mit der 140jährigen Geschichte verbunden, sondern auch mit den Schicksalen diverser Gewinner. Tom Morris jun., Sohn des dreimaligen Gewinners der Open in den alten Tagen, Tom Morris sen., folgte seinem Vater als Gewinner. Aus Gram über den frühen Tod seiner jungen Frau verschied auch Tom Morris jun. vor seinem Vater, dessen Golfshop bis heute am 18. Loch des Golfclubs St. Andrews existiert. Evergreen Tom Watson, mittlerweile 61 Jahre alt, vor 3 Jahren letztmalig als 2. in Turnberry hauchdünn am Sieg gescheitert, konnte 1983 zum letzten Mal die Siegestrophäe, die **„Claret Jug“**, in den Händen halten. Er ist mit fünf Siegen der Spieler, der die meisten Opengewinne verzeichnen kann. **Watson** ist eine Ausnahmeerscheinung, wie es sie in keinem

anderen Sport gibt. Mit 61 Jahren spielte er auf Weltspitzenniveau, quasi mit seinen Enkeln, zum Beispiel den Shootingstars Rory McIlroy (US Open Champion) und Ricky Fowler, beide mit 22 Jahren die jüngsten Spieler und schon vielfache Toursieger. Alle 5 Jahre findet die „OPEN“ im Mekka des Golfsport in St. Andrews statt. Dies ist für den Golffreund dann ein Erlebnis. Bei einer British Open steht immer eine Zeltstadt, fast so groß wie das Münchener Oktoberfest, bot den Zuschauern die Möglichkeit, sich zu verpflegen. Es stehen Banken, „Public Viewing“ an riesigen Bildschirmen, Shoppingzelte, sowie diverse Restaurants und natürlich Zelte der Sponsoren, Medien usw. zur Verfügung. Unglaublich am Eingang des Zeltes für die Golfprofis, das PGA-Zelt, wo ich mich meist mit meinen Kollegen Chris Roderick und Tom Weiskopf (ehemaliger Open Sieger) treffe, steht seit Jahren ein uniformierter Türwächter, ähnlich wie man es vor Luxushotels kennt, der immer für einen Smalltalk mit den eintrittsberechtigten Besuchern bereit ist. Das 17. Mal, erzählte er mir beim letztem Male, ist er in dieser Funktion bei „The Open“, wie die Briten diesen Golfevent nennen. Die Open hat immer ihre besondere Geschichten. Der irische Volksheld und Rydercupspieler, **Darren Clarke**, konnte sich mit 42 als einer der ältesten Spieler, die je eine Open gewonnen haben, in die Siegerliste eintragen. Viele andere berühmte Teilnehmer, wie z. B. Bernhard Langer hatten dies nie geschafft. Es wird sogar eine Liste von jenen Spielern geführt, die nie ein Major gewannen. Clarke schaffte dies nun im Spätherbst seiner Karriere. Er, der vor einigen Jahren, als seine Frau an Krebs erkrankte, ein Jahr lang seine Spielerkarriere unterbrach, um diese bis zu ihrem Tod zu pflegen, dann zurück ins europäische Rydercupteam berufen wurde, alle seine Spiele gewann und am letzten Grün weinend zu Ehren seiner toten Frau zusammenbrach. Diesem Darren Clarke flogen die Herzen der Zuschauer zu und kein Mitspieler in dem sonst so beinharten Profigeschäft missgönnte Clarke diesen Erfolg.

Die Geschichte des Golfsports

Golf in seinen Anfängen entwickelte sich in zwei Stufen. Als Mutterland wird üblicherweise *Schottland* genannt. Dabei fand eine primitive Vorstufe, *„***Kolf***"* genannt von den Niederlanden aus seinen Weg nach Schottland. Es wurde von der gewöhnlichen Bevölkerung um Friedhöfe und Dorfwiesen herum gespielt. Als Ziele dienten unterschiedliche Landschaftsmerkmale.
Golf, wie wir es heute kennen, geht zurück auf eine Spielform, die sich an der Ostküste Schottlands, der Grafschaft Fife, während des 15. Jahrhunderts entwickelte. In der Grafschaft Fife befinden sich heute immer noch die berühmtesten Golfplätze, wie z.B. *St. Andrews.* Während der Mitte des 15. Jahrhunderts richtete sich Schottland auf eine militärische Invasion des verfeindeten Englands ein. Die Begeisterung der schottischen Bevölkerung für das Golfspiel war so groß, dass die meisten Einwohner keine Zeit und Lust an militärischem Training hatten. Deshalb verbot König James II. 1457 das Golfen und dieses Verbot wurde 1470 und 1491 nochmals erneuert, weil sich die schottische Bevölkerung nicht daran hielt. Erst mit dem Vertrag von Glasgow 1502 hob König James I (von England) dieses Verbot wieder auf, da er selbst golfte.
Die Popularität von Golf in Schottland entwickelte sich durch das 16. Jahrhundert mit königlicher Unterstützung sehr rasch.
König Charles I von England und *Königin Mary* von Schottland, eine geborene Französin, verbreiteten das Spiel in England und Frankreich.
So stammt die Bezeichnung *„CADDIE"* für die königlichen Helfer beim Spiel aus dem französischem Wort *„Cadets"*.
Der erste Golfkurs in dieser Zeit war in *Leith* nahe Edinburg. In *Leith* fand auch das erste bekannte Golfmatch 1682 statt, als der *Herzog von York* und ein gewisser *George Patterson* gegen zwei englische Edelmänner spielten und gewannen.

Die sogenannten *Gentlemen Golfers of Leith* (1744), Scotland, gründeten den ersten heute bekannten Golfclub.

Gentlemen of Golfer of Leith

Der Club wurde später in *„Honourable Company of Edinburgh Golfers*“ umbenannt und man errichtete 1768 das erste Clubhaus, das 1836 nach *Musselburgh, Lothian,* nahe *Edinburg,* umzog.
Dieser Golfclub, Muirfield, genannt, ist bis heute oft Austragungsort der British Open.
1754 wurde die *St. Andrews Golfgemeinschaft* in St. Andrews, ca. eine Stunde nordöstlich von Edinburg entfernt, gegründet. Man spielte bei den jährlich ausgetragenen Wettspielen nach den von Leith bekannten Regeln. 1759 wurde das *„Zählwettspiel*“ entwickelt und ab 1764 baute man den ersten 18-Lochkurs, der später de facto der Standard wurde.
König William ehrte 1834 den Club mit dem Titel *„Royal and Ancient“* und man baute das berühmte Clubhaus. Somit wurde der *Royal and Ancient Golfclub of St. Andrews (R & A)* der führende Golfclub seiner Zeit, wegen seines tollen Clubhauses, der Veröffentlichung der Golfregeln und der Königlichen Unterstützung bei der Verbreiterung des Golfsports. Der Club setzte sich damals aus 22 Edelleuten, Professoren und Landbesitzern zusammen. Heute noch werden nur ganz wenige Mitgliedschaften nach sorgfältiger Auswahl verliehen. In regelmäßigen Abständen, ca. alle fünf Jahre, werden in St. Andrews die Britisch Open ausgetragen.
Die Golfregeln sind heute international standardisiert und werden von der *R & A* gemeinsam mit der *United States Golf Association* (USGA) überwacht und geregelt.
In der Beginnerzeit benützten die Golfer einfache Schläger und Bälle. Die Schläger waren aus Haselnuss-, Buchen- oder Obstbaumholz und die Schlägerköpfe aus geschmiedetem Eisen.
Die Bälle wurden erstellt, indem man zusammengepresste Federn

mit gestepptem Pferdeleder umwickelte. Durch die verhältnismäßig teure Herstellung der Ausrüstung wurde der Sport immer exklusiver. Nach 1826 verwendete man durch die Einfuhr aus den USA hauptsächlich Persimmon- und Hickoryholz für die Golfschäfte, da diese wesentlich besser waren. Heutzutage werden die Schäfte vorzugsweise aus Kunststoff und Stahl erzeugt. Die Bälle produziert man heute aus synthetischem Material, vorzugsweise aus Balata.

Die Entwicklung des internationalen Golfsports

Das britische Königreich war während des 19. Jahrhunderts auf dem Höhepunkt seiner Macht. In der Tat spiegelte die Phrase „*die Sonne geht im Königreich nie unter*“ den weltweiten Einfluss der Briten wieder. Die meisten der frühen Golfclubs und Golfanlagen außerhalb der Britischen Inseln und Amerikas wurden durch den Commonwealth gegründet.

In den USA war die Entwicklung durch britische Auswanderer bereits früher erfolgt und viele, vor allem schottische Golfpros und schottische Platzdesigner, wie McKenzie bauten in dem riesigen neuen Land Golfplätze in Masse. Einige Beispiele der ersten Golfclubs außerhalb Schottlands wie z. B. der *Royal Blackheath* (nahe London in 1766). Golf wurde wahrscheinlich dort bereits seit 1608 gespielt.

Der erste Golfclub außerhalb Großbritanniens war in *Bangalore, Indien* (1820). Weiterhin der *Royal Calcutta* (1829), *Royal Bombay* (1842), *Royal Curragh,* Ireland (1856), *the Pau,* France (1856), Australien: *Adelaide* (1870), *Royal Montreal* (1873), Südafrika: *Cape Town* (1885), USA *St Andrew's* of New York (1888) und *Royal Hong Kong* (1889).

Es wird auch gesagt, dass der *South Carolina Golf Club, in Charlestown/USA* von 1786 der Älteste wäre.

Der älteste deutsche Golfclub soll der <u>Golf-und Landclub Berlin-</u>

Wannsee, *der bereits 1895 (damals noch als Berlin Golf Club) gegründet wurde, sein, doch darum streiten die Golfgeschichtler. 1926 wurde im Golfclub Semmering, als Österreichs erstem und ältesten Club, die erste „Ballsaison" eröffnet.*
Die viktorianische Industrierevolution brauchte auch in UK viele soziale und wirtschaftliche Veränderungen. Vor allem der Ausbau der Eisenbahn war die Geburtsstunde des Massentourismus. Zum ersten Male konnten auch einfache Leute das Land mittels Tages- und Wochenendreisen erkunden. Golfplätze schossen wie Pilze überall auf den Commonwealth-Ländern und den USA aus der Erde. Die Golfer konnten somit viele verschiedene Plätze spielen.

Golfbeginn in Deutschland

Der erste richtige Golfplatz in Deutschland wurde in **Bad Homburg** im Jahre 1889 durch **Major General Robert William Duff und Colonel Gordon** gebaut, soweit der Streit unter den deutschen Golfhistorikern. Wer recht hat? Die vielen Erdbewegungen, die man heute durchführt, gab es damals kaum, weil das entsprechende Gerät noch nicht vorhanden war. Also wurde ein Platz ausgewählt, Grüns angelegt und ein paar Bunker platziert. Aus heutiger Sicht wohl alles sehr primitiv. So etwas wie Golfarchitektur nach heutigem Verständnis gab es kaum. Nach schottischem Verständnis sind Plätze, die nach der Jahrhundertwende 1900 gebaut wurden, bis heute „junge Plätze"! Damit hatte man den ersten Golfplatz auf deutschem Boden und den zweiten (nach Pau in Frankreich) auf dem europäischen Kontinent erschaffen, behaupten die Historiker. Der passende Golfclub (Homburger Golf Club) wurde anscheinend erst zehn Jahre später, 1899, gegründet. Man bekam durch den Einfluss des Golfmutterlandes UK auch deren Golfphilosophie, sprich Regeln und Etikette, vermittelt, nach denen dort bis heute traditionell fast unverändert und erfolgreich gespielt wird.

Der steinige Weg ins Profigeschäft

Seit vielen Jahren beobachte ich, wie immer mehr „Wunderkinder“ nach ihrem Wechsel ins Profilager im Niemandsland verschwinden. Aus eigener Erfahrung, als ich vor Jahrzehnten ins Profilager wechselte, kann ich mich noch erinnern, dass bei einem meiner ersten Profiturniere in Luxemburg in meinem Flight ein englischer und französischer Profi mitspielten, die plötzlich genauso lange Schläge wie ich selbst spielten und Putts versenkten, dass ich aus dem Staunen nicht mehr herauskam. Auch Putts aus 1 bis 2 Metern waren nun einfach viel schwieriger als in meinem früheren Amateurleben. Es ging nämlich plötzlich ums „Überleben“.

Nun scheint mir in letzter Zeit ein Trend einzutreten, was ich in Deutschland und Österreich so beobachte, wie es vor Jahren auch im Tennissport war. Junge Talente wollen die Laufbahn als Golfprofi einschlagen.

In der Spitzenzeit eines Boris Becker oder einer Stephanie Graf versuchten viele junge Talente die Profilaufbahn einzuschlagen. Getrieben sehr oft vom Ehrgeiz der Eltern oder des Umfeldes, war man von einer erfolgreichen Profilaufbahn überzeugt, da die Jungstars bereits im Amateurlager alles leicht besiegten. Die Parallele zum Golfsport ist sehr ähnlich. Es bekommen junge Amateure bei einem meist unterbesetzten Profiturnier eine Wildcard und erzielen oft beachtliche Ergebnisse. Schon sieht man sich als der neue **Tiger Woods** und die Dollars klingeln, noch dazu, wenn man über ein vermeintlich phänomenales Handicap verfügt.

Soeben komme ich aus einem meiner vielen USA-Trips zurück und was dort im Nachwuchsbereich an Talenten heranreift, ist nur mit dem schier unerschöpflichen talentiertem Skinachwuchs Österreichs zu vergleichen. Bereits in sehr frühen Jahren müssen sich in den USA und GBR die Jugendlichen in stark besetzen Wettkämpfen Woche für Woche beweisen. Das bei uns so sehr bewertete Handicap spielt dabei ein untergeordnete Rolle. Wenn man nur die

Dichte der US-Boys und -Mädels inkl. derjenigen aus GBR und Spanien bei der Weltrangliste der Amateure nimmt, dann finden Sie in der Dichte nur ganz vereinzelt Namen aus anderen Ländern. Das Schicksal der Spieler, die es nie geschafft haben, ist immens lang. Wer erinnert sich noch aus deutscher Sicht an die Namen vieler deutscher Talente wie z. B. Oliver Eckardt, Tobias Dier, Sven Strüvers usw, die schon als neue Bernhard Langers gehandelt wurden?
In Erinnerung ist mir auch der Weg des **Justin Rose**. Ich konnte seinerzeit live beobachten, wie er als damals bester Amateur aller Zeiten fast die British Open gewann, die er dann sensationell als vierter beendete. Hochdotierte Verträge und viele Wildcards zu großen Turnieren erfolgten prompt. Der Erwartungsdruck war aber auch für das Supertalent zu groß. Sofort nach der Open wechselte er ins Prolager und sofort verfehlte er Cut um Cut, schaffte die Tourschool nicht und mühte sich einige Jahre auf der Challenge Tour ab.
Mit großer Ausdauer schaffte er es letztendlich doch und gehört heute neben z.B . **Sergio Garcia** zu den wenigen etablierten ehemaligen Wunderkindern auf der PGA-Tour.
Ein weiteres negatives Beispiel ist der Italiener **Manassero,** der ebenfalls bei einer der Open glänzte und von dem man sich sehr viel versprach. Nach seinem Wechsel zu den Profis spielte er in den ersten beiden Jahren auch einigermaßen erfolgreich auf der Tour. Aber in der letzten Zeit ist er in einem sehr lange anhaltendem Formtief von einem Durchbruch so weit entfernt wie von einem Scheitern.
Aktuell müht sich damit der als ebenso großes Wunderkind gehandelte junge Deutsche **Foos** mit der nicht beneidenswerten Erwartungshaltung ab. Er kämpft mit den logistischen und finanziellen Problemen eines Berufsanfängers. Für einen erstklassigen Caddie, der Foos wohl Schläge pro Runde ersparen würde, fehlt das Geld.

Für konstante Turnierplanungen der Status als festes Mitglied der PGA European oder Challenge Tour. Um aber nicht länger auf die Gunst von Veranstaltern angewiesen zu sein, ist die Zielsetzung für Foos klar: Kurzfristig muss er jetzt erst einmal eine volle Spielberechtigung für die Challenge Tour schaffen, dann eine Qualifikation für die European Tour.

Zwei Kategorien von Wunderkindern

Sergio Garcia, der Spanier hingegen, schaffte wie der neue Superstar **Spieth (22)** sofort den Sprung in die Weltspitze. „Als Sergio Garcia bei den British Open 1996 als 16-jähriger Amateur auf der Driving Range Bälle schlug, sind die anderen Profis stehen geblieben und haben ihm zugesehen“, erinnert sich **Trainer Pugh**. „Wenn du andere Pros beeindrucken kannst, dann bist du wirklich gut.“ Seiner Erfahrung nach gliedern sich die sogenannten Wunderkinder in zwei Gruppen: „Da sind Spieler wie Garcia oder auch Rory McIlroy, die einfach eine unglaubliche Qualität beim Treffen des Balles mitbringen. Und dann ist da die zweite Gruppe, zu der ein Spieth oder Jason Day zählen: Die sind mental extrem stark und weisen ein sehr komplettes Spiel auf.“ Solche Wunderkinder wie diese sind natürlich das Vorbild von Teenagern und deren Umfeld.

Der Trend, dass heutzutage Spieler in jungen Jahren eher ihren Karrierehöhepunkt erreichen, aber auch früher aus diversen Gründen als „verbrannt” gelten, siehe Tiger Woods, steht im Gegensatz zu den Spielergenerationen vor 15 bis 20 oder 30 Jahren.

Ein Anliegen dieses Artikels ist mir, dass sich die Verantwortlichen von talentierten Nachwuchsspielern Ihrer Verantwortung bewusst sein müssen. Für mich steht neben dem Golfsport immer noch eine solide schulische oder, wenn möglich, zeitgleich berufliche Ausbildung im Vordergrund, da auch angesichts der Stagnation im Golfsport in Deutschland und Österreich eine Auswegkarriere als

Golflehrer, falls die Profikarriere nicht klappt, wenig zu empfehlen ist. Es kommen mittlerweile drei Golflehrer auf einen Club und die kämpfen sehr ums Überleben.
Ein Schulsportmodell wie es zur Zeit im bayerischen Bad Griesbach zusammen mit einer höheren Schule der Gegend entwickelt wird, scheint mir der richtige Weg zu sein.

Das Schicksal des schottischen Golfpros Callum Macaulay – und was Sie davon lernen können

Callum Macaulay – Sie kennen ihn nicht? Okay, jeder Golfinteressierte hierzulande kennt eben nur die 20 „Big Names" der Gegenwart – bei den Golfgrößen der Vergangenheit, dies stelle ich immer wieder in Gesprächen fest, ist es dann schon nicht mehr so weit her hierzulande. Wie hart das Profigeschäft wirklich ist, davon haben auch die wenigsten Hobbygolfer, TV-Zuschauer, verhinderte Neo-Pros und (gelegentlich mal eine „Par-Runde") spielende Amateure eine Ahnung.

Ohne hier vielen Amateurgolfern die Illusion über eine persönliche Karriere im Profigeschäft zu rauben, vielleicht hilft Ihnen dieser Artikel über einen sicher sehr talentierten jungen Profi aus dem Mutterland des Golfsports – als Beispiel für viele andere „Karieren". Kürzlich habe ich in der schottischen Zeitung "Royal Scotsman" vom Schicksal eines Pros gelesen und ich möchte aus diesem Artikel über den schottischen Golfpro Callum Macaulay zitieren: ***„Schottischer Golfprofi fährt nun Taxi, um seine Familie zu ernähren"***

Vor genau 6 Jahren spielte Macaulay eine bemerkenswerte Runde bei der Madeira Open, seinem erst fünften Turnier auf der European Tour, deren Tourberrechtigung er gerade erworben hatte. Mit einem Kursrekord von 64 erspielte er sich den 2. Platz und einen Scheck über 77.000 Euro. Damals war er erst 25 Jahre alt und noch amtierender schottischer Amateurmeister. Wer weiß, wie schwierig es ist, zum einen die Tourkarte zu erspielen und zum anderen schottischer Amateurmeister zu werden, bei der Dichte an Superamateuren in Schottland, der musste denken, der Weg für eine erfolgreiche Profikarriere sei geebnet.

Doch die Dinge drehten sich schnell zum Schlechten. Der gleiche Macaulay, der Dritter bei den Weltmeisterschaft der Amateure in

Australien war und einen Abschluss der Universität von Mississippi durch ein kostenfreies Stipendium dieser Uni hat, der die Tourkarte erspielte, eben dieser Pro hat nun weder die Zeit noch das Geld, noch irgendeinen Status auf irgendeiner Profitour, auf der man entsprechendes Geld verdienen kann. Er muss sich um einen vier Monate alten Sohn und um die Rückzahlung von Krediten kümmern. Deshalb bestreitet er nun seit Oktober 2014 in seinem Heimatort Paisley seinen Unterhalt als Taxifahrer. Für einen Mann, der 2013 noch ein volles Spielrecht auf der European Tour hielt, sind dies schon dramatische Umstände.
Aber Macaulays Geschichte ist nicht einzigartig. Wer die Dichte an Topprofis in UK, Schottland und USA kennt, weiß, dass es genügend solcher Beispiele gibt. Da haben es viele Pros oder angehende Pros hierzulande schon wesentlich leichter, wenn man mal sieht, wie viele Sponsoren hier „Gewehr bei Fuß" stehen, sobald ein Amateurspieler einigermaßen den Ball gut trifft. Es klingen mir noch die Schlagzeilen vom „neuen weißen Tiger Woods" in den Medien hier in den Ohren.

Das Schicksal Macaulays

Wie schwierig es ist, sich auf dem zweitlukrativsten Turnierzirkus im Golf zu behaupten, kann man am Schicksal Macaulays ermessen. Zweimal erspielte er sich die Karte über die Tortur auf der Qualifying School. Der härteste Teil dabei ist der mentale Aspekt, sagt heute Macaulay, dessen Frau Claire-Marie als PGA-Golflehrerin im Paisley Golfclub arbeitet, den ich vor zwei Jahren einmal besuchte. Außerdem meint er über seinen Golfschwung, dass dieser unorthodox und instinktiv war. Dies war seine Stärke und er hätte nie auf andere Spieler geschaut. Sein Denken war nur ergebnisorientiert. Er wusste, wie er spielen und scoren musste.
Als er jedoch anfing seinen Schwung auf die vermeintlich bessere technische Art und Weise zu verändern, hat er seine Fähigkeiten

und seine Sicherheit verloren. Dies kam nicht über Nacht, was ja selten im Golfsport ist. Die Ursache, den Schwung zu verändern, kam durch den finanziellen Druck, bessere Ergebnisse erzielen zu müssen. Zum Tourbeginn noch spielte er frei und machte sich über nichts Gedanken. Das gewonnene Preisgeld landete auf dem Bankkonto. Als er allerdings dann heiratete, veränderten sich die Verpflichtungen und der Druck nach besseren Ergebnissen wurde größer. Und er begann darüber nachzudenken, wie viel Geld er noch einspielen musste, um die Tourkarte für das nächste Jahr sicherzustellen. Dies war dumm. Es war das erste Mal, dass es beim „Race to Dubai" mehr Preisgeld zu gewinnen gab und dadurch auch ab und an die „großen Namen" am Start waren. Macaulay dachte, er sei doch in Schlagdistanz zu der Elite, aber statt an das Gewinnen eines Turniers zu denken, war sein Bestreben, nur den Cut zu machen, um die Karte für die kommende Saison abzusichern.

Nicht von den Stars lernen

Er begann außerdem bei der Vorbereitung auf der Range, die Superstars zu beobachten, wollte sie kopieren und von ihnen lernen. Obwohl Macaulay immer eher kurz am Tee war und sein natürlicher Ballflug niedrig und von links nach rechts, dachte er daran, seinen Schwung umzustellen, so wie viele Stars spielten, nämlich eine Flugbahn von rechts nach links und höher. Leider wurde sein Schwung durch diese Versuch nicht besser. Je mehr er die Umstellung übte, um so schlechter wurden seine Ergebnisse. Er begann plötzlich ständig über seinen Schwung nachzudenken und jeden Schlag zu analysieren. Viele, viele Spieler sind bei diesem Versuch der Schwungumstellung gescheitert. Nur wenige (wie **Nick Faldo** etwa) schafften dies, auch wenn er dadurch einige erfolglose Jahre in Kauf nehmen musste.

Ironischerweise war Macaulay ja von vielen gescheiterten Beispielen gewarnt. Während eines Turniers in Muirfield bat er seinen schottischen Landsmann **Colin Montgomerie**, immerhin achtmal die Nummer eins in Europas Order of Merit, um Rat, da bekannt war, dass „Monty" im Laufe seiner Karriere seinen Schwung nie gravierend geändert hatte. Aber anstatt auf dessen Ratschlag („ändere nie etwas!") zu hören, bekam Macaulay seine „Umstellung" nicht mehr aus dem Kopf und eine Rückkehr zu seinem früheren Schwung und seiner Spielweise klappte auch nicht mehr. Macaulay: „Ich würde weiter gerne im Golfbusiness bleiben – ich lebe dafür und kann mir ein Leben ohne Golf nicht vorstellen."

Aber um dies zu verwirklichen, braucht man Geld und Zeit zum Training. Wenn man aber Familie hat, muss man auch an diese denken. Bei der Dichte an guten Golfern auf der Insel schien es schier unmöglich einen Sponsor zu finden, der hier einspringt. Deshalb war die Arbeit als Taxifahrer die lukrativste Möglichkeit, um etwas zu verdienen. Die Alternative, als Golflehrer zu arbeiten, um ein paar Tage Golftraining nebenbei herauszuschinden, war angesichts der geringen Verdienstmöglichkeiten in Schottland als Golflehrer ausgeschlossen. Blieb nur der Weg über die kleinen Touren (wie z. B. Asien- oder Challengetour) aber dort ist auch bei guten Ergebnissen nicht mehr als ein Taschengeld zu verdienen. Zu wenig für Macaulay und seine Familie.

Verehrte Leserinnen und Leser: Wenn Sie diesen Bericht gelesen haben, mag bei dem einen oder anderen von Ihnen nun vielleicht die Illusion, Profi zu werden, doch etwas weniger glamourös und doch dornenreicher erscheinen. Nicht alle werden ein bewunderter Tiger Woods, Bernhard Langer oder Kaymer. Aber vielleicht hilft Ihnen das Schicksal des Callum Macaulay bei Ihrem eigenen Spiel und beim Training. Denken Sie nicht zu viel über Veränderungen nach. Behalten Sie sich vor allem die Freude am Spiel und setzen Sie sich erreichbare Ziele – denn Sie kennen ja die Geschichte vom Fuchs und den Trauben.

Golfrunden im fortgeschrittenen Alter

Nach 50 Jahren Golf stellt man sich auch angesichts der immer kürzer werdenden Drives die Frage, ob man im Alter (jenseits der 40 und älter) noch so spielen kann wie früher? Man wäre ein anatomisches Wunder, wenn dies zutreffen würde. Denn man muss dem Alter auch ein wenig Tribut zollen und die Zielsetzung entsprechend anpassen. Dies gilt natürlich auch für die Wahl der Schläger. Spielte man früher Stiff-Schäfte, so ist es keine Schande, auf R- oder A-Schäfte zu wechseln, da meist die Schwunggeschwindigkeit etwas nachlässt. Gezielte gymnastische Vorbereitungen und Aufwärmen der Muskeln und Gelenke sind besonders anzuraten.
Es gibt und gab aber sehr seltene Ausnahmekönner, die auch im Alter hervorragende Leistungen vollbringen können. Eine dieser Legenden, die den meisten Golfern hierzulande unbekannt ist, aber von allen versierten Profis unter die Top Ten der Golflegenden gereiht wird, ist **Sam Snead.**

Turniersiege mit 67 Jahren

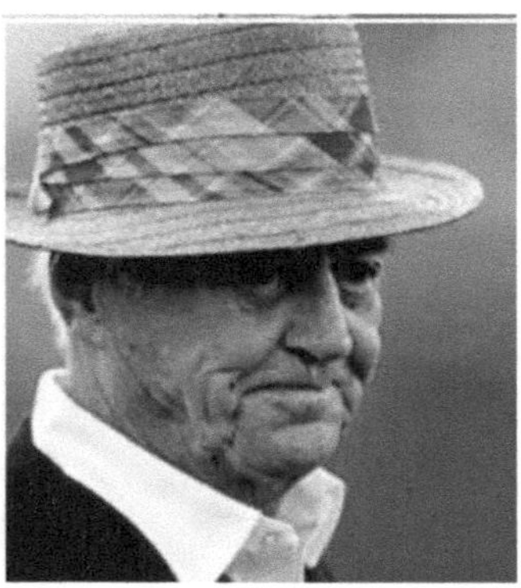

Sam Snead. Foto: wilson/pr

Sein Spitzname war „**Slammin‘ Sam**”. Ein Jahr vor seinem Tode 2002 war ich in Myrtle Beach in Sam‘s Grill und durfte ihm dort begegnen und seine Erfolge bewundern. So schaffte Snead als ältester Spieler der PGA Tour den Cut mit 67 Jahren, bei den Manufacturers Hanover 1979 und mit noch 52 einen Sieg bei der Greensboro Open. Sneads Schwung, den er sich ohne Golflehrer aneignete, war so elegant, dass er von seinen Bewunderern als einer der schönsten im Golfsport bezeichnet wurde und er deshalb seinen Spitznamen bekam. Erstaunlich sind die Erfolge, die er als fortgeschrittener Senior erzielen konnte. Im Alter von 62 Jahren wurde Snead mit nur drei Schlägen Rückstand Dritter der PGA Championship und mit 72 Jahren legte er auf dem Platz von “The Homestead” noch eine 60er-Runde hin. Er war auch der einzige Spieler bisher, der mit allen Schlägern – außer dem Putter – ein Hole in One erzielte. Snead siegte dreimal beim Masters, dreimal bei den PGA Championships und einmal bei der Open Championship. Snead, der Mann mit dem Strohhut, hielt der Firma Wilson ein Leben lang die Treue und ganze Schlägerserien der Firma, vor allem die Wedges, waren jahrzehntelang nach ihm benannt z. B. „WILSON SAM SNEAD BLUE RIDGE SAND WEDGE”. Snead’s Wilson Driver aus den 1950er-Jahren wurde kürzlich auf einer Auktion im golfverrückten Amerika für USD 250,000 versteigert. Unzählige Tour- und Majorsiege von Spielern wie Bernhard Langer, Padraig Harrington, John Daly uva. sind ebenfalls mit Wilsonschlägern erzielt worden.

Die Geschichte der Marke Wilson

Interessant dabei ist auch die Geschichte der Marke Wilson Golf: Sie dauert mittlerweile ein Jahrhundert an und kein anderes Unternehmen hat die Entwicklung und Ausgestaltung von Golf so stark beeinflusst wie Wilson. Das Unternehmen hat den Hauptsitz in den USA (Chicago/ Illinois), wie fast alle führenden Golfproduzenten, betreibt aber noch eine Zweigstelle im schottischen Irvine. Die Geschichte des Unternehmens begann 1914. Snead trug maßgeblich zu dem Bekanntheitsgrad der Firma bei. Auch in der Golfballentwicklung setzte Wilson 1954 einen neuen Meilenstein mit der Entwicklung des Wilson–Staf- Golfballes, der die Ära des kraftvollen Golfspiels begründete. Ausnahmegolfer wie Snead geben den Golfern ein Ziel, das man durchaus auch im fortgeschrittenem Alter noch ausgezeichnete Leistungen erzielen kann. In keiner anderen Sportart ist dies so möglich. Ich empfehle meinen Lesern, passen Sie Ihren Schwung mit Hilfe eines guten PGA-Pros Ihrer altersgerechten körperlichen Verfassung an. Wählen Sie dazu geeignete Schläger und Schäfte. Es ist keine Schande, mit dem Buggy zu fahren und ein leichtes oder motorisiertes Trolley zu verwenden. Falscher Ehrgeiz ist nicht angebracht! Vor allem aber setzen Sie sich erreichbare Ziele.

Ich darf Ihnen dazu ein Zitat von Sam Snead mit auf den Weg geben: Snead war bekannt für sein ländliches Auftreten und Gehabe, immer mit Strohhut, spielte auch manchmal Turniere barfuß und klopfte Sprüche wie: **„Halte deine Groschen zusammen, bleib weg vom Whiskey, und schenke niemals einen Putt.“**

Ist man mit 60+ am Ende der Golfkarriere?

Eine lange Debatte mit Golferfreunden jenseits von 60 hat mich, nach meiner mehrmonatigen Verletzungspause zu diesem Kapitel bewegt. Dabei ging und geht es über die Leistungsfähigkeit im Golfsport im Alter. Das Ausscheiden oder das nahe Ausscheiden aus einem Berufsleben, noch dazu, wenn man in einer führenden Position war, bereitet vielen Menschen ein Problem. Manche fallen in das oft zitierte „schwarze Loch“ und wissen nichts mehr mit sich anzufangen. Plötzlich wird man nicht mehr hofiert, Einladungen bleiben aus und liebgewonnene Privilegien fehlen.
Dies trifft nicht nur Personen aus diversen Wirtschaftskreisen, sondern genauso ehemals erfolgreiche Sportler, Künstler uvm.
Bei uns ist der Hauptanteil der Golfer/innen im Alter etwa 50 plus und es trifft sich, dass die oben erwähnte Gruppe nun ihre ganze Energie und Freizeit einem Hobby wie zum Beispiel Golf widmet. Dies ist ja nun an und für sich nichts Schlechtes, im Gegenteil. Dazu habe ich aber meine eigene Erfahrung gemacht:

„Im Beruf sehr erfolgreiche Personen steht genau dieser Erfolg im Golfsport im Wege.“

Was ist damit gemeint?
Im Golf zählen Erfolge aus dem Berufsleben nichts. Der einfache Angestellte ist genauso gleichgestellt wie der Herr Direktor. Dies ist das Tolle an diesem Sport. Es zählt nur das persönliche Können. Egal ob Sie in einem Nobelclub oder einem einfachen Landclub Mitglied sind. Nun ist, so meine langjährige Erfahrung, es für den Kreis der Erfolgreichen äußerst schwierig, den Satz „Golf keeps you always small, equal which level you are playing“ zu akzeptieren. Bei einer Umfrage im Bekanntenkreis (probieren Sie es mal) spielen viele Golfer/innen fast immer das gleiche Handicap oder

sogar noch besser, obwohl sie älter werden!
Ohne hier ungerecht zu sein, die Mehrzahl der betreffenden Personen sind mir als faire Sportler/innen bekannt, aber der Prozentanteil dieser Golfer, die sich die Regeln und Zählweise gerne etwas beschönigen, ist schon sehr hoch. Hier spielt die Eitelkeit und die Angabe oftmals eine sehr große Rolle. Hierzu fällt mir eine Geschichte ein:
Während meiner Zeit in Florida spielten im beliebten Privatclub **Broken Sound** dreimal die Woche zwei ältere Herren, Freunde, soweit man dies beurteilen konnte, beide weit jenseits der 80, ihre Golfrunden. Es war ein Spaß, mit den beiden zu spielen. Der eine Mann war knapp unter 2 Meter groß, konnte sich zum Aufteen nicht mehr aufgrund eines Wirbelleidens bücken. Sein Partner reichte ihm maximal bis zur Brust und übernahm das Aufteen des Balles beim Abschlag für ihn. Die Folge, bei jedem Drive war der Lange um 20 Meter weiter als der Kurze, was diesen jedes mal wie einen Feuerteufel vor Ärger rumspringen ließ, verbunden mit der Drohung, seinem Freund nicht mehr aufzuteen. Nach ihren Runden saßen dann beide friedlich im Clubhaus bei einem Bier vereint und haben sichtlich ihr Spiel genossen. Ich hoffe, wo immer sie jetzt ihre Runden drehen, sie haben weiter diese Freude am Golf.

Eitelkeiten im Alter

Gerne lebt dieser Personenkreis in der Gedankenwelt der Vergangenheit, man berichtet von Leistungen, Titeln und Erfolgen, die erbracht wurden im Laufe des Berufslebens, und in den Erzählungen wird auch vieles beschönigt.
Eins ist eigenartig und fantastisch zugleich im Golfsport, anscheinend bleibt der Mensch beim Golfen unabhängig vom Alter vermeintlich gleich leistungsfähig? Für mich als Profigolfer stellt sich da nur immer die Frage, warum klappt dies bei mir nicht so, dass ich nicht mehr so weit drive mit über 60?

Oder warum gewinnen ein Nick Faldo, Greg Norman oder Bernhard Langer plötzlich keine regulären Turniere mehr, alle in den 60ern? Sie spielen ja nun wirklich lange genug und sollten es ja allmählich besser können als vor 20 bis 30 Jahren!
Scheinbar ist diese Regel im Amateur-Golf, dass man dem Alter Tribut zollen muss, außer Kraft gesetzt worden, oder?
Ich vermute eher, dass hier eine gewisse Eitelkeit zutrifft, wer will schon zugeben, dass man älter wird und nicht mehr so leistungsfähig ist? Aus diesem Grunde spielt man daher keine Turniere mehr und das HC bleibt plus minus ziemlich bestehen, und zweitens, unser jetziges HANDICAPSYSTEM stützt ein Verweilen in einem zu niedrigen HC. Man darf gespannt sein und hoffen, dass dies mit der neuen weltweit einheitlichen Regel- und HC-Änderung, beseitigt wird. Was hat dies nun mit dem Golfsport zu tun? Nun, spielen Sie mal mit so jemanden. Vom Anfang bis zum Ende sind Sie damit beschäftigt, die Beachtung der Zählweise und der Regeln zu kontrollieren, was wenig spaßig ist.
Sehr oft kommen dann die entsprechenden Klagen zu der Spielleitung, den Pros etc. aber man kennt ja die Pappenheimer allmählich. Letztendlich hilft hier nur Mitleid, denn fast alle wissen im Laufe der Zeit von den Problemen der „Flunkerer“ die sich in eine eigene Gedankenwelt hinein geflüchtet haben. Nur irgendwann gehen Ihnen dann die Mitspieler aus.
Dieses Streben nach Anerkennung entspringt unbefriedigter Eitelkeit, ist bei uns schon sehr ausgeprägt und macht natürlich vor dem Golfsport nicht halt. Besonders schwierig wird es dann, wenn man älter wird. Dabei wäre es doch so einfach? Wer kann sich noch an „Armin Harry“, den schnellsten Mann, den Deutschland jemals hatte, erinnern? Olympiasieger 1960 in Rom über 100 m mit 10,00 sec. Der Mann müsste mittlerweile weit über 70 Jahre alt sein und ist übrigens ein leidenschaftlicher Golfer. Ich glaube, niemand würde heute von ihm, am allerwenigsten er selber, ver-

langen, dass er noch die 100 m läuft, auch nicht um Zeiten unter 20 sec. Behaupte ich mal. Diesen Vergleich kann man mit vielen anderen Sportarten auch anstellen und alle würden ähnlich ausfallen. Die Frage ist, warum es im Golfsport eine Schande sein soll, wenn man mit 60 oder 70 kein Handicap mehr spielt wie mit 40. Sieht man einmal von einer kleinen Handvoll Ausnahmesportlern ab, wird beim Golf auch der Faktor Alter eine Rolle spielen. Vielleicht denken nun ältere Golfliebhaber über meine Philosophie nach! Man kann jenseits von 60 noch mit viel Freude Golfen? Braucht man dazu die Eitelkeit und als ein Statussymbol ein zu niedriges HC, anstelle eines passenden HCs und einer gemütlichen Runde mit viel Spaß mit Freunden auf der Runde?

Golf und Gesundheit im Alter

Dies sollte man wissen:

Trainiert werden beim Golfen vor allem das Herz-Kreislauf-System und die Stoffwechselfunktionen. Kaum ein Sport ist so ideal wie Golf für die Altersgruppe ab 60 Jahren. Bei einem Mindestmaß von technischer Fertigkeit und keine Vorschädigungen vorausgesetzt, ist Golf eine der wenigen Sportarten, bei der man kaum eine große Verletzungsgefahr erwarten kann.

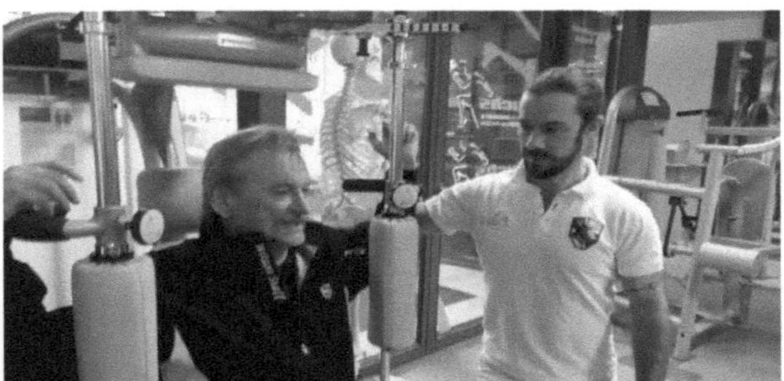

Foto: Physiotherapie Fuchs Bad Reichenhall

Als nahezu ideale Belastung für Herz und Kreislauf, besonders bei älteren Menschen, hat sich laut verschiedener ärztlicher Studien das Golfen herausgestellt:
Fitnessvorbereitung auf die Golfrunde ist ein Muss, sollte aber einem gewissen Alter angemessen sein.
Der komplexe Bewegungsablauf sei ideal, Koordination und geistige Beweglichkeit zu trainieren. Aber: „Hauptnutznießer ist die Psyche". Die Konzentration beim Schlagen verbessere die geistige Leistungsfähigkeit wesentlich. Da man dabei vollkommen abschalten kann, wird zudem auch noch Stress abgebaut.
Dadurch, dass heute 60jährige Senioren nicht mehr mit 60jährigen der vorhergegangen Generation vergleichbar sind, die heutigen 60jährigen sind wesentlich fitter, ergibt sich laut einer Mikrozensus-Befragung, dass 4 von 5 Menschen ab 60 keine größeren gesundheitlichen Probleme nach deren eigener Einschätzung und Befragung haben. (Ausnahmen sind die diversen Knie-Hüftprothesen!)
Waren früher 60jährige alte „Männer oder Frauen", so präsentieren heutzutage Senioren die neue Lust am Älterwerden.
Der frühere Präsident des Deutschen Sportbundes Manfred von Richthofen beschreibt diese Generation als gebildet und selbstbewusst. Sie surfen vermehrt auch im Internet, genießen den Luxus, reisen viel und achten auf ihr Äußeres, kurzum, die Alten sind jünger geworden und sie fühlen sich wohl dabei.
Die meisten Älteren wollen sich nicht in den Ruhestand verabschieden, sondern ihre Fähigkeiten weiter in die Gesellschaft einbringen. 86% der 50-plus-Generation halten körperliche Fitness für einen wichtigen Wert. Sport trägt zur Unabhängigkeit, Kommunikation und Lebensqualität der Menschen einen wesentlichen Teil bei, behauptet auch Andreas Reidl von der Agentur Generations-Marketing. Das deutsche Bundesministerum für Senioren fördert übrigens das Projekt „Richtig fit ab 50", weil einerseits die

Inaktivität verpönt ist, trotzdem aber viele Menschen den Sprung in ein sportlicheres, aktiveres Leben nicht schaffen.
In unserer nur auf jung, reich und schön fixierten Umwelt haben meines Erachtens die Golfverantwortlichen, besonders auch die Golfplatzbetreiber, Golfclubs und die Golfindustrie bei uns, im Gegensatz zu den USA, noch zu wenig die 60-plus-Generation im Auge. Gerade in den USA wird auch geschäftlich erfolgreich, dieser Generation der Golfsport präsentiert, in sogenannten Adult-Resorts. Im Zeichen sich abzeichnender rückläufiger Zahlen im Golfbereich in den letzten Jahren dürfte dies sich aber rasch ändern, wenn Immobilien- & Tourismusindustrie die Golfbetreiber überzeugen kann, auch für mittlere und niedrigere Einkommensschichten der 60-plus-Generation Angebote zu erstellen. Die höheren Einkommensschichten dieser Gruppe sind meines Erachtens, wenn sie sich für Golf interessierten, schon zum großen Teil im Golfsport integriert. Deshalb brauchen wir dringend mehr Golfangebote für diese Generation, sei es entsprechende Golfplätze oder Golfeinstiegsangebote.

Fehlerursachen im Golf

Voraussetzungen für einen erfolgreichen Schlag sind:

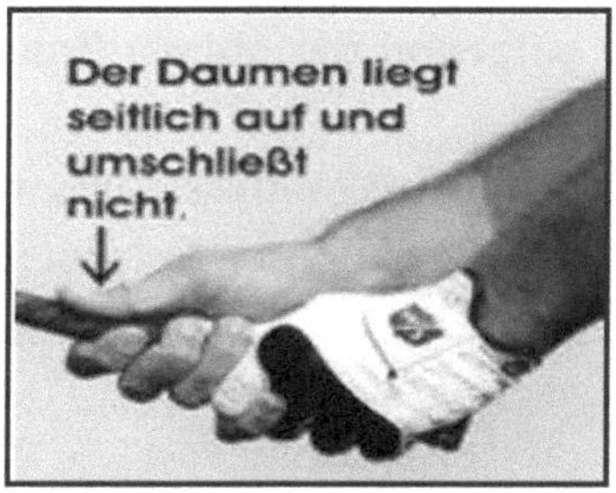

1. G R I F F
2. STAND / BALLPOSITIONEN
3. ZIELEN
4. KÖRPERHALTUNG

Bestimmende Faktoren über einen erfolgreichen Schlag:
1. **Schlägerkopfwinkel im Treffmoment**
2. **Schlägerkopfgeschwindigkeit im Treffmoment**
3. **Gewichtstransfer**

WAS MACHT EINEN ERFOLGREICHEN GOLFER?

<u>1 . TECHNIKTRAINING</u>
25% langes Spiel (Eisen - Hölzer)
25 % kurzes SPIEL (PITCH; CHIP; PUTT; SAND)
25%Golfkursmanagement,
25% Psychische Stärke-Wettkampfstärke

90% der Trainerstunden erfolgen im Bereich 1 und führen nur zu bedingtem, kurzfristigem Erfolg, wie meist auch Schlägerwechsel. Nur wenn es uns gelingt, die Defizite in allen drei Bereichen auszumerzen, wird sich langfristig Erfolg einstellen.

Verwenden Sie die **APAV-METHODE**:
Was versteht man darunter?
A= Analysieren Sie Ihr Spiel & Training aufgrund der obigen Punkte 1 -3 schonungslos.
P= Prüfen Sie mit einem qualifizierten Pro, ob Ihre Analyse stimmt!
A= Arbeiten, dh. Trainieren Sie an der Verbesserung der festgestellten Fehler
V=Vermeiden Sie den Rückfall in alte Bewegungsstrukturen

„Ich hasse diese 1-Meter-Putts!“ – Yips

Diese Aussage kann von berühmten Touringpros wie **Chi Chi Rodriguez**, **Tom Watson, Hank Haney,** aber auch von „Otto-Normalgolfern“ kommen. Aber nicht nur das Putten, auch der Drive beim Abschlag können eines gemeinsam haben: **Yips.** Die gefürchtete Golferkrankheit ist mit größter Wahrscheinlichkeit – genaue gesicherte medizinische Aussagen gibt es nicht – auf Stress zurückzuführen. Auch andere Sportarten wie Tennis (treffe die Vorhand nicht mehr) oder Dart können davon betroffen sein. Gesichert ist, dass visuelle, mentale oder motorische Reize einen unbewussten Reflex im Gehirn auslösen, der schwer kontrollierbar ist. Es gibt verschiedene Methoden, Yips zu bekämpfen. Was es besonders schwierig macht, ist, dass man beim Betroffenen unterscheiden muss, ob es ein mentales oder körperlich-technisches Problem ist.

Ein Versuch, wohlgemerkt Versuch, auf zwei Punkte beschränkt, Ihr Problem zu bekämpfen:

1. Technischer Art beim Putt:

Wenn Sie das „Bernhard-Langer-Yips-Syndrom“ haben, das heißt zum Beispiel, bei kurzen Putts dominiert Ihre rechte Hand (Arm bei Rechtshändern) so sehr, dass die Hand unbewusst im Treffmoment die linke Hand (Arm) überrollt und damit der Ball unkontrolliert am Loch vorbeigeht, machen Sie es wie Langer bei kurzen Putts und verwenden Sie den Overlapping-Griff, dabei liegt der Schläger am ganzen rechten Arm und die linke Hand, der Arm führt den Schläger. Der dominante Arm wird jetzt zur Rückhand und kann die Schlagfläche und den Schlägerkopf sicherer durch den Ball führen. Das kann auch beim kurzen Spiel sehr gut helfen. Man kann dies zum Beispiel mit Hilfe von Medizinbällen trainieren. Auf längere Putt-Entfernung hat sich bei Yipsgeschädigten auch die Benutzung der **Broomstick-**Putter bewährt.

2. Mentaler Tipp

Um vom Erfolgsdruck befreit zu sein, üben Sie vor einem Turnier am Puttinggrün mit zwei Bällen. Versuchen Sie beide Bälle immer gleich lang zu spielen. Der erste Ball legt vor – einmal kurze Entfernung – einmal lange Entfernung, der zweite Ball sollte gleich lang sein. Meiden Sie das Einlochen. Warum? Zum Beispiel: Sie treffen mit kaum einem Ball ins Loch am Puttinggrün! Stellen Sie sich vor, was Sie am ersten Grün im Turnier denken? Oder Sie versenken nahezu jeden Ball am Puttinggrün – und am ersten Grün des Spiels geht der Ball nicht rein, obwohl Sie solche Bälle am Puttinggrün todsicher vorher verwandelt haben. Deshalb konzentrieren Sie sich auf die gleiche Länge und damit auch auf die Geschwindigkeit der Bälle – nicht so sehr auf Zielen. Merke: 70 Prozent der Bälle gehen am Loch vorbei, weil die Bälle ein falsches Tempo hatten.

3. Die Angst vor dem Versagen

Vielfach lähmt die Angst den Spieler, den Ball nicht zu versenken, und blockiert ihn. Ähnlich der Angst des Schützen vor dem Elfer. Tricksen Sie sich aus, indem Sie sich vorstellen, das Loch sei doppelt so groß. Vermeiden Sie jeden negativen Gedanken. Ich nenne es den „Point of no Return“: Schauen Sie sich die Entfernung zum Loch an und imitieren Sie die Puttbewegung, bis Sie sicher sind, dies ist die richtige Bewegung und das richtige Tempo. Wenn Sie zur Ausführung schreiten, merken Sie sich einen Punkt (Grashalm), d.h., wenn Sie diesen überschreiten, ist es wie die finale Fingerbewegung des Jägers beim Gewehrschuss. Sie hören dabei nur auf Ihre innere Uhr und zwar wie im Geiste das Pendel einer Standuhr. Sagen Sie sich leise z.B. „Tick-Tack“ vor – bei größeren Entfernung geht's z.B. „Tiiiiick-Taaack“. Damit sollen Sie andere negative Gedanken vermeiden.

Vielleicht helfen betroffenen Yips-Patienten meine kleine Auswahl an Tipps bei der Bekämpfung des Problems, damit Sie wieder schöne Golfrunden genießen können.

Plumbing: Eine fast vergessene Hilfe beim Putten

Heutzutage sieht man es bei der Übertragung von Profiturnieren kaum noch: „Plumbing“. Gemeint ist, dass ein Spieler um das Gefälle oder den Break bei einem Putt besser einschätzen zu können, den Putter ähnlich wie eine Wasserwaage (Plumbing=Klempnerarbeit) zwischen Daumen und Zeigefinger senkrecht hält.

Sehr oft ist auf einer Runde der Satz, „diesen Break habe ich total falsch eingeschätzt", zu hören. Sollten Sie also auf einem Platz spielen, der viele und stark ondulierte Grüns besitzt, gibt das Plumbing Hilfe, das Gefälle leichter einzuschätzen.

Grundsätzlich sollten Sie auch das Gefühl Ihrer Fußsohlen in Be-

tracht ziehen, was die gefühlte Neigung angeht.
Stellen Sie sich ca zwei bis drei Meter hinter die Linie zwischen Ball und Loch. Achten Sie darauf dass Ihr Körper zum Gefälle lotrecht steht und die Augen dazu parallel auf das Loch gerichtet sind. Halten Sie den Putter vor Ihrem Körper und zwischen Ihrem Daumen und Zeigefinger. Lassen Sie den Putter pendeln, schließen Sie Ihr nicht dominantes Auge und schauen Sie über den Schaft des Putters, der den Ball bedecken soll.
Wenn das Loch näher rechts vom Schaft ist, sollte der Putt von links nach rechts brechen, gleiches gilt umgekehrt, wenn das Loch links vom Schaft ist, dann bricht der Ball von rechts nach links.
Welches ist mein dominantes Auge?
Jeder Mensch hat ein dominantes Auge, wenige wissen dies. So finden Sie es heraus:

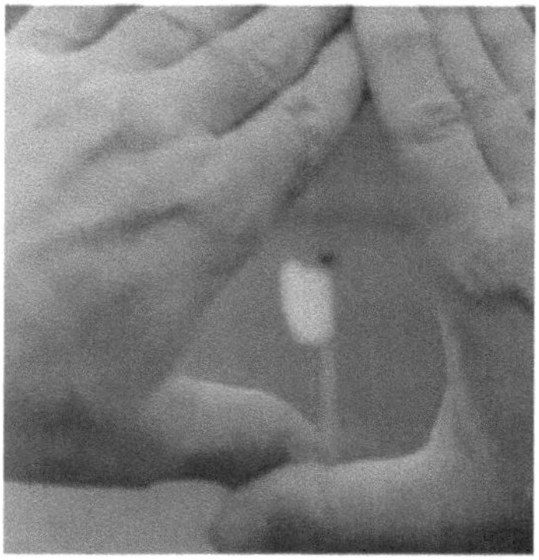

Formen Sie ein Dreieck (Bild) zielen Sie auf die Fahne, schließen Sie zuerst ein Auge und schauen mit dem offenem Auge auf die Fahne und umgekehrt. Das Auge, mit welchem Sie die Fahne durch das Dreieck erblicken, ist Ihr dominantes Auge. Probieren Sie es aus! Eine zweite Möglichkeit des Plumbings wäre, den Schaft nicht hängen zu lassen, sondern nach dem Ausbalancieren auf dem Zeigefinger vertikal auszurichten.

Wichtig, erinnern Sie sich an eine Uhr. Die Fahne ist 12 Uhr und das Schaftende soll deckungsgleich mit der Fahne sein. Zeigt der Schlägerkopf nach rechts bzw. links, können Sie auch so den Break ablesen. Mit etwas Übung werden Sie überrascht feststellen, dass Sie sehr schnell ein besseres Gefühl für den Break Ihres Balles entwickeln. So erfolgreich diese Hilfe sein kann, so sehr ist sie mit einer großen Bitte verbunden;

„Vergessen Sie nicht das zügige Spielen!"
Nichts ist für Ihre Mitspieler und einen nachfolgenden Flight lästiger, wenn unnötig Zeit auf dem Grün vertrödelt wird. Bereiten Sie sich auf Ihren Putt bereits vor, auch wenn Sie noch nicht an der Reihe zum Spielen sind, aber bitte so, dass die Mitspieler nicht gestört werden.
Lesen Sie die Grüns und achten Sie auf das Tempo des Balles Ihres Mitspielers. So können Sie sich gut auf Ihren Putt vorbereiten und diesen zügig ausführen.

Die Ballposition – eine der größten Fehlerquellen im Golf
Viel zu oft bemerke ich bei Amateurspielern den leichtfertigen Umgang mit der Position ihres Balles. Bereits beim Ansprechen, ohne dass ein Schlag erfolgt ist, kann ein erfahrener Pro das Ergebnis vorausahnen, wenn zum Beispiel bei einem Eisen 7 der Ball vor der linken Fußspitze (ich beziehe mich hier und nachfolgend immer auf Rechtshänder) gespielt wird. Die Folge etwa ist ein getoppter Ball.
Sind es Unerfahrenheit oder Nachlässigkeit, warum viele ambitionierte Spieler so schlampig beim Set Up mit der Ballposition umgehen? Nach vielen Jahren rätsle ich immer noch warum dies so ist? Wahrscheinlich beides, verbunden mit einer gewissen Hektik vor dem Schlag, falsch eingeübte **Preshot-Routine,** sowie Nichtberücksichtigung der Ballposition bei der Schlägerwahl.

Da Standbreite und Ballposition einen großen Einfluss auf das Zielen haben, sollten Sie vielleicht künftig vermehrt auf diese beiden Punkte achten. Wenn Sie gelegentlich bei einem Profiturnier zusehen, werden Sie feststellen, wie konzentriert die Profis bei der „Preshot-Routine" die Ballposition in Augenschein nehmen. Da wird nichts dem Zufall überlassen und jeder Zentimeter der Ballposition wird auf den gewählten Schläger abgestimmt.
Nun müssen Sie Ihre Ballposition vielleicht nicht ganz so exakt auf einen Millimeter wählen wie die Superpros, aber bereits die Beachtung meiner groben Einteilung in drei Positionen beim Grundschwung, wird Ihnen sicher weiterhelfen. **Ein entscheidender Tipp:** Schließen Sie vor Ansprechen des Balles immer beide Füße. Legen Sie sich im Training eine Markierung (Tee, Münze, Stein) dazwischen. Erst jetzt wählen Sie den Abstand der Füße zum Ball, je nach Schläger. Lassen Sie sich unbedingt Zeit, setzen Sie den Schlägerkopf genau hinter den Ball. **Eilig ausgeführte Schläge ohne diese exakte BALLPOSITION führen zu Fehlern!**

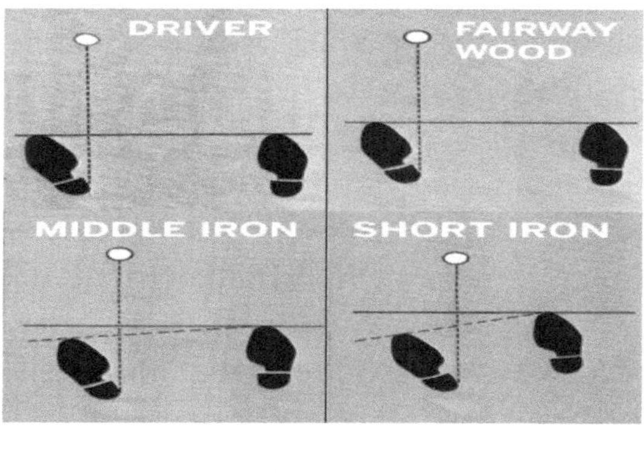

Ihr Golfhandschuh ist wie Ihr Fingerabdruck

Wie wichtig ein guter Golfgriff ist, wird regelmäßig von Profigolfern und Trainern betont. Das Problem besteht jedoch darin, diesen Griff zu verinnerlichen, umzusetzen und den korrekten Griff kon-

stant einzuhalten. Persönlich sage ich immer: „Der Griff ist das Lenkrad des Golfers."
Neben dem richtigen Griff, der entscheidend die Stellung des Schlägerblattes beim Impact (Treffmoment) beeinflusst, ist vor allem auch der Griff-Druck ein wesentlicher Faktor. Fast 80 Prozent meiner Meinung nach halten den Golfschläger viel zu fest. Für den Trainer, Coach oder Spieler gibt daher der Golfhandschuh ähnlich wie ein Fingerabdruck gute Rückschlüsse über das Verhalten des/der Spielers/in.

Die besten Hinweise über Fehler geben folgende Punkte:

1. Abrieb oder **dunkle Stellen an der Innenseite des Zeigefingers**. Dies lässt auf einen schlechten Overledingerland-Griff (egal ob Vardon- oder Interlocking-Griff) schließen. Oft liegt dabei der Ringfinger noch auf dem Zeigefinger.
2. **Abnutzung am Handballen** – Innenseite (beim kleinen Finger). Oft sehen Sie, dass gerade an der Handballen-Innenseite Abriebfläche ist, das heißt, es handelt sich mit Sicherheit um einen zu schwachen Griff, der zum Slicen führt. Ist der Abrieb am Handballen sehr stark und wird der Handschuh sogar löcherig an dieser Stelle, dann ist dies ein Zeichen, dass der Spieler die Handfläche öffnet, was zu einer Ballstreuung führt.
3. Der Handschuh ist im **Bereich des Daumens besonders abgegriffen.** Dies ist kann entweder zu viel (80 Prozent) oder zu wenig Druck bedeuten. Eine Ballkontrolle wird dadurch erschwert.
4. **Griff-Druck:** Fast alle Golfer halten den Schläger zu fest in der Hand, besonders im Moment des Treffens oder wenn sie im Spiel unter Druck stehen. Sie verhindern damit, dass der Schlägerkopf frei schwingen kann bzw. beschleunigt wird im Impact. Durch dieses Blockieren entsteht u.a. Längenverlust und führt sehr oft zum Slicen. Hat man den Schläger zu locker in der Hand, ist eine große Streuung unausweichlich. Meine

Empfehlung, wie stark der Druck sein soll? Nehmen Sie ihn so fest in die Hand, als ob Sie jemand die Hand schütteln wollen – oder als ob Sie einen Vogel in der Hand halten. Nicht zu fest – aber auch nicht weg fliegen lassen.

5. Prüfen Sie mal Ihren Handschuh auf meine Tipps oder zeigen Sie den Handschuh Ihrem Pro. Er kann Ihnen dann sicher sagen, was Sie für Fehler machen, und diese gemeinsam mit Ihnen abstellen.

Golfschläger

Griffgröße

Die korrekte Griffgröße hilft, den Schläger am Top des Rückschwunges sicher zu halten. Wenn der Griff zu klein ist, kann es zu zu viel „Handaction" führen, das Schlägerblatt schließt sich permanent und das Resultat ist ein Pull oder Hook. Ist der Griff zu groß, kann es sein, dass das Schlägerblatt im Treffmoment offen ist und ein Slice das Ergebnis ist.

Meiner Erfahrung nach spielen fast 50% der Golfer falsche Griffgrößen oder überhaupt schlechte, abgenützte Griffe. Um die richtige Griffgröße herauszufinden, empfehle ich die Benutzung des Lamkin Griffgrößensuchers.

Griffmaterial

Die meisten Griffe sind heutzutage aus synthetischem Material. Ob Sie nun einen glatten, halbcord- oder vollcord-Griff nehmen, ist Geschmackssache. Probieren Sie es vorher einfach aus, welches Material Ihnen zusagt.

Griffwechsel

Seriöse Golfer wechseln eigentlich jährlich zu Beginn einer Saison ihre Griffe. Es wird oft unterschätzt, wie neue Griffe die Kontrolle über die Schläger beeinflussen. Profis so wie ich wechseln sogar noch öfter die Griffe an ihren Schlägern. Es fühlt sich einfach gut und sicherer an.

Die Wichtigkeit von Handschuhen und Griffen

Zusammen mit Handschuhen und neuen Griffen fühlen sich die Golfschläger fantastisch sicher an. Neue Handschuhe allerdings mit abgenützten Griffen helfen Ihnen wenig weiter. Damit Sie ein gutes sicheres Gefühl zu Ihrem Schläger verbindet und der Ihnen nicht aus der Hand schlüpft, brauchen Sie beides. Außerdem halten viele Golfer die Schläger viel zu fest in der Hand, besonders wenn die Griffe abgenutzt sind.

Griffe und Schlägertypen

Ich empfehle Ihnen, egal ob Eisen, Wedge oder Hölzer, auf allen die gleichen Griffe und Griffgröße zu verwenden. Ausnahme hiervon ist der Putter. Auch hier gilt – ausprobieren, welcher Griff sagt mir am meisten zu. Wenn Sie verschiedene Schläger verschiedener Hersteller führen, was bei vielen Spielern der Fall ist, dann achten Sie unbedingt darauf, auf all Ihren Schlägern den gleichen Griff und Griffgröße zu verwenden.

Neue Griffe – bessere Scores!

Es ist natürlich abhängig von dem Zustand Ihrer Griffe, aber viele Golfer erneuern nie Ihre Griffe, sie kaufen eher ein komplettes neues Set. Sie können mir nicht erzählen, dass abgenützte Griffe hilfreich sind gute Scores einzufahren. Ich minimiere gerne das Risiko, dass sich der Schläger in meiner Hand dreht oder rutscht, was mit alten Griffen passiert und damit meinen Score zerstört. Mit neuen Griffen fühle ich mich besser und mein Schwung ist mehr relaxed.

Golfschäfte sind der Motor eines guten Golfschlägers

Warum?

Es ist der einzig mögliche Weg, die Energie bzw. Kraft des Golfers auf den Schlägerkopf zu übertragen. Während des Treffmomentes selbst ist es nicht so wichtig, aber der Schaft ist entscheidend das Schlägerblatt „square“, d.h. im rechten Winkel zur geplanten Schlagrichtung, zu bringen, was wiederum nur beeinflusst wird durch die richtige Schwungebene.

Der Treffmoment dauert nur eine Fünfzigmillionstelsekunde.

Wenn der Schaft also auf einen Fehlschlag reagieren soll, ... ist der Ball längst weg. Deshalb spielt der Schaft hierbei, egal, was die Schafthersteller erzählen, keine Rolle. Zur Information, Stahlschäfte sind in der Regel immer einen Inch kürzer, da sie wesentliche Vorteile hinsichtlich des Torques, dh. der Verwindungssteifigkeit gegenüber Graphitschäften haben. Der Nachteil gegenüber Graphitschäften ist, dass Stahlschäfte bei weitem nicht so flexibel und leicht zu handhaben sind für den Durchschnittsgolfer als Stahlschäfte, die heute meist nur noch von Profis und sehr guten Spielern benützt werden. Bei dieser Gelegenheit sei erwähnt, dass an Schlägern technisch gesehen zwei Dinge die Weite eines Balles beeinflussen ... die Länge des Schaftes (Hebelgesetz, je länger desto weiter, aber R&A haben hier gewisse Grenzen gesetzt) und der Winkel, sprich, Loft des Schlägerblattes. Je niedriger der Loft (z.B. 8 Grad für einen Driver) umso niedriger die Flugbahn bzw. der Abflugwinkel, aber auch um so weiter geht der Ball. Umgekehrt: Je höher der Loft zb. 52 Grad bei einem Pitiching-Wedge um so höher, aber auch kürzer fliegt der Ball. Leider gibt es keine internationale Reglementierung, wie sonstige Industrienormen (DIN oder Din-Norm z. B) im Golfschlägerbau, sodass der Verbraucher hier oft große Schwierigkeiten haben wird, sich in dem Irrgarten Schlägerkauf zurechtzufinden. Grundsätzlich neigt der Golfer bei seiner Kaufentscheidung immer eher zu Schlägern, bei denen er das Gefühl hat mehr WEITE zu erzielen. und die Industrie unterstützt natürlich diesen Gedanken, um neue Produkte so zu bewerben. Ich rate immer, daran zu denken, dass Golf ein Zielspiel ist, das Genauigkeit und Handling erfordert.

Dies sollte der beste Anhaltspunkt beim Kauf neuer Ausrüstung sein. Golfschäfte haben auch unterschiedliche Flexibilität. Grob eingeteilt in:

L= bevorzugt Ladyschaft, Damen,

R= Regular-Herren,

S= Stiff – härtere Flexibilität, für Spieler die eine schneller Schwunggeschwindigkeit haben,
Extra-Stiff …
Lassen Sie sich auf alle Fälle bei der Wahl von Ihrem Golfpro beraten. Er kennt Ihren Schwung, Ihre Schwunggeschwindigkeit etc. besser als andere Verkäufer. Das Zusammenspiel, Schläger, Schaftflex, eigene Schwunggeschwindigkeit und auch die Wahl des geeigneten Balles sind beim Erwerb besonders zu beachten.
Im Vordergrund sollte immer das Vertrauen in das Gerät stehen und nicht ie Werbung diverser Hersteller oder das eigene EGO.

Golfschläger fitten
Bevor Sie sich Golfschläger kaufen, sollten Sie sich genau über diese informieren, denn in den Fachgeschäften ist nicht garantiert, dass Sie richtig beraten werden. Besser ist es, wenn Sie ein professionelles „Fitting“ bei einem Golflehrer oder in ausgewählten Fachgeschäften machen. Beim biometrischen Fitting werden Ihre Körpermaße und Ihre Körperhaltung analysiert. Nur so bekommen Sie Golfschläger der richtigen Länge. Für das Ermitteln der richtigen Schlägerlänge können Sie die folgenden Schritte verwenden.

1. Als Erstes müssen Sie Ihre exakte Körpergröße ermitteln. Hierfür brauchen Sie die Hilfe einer zweiten Person und ein Maßband. Messen Sie in jedem Fall Ihre Größe nach, verlassen Sie sich nicht auf frühere Messungen, da sich die Körpergröße im Laufe der Zeit verändern kann.

2. Der zweite Schritt ist das Messen des Abstandes vom Beginn des Handgelenks zum Boden. Bei dieser Messung sollten Sie Ihre Golfschuhe anziehen, sich entspannt hinstellen und die Arme locker hängen lassen. Sind Sie Rechtshänder, messen Sie den Ab-

stand an der rechten Hand; sind Sie Linkshänder, nehmen Sie die linke Hand. Auch hier ist die Hilfe einer anderen Person nötig.
In Fachgeschäften, die biometrisches Fitting anbieten, können Sie optimale Golfschläger für Ihre Bedürfnisse anfertigen lassen bzw. aus dem Sortiment auswählen. Dabei werden eine für Sie günstige Schaftlänge und ein entsprechender Lie-Winkel ausgewählt. Nur erfahrene Golfer sollten einen anderen Lie-Winkel oder eine andere Schaftlänge wählen.
Im Laufe einer langen Golferkarriere, besonders als Golfprofi, wird man mit vielen Neuerungen konfrontiert.
Besonders das „Schlägerfitting" ist in den letzten Jahren ein großes Thema in Golferkreisen.
Meine Auffassung, dass für fast 90% der Golfer 90% der handelsüblichen, ausgereiften Schläger ausreichen, mag nicht bei allen Golfern auf Gegenliebe stoßen.

FITTING, ja, aber für den KÖRPER!

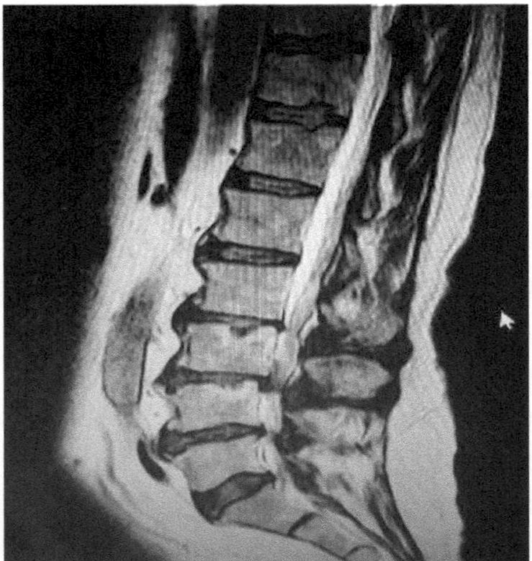

Probleme mit dem Rücken?

Immer mehr, nach den Jahren des „Golfbooms“, kommt nun bei Golfern eines zu Tage.

Körperliche Probleme:
Viele Golfer plagen Rückenprobleme. Da wird jede Menge Geld in die Ausrüstung gesteckt in der Hoffnung das eigene Spielkönnen zu steigern. Wer aber hat sich Gedanken gemacht, den eigenen Körper für das Golfen zu „fitten“. Meist erst, wenn es viel zu spät ist und der Golfer sich nicht mehr oder kaum noch bewegen kann, läuft man zum Arzt und Golflehrer – Hilfe!
Golfen zählt sicher zu den gesündesten Möglichkeiten, sich fit zu halten – und nicht wenige Spieler erleben ein großes Handicapproblem mit dem Rücken.
Die für diesen Sport typischen Bewegungen im dreidimensionalen Raum des Gehens, Drehens und Schlagens wären dafür nicht wirklich die Probleme, vorausgesetzt, sie werden technisch richtig ausgeübt.
Der Kernpunkt, sozusagen der Dreh-und Angelpunkt, sind der dritte bis fünfte Lendenwirbel.
Profis mit richtiger Technik, und vorausgesetzt sie beachten die richtige Trainingsplanung und Trainingssteuerung oder angeborene körperliche Vorschädigungen, werden kaum das Gefühl haben, dass dieser Sport sie belastet.
Anfänger, Hobbygolfer und Golfer mit mangelnder Schlagtechnik setzen die Wirbelsäule häufig *problematischen* Schlagbewegungen aus. Dies kann unmittelbar nach dem Spiel oder zeitlich versetzt zu schmerzhaften Zuständen führen. Die dabei eingesetzte Energie wird die medizinische Schnellkraft genannt. Eine weitere Prüfung für die Bandscheibe, die Wirbelkörper und Muskeln bilden die oft stundenlangen körperlichen Anstrengungen auf dem Golfplatz oder der Driving-Range.

Auch möglicherweise vorhandene Vorschäden im Rücken oder auch viel „Stress" sind nicht selten eigentliche Ursachen, die dann ausgelöst durch den Golfsport ein akuter Fall für den Wirbelsäulenspezialisten werden. Training der für diesen Sport notwendigen MUSKELN ist notwendig. Ein großes Risiko ist eine für diesen Sport unterentwickelte Muskulatur entlang des Rückgrates, die geraden Rückenstrecker.
Besonders bedingt durch unsere „zivilisierte" Lebensweise siehe Haltung, Auto, Sitzen im Büro, Computer, werden diese Muskelgruppen meist zu wenig trainiert.
Große Muskelgruppen im Rumpf- und Gesäßbereich sind jedoch keinesfalls eine Garantie für eine stabil gestärkte Wirbelsäule. Die für Golf wichtigste Unterstützung leisten kleine Muskelgruppen im besonders gefährdeten unteren Rückenbereich.
Es sind die meist zu schwachen **Lumbalextensoren** im Lendenwirbelbereich, die eben aufgrund der heutigen „Lebensweise" zu wenig trainiert werden. Gerade das Bedürfnis etwas für den Körper zum Ausgleich zu tun, treibt viele Menschen zu diesem schönen Sport. Dort passiert es dann: Eine vorgeschädigte Bandscheibe mit Riss im Außenring widersteht dem mechanischen Druck (Belastung) nicht mehr, der Riss vergrößert sich, Teile der puffernden Bandscheibe werden aus ihrer Position gepresst.
Noch auf dem Golfplatz spürt der Spieler ein dumpfes Gefühl im Rücken. Das Problem tritt meist im Lendenbereich, aber vielfach auch im Halsbereich auf. Erst nach einigen Tagen werden die Schmerzen schlimmer, bis zu einem fast stechenden Schmerz, der viele nahezu bewegungsunfähig macht. In den meisten Fällen handelt es sich dabei um einen Befund: Bandscheibenvorfall. Dank der Erkenntnis der modernen Medizin lässt sich dies heute mittels Kernspin-Untersuchung rasch feststellen.
Die Rettung für viele Golfer ist dann der behandelnde Arzt, der hoffentlich selbst Golfer ist, um die Bewegungen richtig einschät-

zen zu können, um den Sportler von den Schmerzen zu erlösen.
Eine vernünftige Therapie vor und nach Verletzungen dieser Art im Zusammenspiel Arzt-Krankengymnast-Golflehrer ist notwendig, um für die Golfer auch künftig ein schmerzfreies Golfspielen zu ermöglichen.
Am besten ist es, bereits jetzt Ihren Körper „fitten" zu lassen. Schläger können Sie jederzeit ersetzen, aber den Körper?
Finden Sie die „Schwachstellen" Ihres Körpers und bekämpfen Sie diese rechtzeitig.
Mein Ratschlag an alle Golfer: Lassen Sie sich regelmäßig von einem guten Orthopäden durchchecken. Suchen Sie bei Bedarf einen geeigneten Physiotherapeuten auf, der auch von Golf etwas versteht. Beugen Sie rechtzeitig Verletzungen durch richtige körperliche Ausgleichsgymnastik vor.
Ideal wäre natürlich ein Golflehrer, der eine fundierte sportwissenschaftliche Ausbildung gerade mit Blickrichtung Sportmedizin & Trainingssteuerung aufweisen kann. Guter Unterricht in Schlagtechnik mag ja was Feines sein, ja, sogar Voraussetzung für schmerzfreies Golfen. Aber was hilft es mir z.B. beim Auto, wenn der Motor hervorragend läuft und die Bremsen versagen.
Die zunehmende Zahl von Hilferufen passionierter Golfer und ein seit Jahren intensiver und reger Gedankenaustausch mit golfspielenden Ärzten veranlasste letztendlich meinen Tip an Sie:

„KÖRPER FITTING"

Beugen Sie rechtzeitig in Zusammenarbeit mit einem Arzt Ihres Vertrauens einem fähigen Physiotherapeuten und einem dahingehend qualifizierten, ausgebildeten Golflehrer vor.
Finden Sie Ihre Problemzonen heraus und lassen Sie sich dagegen mit guten Aufbauprogrammen „fitten".

Viele Golfer treibt die Frage um, wie halte ich mich im Winter fit?

Nun, jeder Golfer in unseren Breitengraden hat Entzugserscheinungen in der kalten Winterzeit. Natürlich lässt sich diese Zeit mit ein bis zwei Wochen Golfurlaub in südlichen Gefilden überbrücken. Aber was macht man in der restlichen Zeit?

Der Trainingsplan

Aus meinen Erfahrungen mit dem Golftraining – auch mit Spitzensportlern anderer Sportarten, empfehle ich, dass man sich einen Trainingsplan macht. Viele Spitzensportler erstellen heute ein Leistungsdiagramm, wobei sie auf bestimmte Höhepunkte im Laufe einer Wettkampfsaison hinarbeiten.

Ein erfolgreicher Vorreiter in dieser Hinsicht war der ehemalige Betreuer des **Skiasses Hermann Maier, Professor Heini Bergmüller** vom ehemaligen Olympiastützpunkt Obertauern, an dem ich auch beteiligt war.

Prof. Bergmüller führt heute das **Institut Mediamotion** in Wien, in dem er Sportler aller Sportarten, unter anderem auch Golfer, betreut.

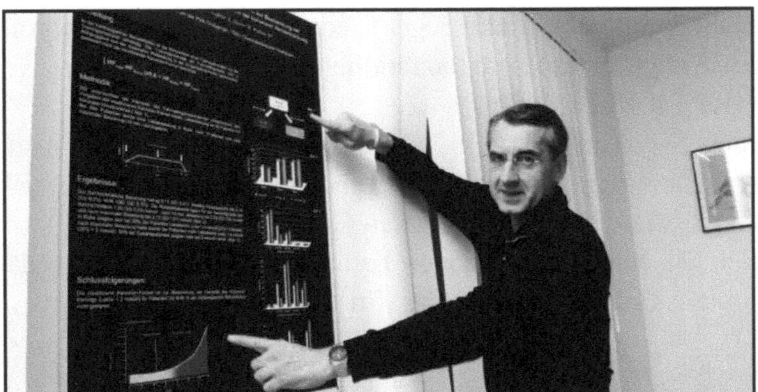

Prof. Bergmüller, Foto privat

Prof. Bergmüller hat als einer der Ersten erkannt, dass nicht immer knallhartes Training zum Erfolg führt, sondern die Dosis den Erfolg macht. Gezielte Trainingssteuerung lautet der Weg, das bedeutet Ruhephasen und intensives Training müssen abgestimmt sein.

Trainingsschwerpunkte setzen

Bei Amateurgolfern vermisse ich sehr oft diese Einteilung, wann sie ihre individuellen Schwerpunkte in der Golfsaison setzen wollen. Kein Mensch kann tagaus und tagein Höchstleistung erzielen. Viele Golfer erwarten dies aber von sich und sind dann enttäuscht, wenn sie im Laufe einer Saison Rückschläge erleiden, und suchen dann ihr Heil in neuen Schlägern, unzähligen Technik-Trainerstunden, Trainerwechseln usw.

Bereits in meinem viele Jahre zurückliegenden Sportstudium wurde uns beigebracht, dass nur entsprechende Kondition die Grundlage für erfolgreichen Sport ist. Dies gilt natürlich auch im Golfsport. Hier liegen bei den meisten Amateurgolfern große Defizite. Denken Sie mal daran, wenn Sie einen hügeligen Kurs bei heißem Wetter in vier bis fünf Stunden bewältigen und dabei die Konzentration und Ihre Technik die ganze Zeit über aufrechterhalten sollen. Dies geht nur, wenn Sie in der Winterzeit an Ihrer Kondition feilen. Vorbei sind die Zeiten, als man mit Klappmesser und ähnlichen martialischen Übungen Kondition tanken wollte. Oft beobachte ich noch heute „Aufwärmübungen" von Golfern, die mich an die Zeiten eines Turnvater Jahns erinnern und meine Rückenprobleme rühren ebenfalls aus der Zeit, als man mit schweren Sandsäcken der Ausdauer frönte. Es ist bekannt, dass die Probleme von **Tiger Woods** auf ein übertriebenes Krafttraining, noch dazu mit vielen falschen Geräten und Gewichten, zurückzuführen sind.

Golftraining im Winter: Was ist also anzuraten?

Suchen Sie sich in Ihrer Heimat einen sehr guten Physiotherapeuten, der etwas von Golf versteht. Das ist zugegeben nicht ganz leicht. Zudem herrschen hier immer noch Bedenken über schweißtreibendes Gewichtheben a la Bodybuilding.

Dies muss nicht sein, es ist in meinen Augen sogar schädlich, da zu viel Muskelmasse beim Golfen behindert. Außerdem gefährden Sie Ihre Gesundheit.

Vorsicht auch vor vielen selbsternannten Personaltrainern und Fitnessstudios. Achten Sie bei der Auswahl Ihrer Praxis/Studios auf die Ausbildung Ihrer Trainer und moderne Geräte, die sich individuell auch auf Damen einstellen lassen. Machen Sie mit Ihrem Pro oder Fitnesstrainer einen Plan. Normalerweise sind bei uns in den Monaten Mitte Mai bis Ende Juli viele Turniere in den Golfclubs. August ist es vielfach wegen der Urlaubszeit etwas ruhiger, um dann nochmals mit Turnieren im September (Clubmeisterschaften) und Oktober die Golfsaison ausklingen zu lassen.

Also ab in der kalten Winterzeit ein- bis zweimal in der Woche zur Physio. Keine Angst, bei richtigem Training ist ein Muskelkater heutzutage passé.

Für Lauffreaks sei noch gesagt, neueste Forschungen haben ergeben, dass Laufschuhe mit dicken, federnden Sohlen, eher schädlich für die Gelenke sind als etwas festere Sohlen, wegen deren Trampolineffekts. Dies gilt übrigens auch für Golfschuhe.

Für viele Golfer mit Hüft- und Kniebeschwerden, die vor der Entscheidung stehen, sich ein neues Gelenk einsetzen zu lassen (müssen) – auch ich bin ein Betroffener – sehe ich die Winterzeit als günstige Gelegenheit, diese OP vornehmen zu lassen.

Erlauben Sie mir noch ein paar Anmerkungen: Das oben erwähnte Fitnessprogramm sollten Sie unbedingt durchziehen, wenn so eine Operation ansteht. Mit gestärkter Muskulatur sind Sie viel schnel-

ler fit.
Natürlich ist es nicht immer leicht, den inneren „Schweinehund“ zu überwinden. Aber machen Sie sich regelmäßige Pflichttermine aus beim Therapeuten. Achten Sie darauf, dass er Ihnen viele Übungen, bei denen immer der Wechsel zwischen Bein-, Arm-, Oberkörpermuskulatur am Anfang mit möglichst wenig Gewichten gegeben ist, zeigt. Die modernen Geräte lassen sich genau auf Ihren Körper einstellen.
Besonders bei Golfern, die im Winter sehr viel zum Skifahren gehen, stelle ich immer fest, dass diese Sportler zum Beginn der Golfsaison Koordinationsprobleme haben. Warum? Die Bein-, besonders die Oberschenkelmuskulatur wird beim Skifahren sehr gestärkt und es dauert dann einige Zeit bis man dann beim Golfen wieder die Koordination mit dem Armschwung/Körpereinsatz erlangt.
Sie werden sehen, so kommen Sie bestens über die golflose Winterzeit und brauchen keine Angst vor der bevorstehenden, schlemmerreichen Weihnachtszeit haben.

Wie sagte schon Dalai Lama: „In der Angst verliert der Mensch seine Intelligenz.“

10 Tipps für eine tolle Golfsaison

Bevor Sie den ersten Ball spielen, denken Sie an das VERGNÜGEN und den SPASS, den Sie beim Golfen haben und – konzentrieren Sie sich immer auf den *nächsten* Schlag, egal, was vorher passiert ist.
Qualität des Trainings ist wichtiger als Quantität, nach dem Motto wenig ist oft mehr – schlagen Sie nicht wie am Fließband auf der Range, was ich leider immer wieder beobachte.
Ziele und Wünsche sind auf Erreichbarkeit (Zeitwand-Talent) zu überprüfen und mittels Disziplin, Ausdauer *und* Geduld, sowie etwas Gelassenheit auch bei Rückschlägen auszuschöpfen.
Was Sie mit Hilfe Ihres Pros erlernt haben, sollten Sie im eigenen Training festigen. Der Golfschwung ist etwas dynamisches und bedarf einer ständigen Kontrolle.
Richtiges Denken und richtige gedankliche Vorstellung des Schlages ist leider nicht immer mit 100%igem Erfolg beschieden.
Aber negatives Denken vor einem Schlage zieht mit großer Wahrscheinlichkeit schlechte Schläge nach sich.
Golf ist ein Spiel mit Fehlern, wer die wenigsten macht, gewinnt. Eine absolut fehlerfreie Runde wurde noch nie gespielt, dies ist auch der Reiz des Spiels.
Menschen machen Fehler, also auch Sie. Nur analysieren Sie diese Fehler und lernen Sie daraus.

Lernen Sie, mit Misserfolgen umzugehen. Jammern, Angst, Ärger, Schimpfen auf dem Platz, Wetter, Mitspieler, Schwindeln verstärken nur diese Misserfolge
Eine erfolgreiche Golfrunde (im gesellschaftlichen, wie sportlichen Sinne) darf nicht von den ersten Spielbahnen Schlägen – Putts bestimmt werden. **Gleichmäßige Scores setzen gleichmäßiges Denken voraus.**

Spielen Sie ein Turnier – dann können Sie es auch gewinnen nur Verlierer zweifeln an ihren Fähigkeiten.
Überprüfen Sie jetzt Ihre Ausrüstung und ergänzen Sie fehlende oder nicht mehr zufriedenstellende Schläger in Ihrem Fachgeschäft.

Tipps für das Spiel mit dem Driver
Wahrscheinlich ist der „Driver" der beliebteste Schläger und bei vielen Golfern der meist benützte Schläger.
Meiner Meinung nach würde diese Stellung eher dem Putter zukommen. Um Ihnen das Geheimnis eines guten Drives näherzubringen, habe ich die Schlagbewegung in 3 Elemente zerlegt:
1. Ballposition
2. Körperhaltung
3. Powerschwung mit Stabilität und Konstanz

1. Ballposition Driver

Eine Studie der 140 bis 150 besten Playing Pros in den USA hat ergeben, dass bei den wohl besten Spielern der Welt zur Zeit, die damit auch die Spieler mit den genauesten Schlägen sein dürften, die Ballansprechposition beim Driver außerhalb der linken Schulter (bei Rechtshändern) liegt.
Ganz bewusst verzichte ich bei dieser Aussage auf die allgemein übliche Ansicht, dass der Ball z.B. **links** innerhalb der linken Ferse beim **Driver** liegen soll!
Warum?
Der Bezug auf die Schulter ergibt mehr Konstanz. Allein in der Ansprechposition, da diese fast immer gleich ist, im Gegensatz zu der herkömmlichen Beachtung der Fußstellung, bringt die bereits kleinste Abweichung z.B. durch etwas mehr oder weniger breite Stellung der Füße eine gewaltige Änderung der Schwungbahn und damit des Treffpunktes mit sich.

Automatisch ergibt sich somit eine größere Schwankungsbreite, wenn man nur auf die Stellung der Füße achtet.

2. Körperhaltung.

Viele Punkte beeinflussen natürlich die Körperhaltung beim Ansprechen des Drives.
Natürlich muss man die verschiedenen körperlichen Voraussetzungen der Spieler/innen, groß, klein, Länge des Schaftes, Loft beachten. Zum Ersten, achten Sie darauf, die Hüften etwa 20 bis 30 Grad abzuwinkeln.
Zweitens, denken Sie daran, Ihr Rückgrat schön gerade zu halten und den Kopf ebenso, nicht das Kinn auf die Brust senken. Wenn Sie eher kurze Arme oder nicht mehr soviel Beweglichkeit haben, dann erlauben Sie Ihren Schultern, einen leichten „Rundrücken" zu formen.
Drittens, gehen Sie keinesfalls zu stark in die Kniebeuge, maximal 5 bis 10 Grad. Das Gewicht sollte immer mittig bzw. eher auf den Fußballen austariert sein.

3. Powerschwung mit Konstanz

Viele Golfer machen den Fehler, beim natürlichen Wunsch mit dem Driver mehr Weite zu erreichen, und dies ausschließlich durch den Einsatz von Oberkörper, Armen und Kraft.
Sie erreichen aber wesentlich mehr Weite und Konstanz, wenn es Ihnen gelingt, den Einsatz des Oberkörpers, bzw. der Arme mit der Bewegung des Unterkörpers (Hüfte) zu koordinieren.
Wenn Sie beim Ansprechen etwas mehr auf den Fußballen stehen, haben Sie beim Rückschwung mehr Platz zur Drehung Richtung Ferse. Die Bewegung nach rechts beinhaltet eine leichte Abwärtsbewegung bevor der Schläger die Höhe des Rückschwunges erreicht. Diese Bewegung wird stark durch die Kniebeuge kontrolliert, achten Sie deshalb darauf, nicht zu viel Kniebeugung zu er-

zielen. Beim Rückschwung ist ein kritischer Moment, wenn Sie sich Richtung linke Seite bewegen und die rechte Schulter sich zum Ball bewegt, da Rechtshänder gerne hier zu viel Kraft mit der rechten Seite einsetzen.
Es ist ein ganz normaler Drang bzw. Bewegung Ihres Unterkörpers und der Beine wenn Sie sich Richtung Treffpunkt von der Fliehkraft des Schlägerkopfes ziehen lassen. Sie müssen darauf achten, dass sich die Schwungebene Ihres Schlägerkopfes von innen nach außen bewegt und die Körperdrehung auch des Unterkörpers dieser Bewegung folgt.
Wenn Sie es schaffen, die Drehung der Arme bzw. den Armkreis und die Drehung des Unterkörpers im Treffmoment quasi in den Schnittpunkt zu bringen, dann dürfen Sie nicht überrascht sein, wenn der Ball 20 Meter weiter fliegt.

Takeaway und Handgelenk beim Golfen

Vor einiger Zeit kam eine Gruppe Golfer zu mir, mit der Bitte, ihnen zu helfen, den Ball nur „ um 20 Meter" weiter zu schlagen!
Immer wieder muss ich feststellen, dass manche Golfer Ihr Können und Ihr Bestreben ausschließlich auf die Fähigkeit, den Ball möglichst weit zu schlagen, reduzieren.
Natürlich lebt eine ganze Industrie von diesem Begehren und diese tut ihr möglichstes, dem Golfer zu suggerieren, der Ball geht weiter, der Schläger bringt mehr Weite oder diese Technik macht es möglich. Selbstverständlich kann man mit guter Golftechnik und bestimmtem, intensivem Training und speziellen Übungen mehr Weite erreichen, bis man an den Punkt kommt, wo auch dann nichts mehr geht, sonst müssten die Weltklassespieler schon längst über 500 Meter schlagen.
Ein berühmter Coach sagte mir einmal, zu **Talent gehört auch der richtige Kopf, wenn Sie verstehen, was ich meine!**
Golfen setzt sich nicht nur aus der Länge der Schläge, bzw. nicht

nur aus Technik zusammen – siehe Jim Fuyrk –, Spielverständnis und mentale Stärke sind mindestens genauso entscheidend für gute Scores.
Wenn man das eigene Spiel genau analysiert, wird man viele, viele andere Schwächen entdecken, die man genauso wie das lange Spiel verbessern sollte.
Nur das gesamte Paket auf ein einigermaßen gleiches Niveau zu bringen, ist auch für Spitzenspieler schwierig, aber nur dann sind Superergebnisse zu erreichen.
Es beginnt beim Start des Golfschwungs dem sog. Takeaway. **Davis Love jr**. sagt dazu: „**Beginne** den Golfschwung, als ob Du mit jemandem auf deiner rechten Seite (Rechtshänder) Händeschütteln würdest. Zuviel Rotation und Dein Schlägerkopf ist zu offen, zu wenig und es ist zu geschlossen. Es ist gefährlich, wenn die Arme vom Körper entfernt oder separiert agieren. Mein Tipp ist, beginne mit dem Schwung, als ob du zuhause den Boden ausfegen würdest.
Die Handgelenke spielen ebenfalls eine große Bedeutung, aber nur im Zusammenspiel mit den übrigen Faktoren des Golfschwunges. Übertragen will ich damit sagen, dass die Handgelenke direkt auf das Schlägerblatt einwirken. Wenn Sie also die Handgelenkstellung verändern, dann verändern Sie auch automatisch die Stellung Ihres Schlägerblattes. Ein Tipp: Versuchen Sie mal mit der linken Hand eine Pistole nachzuahmen, mit dem Zeigefinger als Lauf und dem Daumen als Abzugshahn. Damit erzeugen Sie mehr Lag, dh., Beugung im Handgelenk und können dann damit beim Durchschwung eine größere Schlägerkopfgeschwindigkeit erzeugen. Dies erfordert allerdings sehr sehr viel Übung und Betreuung durch einen guten Golfpro.
Über allen sollten Sie aber den Spaß beim Golfen nicht vergessen! Denken Sie daran – es ist schließlich nur Ihr Hobby.
Wie man Schräglagen meistert und wozu man sie im Training nutzen kann? Golf wäre nicht so abwechslungsreich und faszinierend,

würde man stets bei besten Verhältnissen und von optimalen Lagen seine Schläge ausführen können. Auf den meisten Golfplätzen geraten Golfspieler hin und wieder in Situationen, wo Ball und Standposition nicht auf gleicher Ebene liegen. So kann man gezwungen sein, den Ball aus einer Bergauflage oder aus einer Bergablage spielen zu müssen, oder man steht auf einer schrägen Spielbahn und der Ball liegt oberhalb oder unterhalb seiner Standposition. Es lohnt sich daher, dass man ab und zu diese Situationen in seinem Training einbaut.
Jede gute Driving-Range sollte die Möglichkeiten zum Üben dieser Situationen bieten, und wenn Sie beim nächsten Mal am Platz diese Situationen vorfinden, sollten Ihnen die unten angeführten Tipps von Hilfe sein.

1. Bergauflage: Prinzipiell gilt es, seine Ansprechposition den Hangverhältnissen anzupassen. Richten Sie Ihre Schultern parallel zur Neigung des Hanges aus. Dadurch verlagert sich Ihr Gewicht automatisch mehr auf den „Talfuß“.
Platzieren Sie den Ball mehr nach vorne hin zum linken Fuß.
Beim Schwingen selbst sollten Sie bestrebt sein, im Rückschwung Ihr Gleichgewicht zu erhalten und im Durchschwung bewusst das Gewicht auf den „Bergfuß“ zu bringen. Nehmen Sie stets mindestens einen Schläger mehr, d. h., wenn Sie normalerweise auf der Ebene für die entsprechende Länge ein Eisen 7 schlagen würden, dann nehmen Sie bergauf vielleicht ein Eisen 6 oder sogar ein noch niedrigeres Eisen, sollte die Neigung des Hanges sehr stark sein. Schwungkorrektur: Wir lassen den Golfer, die unter einem „Reverse pivot“ leiden, d.h. beim Rückschwung mehr Gewicht am linken Fuß lassen, dafür beim Ab- und Durchschwung das Gewicht nach rechts bringen, Schwünge in der Bergauflage durchführen, damit sie das Gefühl für die richtige Gewichtsverlagerung leichter finden.

2. Bergablage: Richten Sie Ihre Schultern parallel zur Neigung des Hanges aus. Dadurch verlagert sich Ihr Gewicht automatisch mehr auf den „Talfuß".

Platzieren Sie den Ball mehr zum rechten Fuß hin

Beim Rückschwung selbst findet keine allzu große Gewichtsverlagerung nach rechts statt und beim Durchschwung sollten Sie bestrebt sein, den Schlägerkopf lange den Hang hinunter zu schwingen. Sollten Sie bei extremen Bergablagen das Gleichgewicht nach vorne verlieren, so ist es durchaus kein Stilbruch, sollten Sie einen kleinen Schritt hinunter ins Tal machen müssen.

Kalkulieren Sie je nach Hangneigung einen oder mehrere Schläger weniger ein, d.h., wenn Sie auf der Ebene für die entsprechende Distanz ein Eisen 7 schlagen würden, so genügt bergab oft ein Eisen 8 oder vielleicht sogar noch weniger. Schwungkorrektur: Bergablagen bieten eine gute Möglichkeit, Spielern zu helfen, deren Schwungverständnis darin beruht, „den Ball in die Luft schießen zu müssen" und alles Erdenkliche mit ihrem Körper und den Händen anstellen, um „unter" den Ball zu kommen. Wenn Sie dazu tendieren, aus diesem Grund heraus den Ball oft zu toppen, dann hilft es Ihnen, wenn Sie Bälle aus Bergablagen schlagen. Sie werden spüren, dass das Schlägerblatt den Ball in die Luft befördert, wenn Sie es ihm erlauben, länger den Hang hinunter zu schwingen. Und es könnte passieren, dass Sie plötzlich diese „langen" Arme im Durchschwung bekommen, die Sie vielleicht vorher schon so oft bei guten Spielern bewundert haben. Sie sehen, dass Sie mit einigen kleineren Veränderungen der Ansprechposition vor dem Schwung und jeweils einem simplen Schwunggedanken während des Schwungs keinen Respekt mehr vor Bergauf- und Bergablagen haben müssen. Vielmehr können Sie sie für sich nützen, um lästige Gewohnheiten oder Unzulänglichkeiten in Ihrem Schwung auszumerzen.

Wie wichtig ist Distanz beim Golfen?

Vor Beginn einer neuen Saison überlegen sich manche Golfer eine neue Ausrüstung oder einen neuen Driver zu kaufen, um mehr Länge in ihre Schläge zu bekommen.

Die Frage nach der Distanz treibt die Golfer seit dem Beginn dieses Sports an. Selbstverständlich ist die Distanz ein entscheidender Punkt, besonders im heutigen Spiel, beeinflusst durch die längeren Spielbahnen und die verbesserte Ausrüstung. Voraussetzung für die Distanz ist es zu wissen, was der wesentlichste Faktor für die Weite ist, nämlich: ***Die Schlägerkopfgeschwindigkeit im Treffmoment (Impact).***

Die Schlägerkopfgeschwindigkeit hat nach den Gesetzen der Physik die entscheidende Wirkung auf die Flugweite des Balles, vorausgesetzt, dass alle übrigen Faktoren perfekt sind. Denn dann entscheidet allein die Schlägerkopfgeschwindigkeit darüber, wie viel Energie auf den Ball übertragen wird, ergo wie weit der Ball dann fliegt. Wissenswert ist zudem, dass eine hohe Schlägerkopfgeschwindigkeit einen hohen Rückwärtsdrall erzeugt, besonders wenn der Ball horizontal in der Mitte des Schlägerblattes getroffen wird. Sogenannte Longhitter haben die Fähigkeit, durch Ihre körperliche Voraussetzungen – wie Kraft- und Koordinationsfähigkeit, gepaart mit der richtigen Materialauswahl – eben die größte Schlägerkopfgeschwindigkeit im Treffmoment zu erzeugen. Um Ihnen einen Überblick über die Schlägerkopfgeschwindigkeiten zu geben:

Amateur	**95 mph (153 km/h)**
guter Amateur	**105 mph (169 km/h)**
Golfprofi	**122 mph (196 km/h)**
Longhitter	**136 mph (218 km/h)**

Von entscheidender Bedeutung ist aber auch die Konstanz. Die meisten Profis schaffen es, mit nur minimaler Abweichung immer die gleiche Schlägerkopfgeschwindigkeit zu erzielen, im Gegensatz zu Normalgolfern.

Viele Golfer, insbesondere im zweistelligen Handicapbereich, haben nicht die oben erwähnten körperlichen Eigenschaften, um die maximale Schlägerkopfgeschwindigkeit während ihres Golfschwungs zu erreichen, und versuchen dieses Manko durch den Kauf von „Wunderschlägern“ zu ersetzen. Leider gibt es meiner Erfahrung nach „Wunderwaffen“ nicht. Auch das vielgepriesene Fitting, also das individuelle Anpassen der Schläger, ist beim Durchschnittsgolfer, wenn dieser nicht stark von der Norm abweicht (nur selten handelt es sich um einen sehr groß oder klein gewachsenen Spieler), ziemlich wirkungslos. Es gilt die Regel: 90 Prozent der industriell gefertigten Schläger sind für 90 Prozent der Golfer perfekt, wenn die richtige Auswahl an Schaftstärke und Material getroffen wird. Gehen Sie bei der Beratung Ihrer Ausrüstung zu Ihrem Golfpro, nur er kennt Ihren Schwung und Ihren Spielstil wirklich. Dies kann kein noch so tolles Computerprogramm, geschulte Verkäufer oder die Ratschläge der Golffreunde ersetzen.

Verständlicherweise ist jeder Golfer entzückt wenn er im Fernsehen sieht, dass Martin Kaymer ein 7er Eisen 190 Yards (ca. 170 Meter) weit schlägt und ist versucht, dies nachzuahmen. Zwangsläufig tritt die Frage auf: Ist die Distanz heute im Golfsport überbewertet oder doch sehr wichtig in der Golfwelt? Meines Erachtens treffen beide Aussagen zu. Überbewertet, ja, gerade für die meisten Amateurspieler. Sehr wichtig, ja, im Spitzengolf. Wenn ich mich an die Zeit so um 1980 zurückerinnere, war die durchschnittliche Driverweite laut Tourstatistik damals ca. 257 Yards (ca. 230

Meter). Es wurden noch überwiegend Persimmon-Driver verwendet. Martin Kaymer kam 2014 laut der Statistik der European Tour mit seinen Abschlägen im Schnitt auf 296 Yards (271 Meter) – und ist damit noch nicht der Weiteste im erlauchten Kreis der Topspieler. Übereinstimmend mit der USGA Golfkurs-Rating-Formel, dass alle 200 Meter bei Herren (162 Meter bei Damen) Schlaglänge einem Schlag gleichzusetzen sind, stellt sich natürlich schon die Frage: Wie wirken sich 10, 20 oder 30 Meter mehr Länge aus? Es ist leicht auszurechnen, wie viele Schläge man sich damit auf einer 18-Lochrunde und einem 6300 m langen Golfkurs theoretisch einsparen könnte. Gott sei Dank müssen aber Spieler mit weniger Schlagweite nicht verzweifeln. Wie man auch von der PGA-Tour weiß, haben durchaus auch Spieler, die nicht zu den Longhittern gehören (Bernhard Langer etwa), Siegeschancen. Dies gilt also auch für den Golfer oder Amateur mit fehlender Länge, vorausgesetzt er erarbeitet sich :

1. ***Eine hohe Zielgenauigkeit, d. h. anstelle von Länge***
2. ***präzise Schläge***
3. ***er kennt seine genauen, wiederholbaren Schlaglängen, verfügt über ein ausgezeichnetes kurzes Spiel bzw. Puttvermögen;***
4. ***sein Kursmanagement (d. h. die Anpassung des eigenen Spielvermögens an den Golfkurs) ist ein wichtiger Bestandteil seines Spiels.***

Die Vorteile, welche Longhitter vermeintlich gegenüber kürzeren Spielern haben, werden aber oft durch die bei diesen Spielern manchmal nicht so ausgeprägten Fähigkeiten, besonders im Bereich der Genauigkeit und des kurzen Spiels, ausgeglichen. Es gilt meines Erachtens immer noch die alte Weisheit:

Der Schlag zum Grün ist der wichtigste Schlag im Golf.

Egal welcher Sorte Golfer Sie angehören, Longhitter oder Shorthitter, versuchen Sie in erster Linie Ihre natürlichen Stärken zu verbessern und durch gutes Kursmanagement werden Sie bessere Scores erzielen.

Golfbälle: eine wenig beachtete Materie

Vermehrt taucht nun immer die Frage nach dem richtigen Golfball auf. Da schweben quasi von Generation zu Generation überlieferte alte Ideen in den Köpfen der Golfer herum. Aber die Zeiten der gewundenen alten Herstellungsmethode sind vorbei. **Harvey- Pennick,** die leider schon verstorbene Golflehrerlegende **(The little red Book)**, lag aus heutiger Sicht falsch, als er empfahl, einen härteren Ball zu verwenden, um mehr Weite zu erzielen und dies mittels Aufspringen auf einem harten Untergrund zu ermitteln. Derjenige, der am höchsten abspringt, ist der Härteste, ergo er würde auch am Weitesten fliegen. Mittlerweile weiß man, die wichtigsten Details, warum Golfbälle weit fliegen. Diese sind:

a) **die Geschwindigkeit** welche der Schlägerkopf im Treffmoment (Impact) beim Auftreffen auf den Ball hat
b) **der Winkel** mit dem der Ball getroffen wird bzw. mit dem er abfliegt
c) **die Spinrate** (Drall), die der Ball hat. Ist diese Spinrate zu niedrig oder hoch, geht alles auf Kosten der Distanz
d) **die aerodynamische Beschaffenheit** des Balles, sprich Dimples

Es ist also nicht die Härte des Balles entscheidend, sondern ein Zusammenspiel aller vier oben aufgeführten Punkte für optimale Weite notwendig. Die ebenfalls oft ins Spiel gebrachte Temperatur hat eine eher untergeordnete Rolle, wenn man weiß, dass erst nach sechs Stunden der Ball im Kern die gleiche Temperatur wie außerhalb hat. Natürlich ist es besser, wenn die Luft heiß und wenig dicht, sprich, neblig feucht ist. Aber der Feuchtigkeitseinfluss, außer bei starkem Regen ist nicht so dramatisch. Das Alter der Golfbälle, besonders moderner, ist für den Normalgolfer ebenfalls ziemlich unbedeutend. Ich habe zehn Jahre alte Golfbälle aus meiner Garage gespielt und habe vielleicht nur 1% Verlust an Spielbarkeit festgestellt.

Ebenfalls wenig bringt das manchmal propagierte „Seaming“ d.h. asymmetrische gestalten der Bälle.

Dimples und Kompression

Die USGA und R&-A haben nie ernsthaft die Anzahl der Dimples spezifiziert. Die wäre extrem kompliziert und würde die Entwicklung der Hersteller zu sehr beeinflussen, so weit mir bekannt ist. Es ist sehr viel einfacher und leichter, den Ball über die Größe und Spezifikation zu deklarieren. Früher, in Zeiten der rein gewundenen, kleinkernigen Bälle, spielte man gerne Bälle mit unterschiedlicher Kompression. 90, 80 oder Damen mit weniger Kompression (Härte und Elastizität), sogar nur 70. Heute durch die moderne neue Bauart spielt dies kaum eine Rolle und sogar Spitzenspieler verwenden heutzutage Bälle nur noch mit einer Kompression von ca. 80. Grundsätzlich ist der Unterschied bei Top-Markenbällen sehr gering. Dafür müssen Sie aber für ein Dutzend ca. 40 bis 50 € hinlegen. Bei billigeren Bällen achten Sie darauf, wie der Spin (Dralleigenschaft) zu Ihren Eisen und Hölzern passt. Aber erwarten Sie trotzdem nicht von Bällen, dass Sie deshalb 4 bis 5 Schläge besser spielen.

Deshalb mein Rat bei der Wahl der Bälle, nehmen Sie diejenigen, zu denen Sie am meisten Vertrauen haben, denn Sie wissen ja, **„trauen Sie Ihrem Bauch!“**.
Bevor Sie nun die Schläger einmotten oder für den bevorstehenden Winterurlaub in einer südlichen Destination Bälle einpacken, denken Sie daran … auf Meereshöhe fliegen Bälle nicht so weit, egal,

welcher Bauart, als in Höhenlagen. Hierzu ein Reisetipp: In der für Kontinentaleuropäer schwierigen Zeit, Dezember bis Ende Februar, kann ich aufgrund meiner langen Erfahrung nur raten, lieber ein paar Flugstunden mehr und sicheres warmes Wetter.
Besonders die Golfplätze in Asien und Florida sind zur Zeit enorm günstig und der Preisunterschied wegen des längeren Fluges ist oft nur minimal. Nichts ist schlimmer als eine 6-Stunden-Runde oder ein ausgestorbenes Hotel bei Regen und kaltem Wind, was schon des öfteren passiert ist, da nehme ich gerne ein paar Stunden mehr Flug in Kauf. Der Mittelmeerraum ist hervorragend im November bis März, April. Wenn Sie nun nach der obligaten Martinsgans ein paar Wochen verdiente „Golfpause“ machen, überlegen Sie, bevor Sie der Bazillus wieder packt, was Sie in der neuen Saison besser machen wollen …

Zeitlose Golftipps

Liebe Golferinnen, liebe Golfer, alle diese Tipps von mir sind schon seit langem bekannt und Sie können diese Anregungen schon in alten Lehrbüchern finden. Meiner Meinung nach haben sie nach wie vor Gültigkeit und sind die Grundlage für jedes gute Golfspiel.

In meiner nun schon langen Golflaufbahn stelle ich immer mehr fest, dass meiner Ansicht nach der Golfunterricht immer komplizierter und technisierter vermittelt wird.

Wenn Sie eine Handvoll dieser fundamentalen Dinge im Golf korrekt machen, was zugegeben nicht so leicht ist, wie z.B. den Kopf während des Schlags ruhig halten, den richtigen Griff, die richtige Stand- und Ballposition einnehmen, usw. dann können Sie schon sehr gut spielen ohne zu viel über die Technik nachzudenken.

Sie sollten an diesen Fundamenten nicht rütteln oder darüber nachdenken, sondern sie einfach korrekt ausführen.

Ein paar Tipps dazu:

Putten: Mein Schlüssel Nummer 1

Halten Sie Ihren Körper während des Schlages absolut ruhig. Nur Arme und Hände sollten sich bewegen bzw. pendeln. Beim Zielen denken Sie, dass der Ball entlang einer Eisenbahnschiene ins Loch läuft.

Kurzes Spiel

Üben Sie mit einem Besen. Stellen Sie sich vor, begleitet mit dem Wort „WISCH-WEG“, Sie fegen feinen Staub aus der Wohnung. Wenn Sie einen Chip ausführen, dann ähnlich, als ob Sie mit dem Besen den Staub mit einem „Wisch“ fegen.

Merke: „Kurzer Rückschwung für kurze Schläge“. Kurze

Schwünge Gewicht ist auf dem linken Fuß (b. Rechtshändern).

Griff: 1.

Benützen Sie mit der linken Hand einen eher sog. „starken Griff, d.h. das „V“ zwischen Daumen und Zeigefinger soll bei Rechtshändern zur rechten Schulter zeigen. So ist es leichter, die „Lebenslinie“ der rechten Hand (gemeint ist die Linie innen am rechten Daumen) mit dem Daumen der linken Hand zu überdecken. Gerade für Beginner ist das wichtig. Erfahrene Spieler wissen, wenn sie damit zum Hooken neigen, dass man dann den Griff eher weniger stark, also in die Gegenrichtung drehen muss.

Griff 2.: 3-Finger-Griff

Besonders die letzten drei Finger der linken Hand (bei Rechtshändern also Mittel,- Ring- und kleiner Finger) sind wichtig,
da sie als erstes am Scheitelpunkt des Schwungs den Schlägerkopf freigeben müssen. Diese Finger zu kräftigen wäre besonders für den Drive wichtig.

Impaktzone

Viele Golfer öffnen oder schließen das Schlägerblatt zu früh in der Impaktzone. Es wäre deshalb vom Vorteil, sich vorzustellen, durch den Schlägerkopf Richtung Ziel zu schwingen, ohne dabei zu versuchen, ihn bewusst auf der Ziellinie zu halten.

Ballposition

Ballpositionen nach Schlägerart. Kopf ruhig halten. Wenn die richtige Griffhaltung verinnerlicht ist, dann ist die ruhige Kopfhaltung das zweite Element an Wichtigkeit. Der Kopf ist nur die Verlängerung des Rücken bzw. bildet die Achse des Schwunges, ähnlich wie die Radnabe beim Rad. Stellen Sie sich vor, die Radnabe bewegt sich?

Bunker
Wenn Sie gute Bunkerspieler beobachten, dann werden Sie feststellen, dass beim Ansprechen des Balles, diese Spieler einen sehr großen Knieflex haben – ähnlich wie wenn sie sich auf einen Stuhl setzen würden. Damit sind die Arme sehr beweglich und die Beine machen verhältnismäßig wenig.

Schwungebene
Am Umkehrpunkt (Höhepunkt) des Schwunges soll die linke Schulter (Rechtshänder) genau zum Ball zeigen. Die meisten Golfer überdrehen zu stark.

Schwungrhythmus
Passen Sie Ihren Schwungrhythmus Ihrem persönlichen Temperament an. Entscheidend ist, dass Sie einen möglichst gleichmäßigen Schwungrhythmus finden.

Die Etikette im Golf – ist sie verlorengegangen?

Ein langjähriger Freund und anerkannter Regelexperte hat mich vor ein paar Tagen frustriert angerufen:

Es kommen in seiner erfolgreichen Kolumne über Regeln viele Fragen über komplizierte Fälle, sagt er, aber über Etikette, wie schnelles Spielen, Divots ausbessern, Rücksichtnahme usw. Dies interessiere anscheinend heutzutage niemanden mehr, es kommen keine Nachfragen!
Wird in klassischen Golfländern Neogolfern bereitwillig und geduldig geholfen, die Etikette wird dort großgeschrieben, passiert einem hierzulande folgendes:
Zu Besuch auf einer Anlage, begegnete ich einem Golfer, der vor ca. 15 Jahren bei mir die PE gemacht hatte. Er schimpfte wie ein Rohrspatz über das unzulängliche Können einer Golfergruppe, die vor ihm gespielt und ihn behindert hatte. Motto, früher war das alles nicht möglich, die Pros heute unterrichten nicht richtig usw. Kennen Sie auch solche Aussagen in Ihrem Club? Ich schaute dem Golfer tief in die Augen und sagte zu ihm: „In meiner Erinnerung, als du anfingst bei mir, bist du schon als Supergolfer geboren worden, oder? Hattest nie Fehlschläge, spieltest immer flott, kanntest sofort alle Regeln und die Etikette!"
Beleidigt, dass ihn sein alter Pro an seinen Beginn erinnerte, zog er von dannen. Auch wenn man einen Stern am PKW hat, es gibt keine eingebaute Vorfahrt, gleiches gilt auch im Golf, egal, welches HC man hat, die Rücksicht auf andere, die vermisse ich zunehmend bei uns. Insofern hat mein Freund, der Regelexperte, recht.
Es liegt mir fern, wie alle in die Jahre gekommenen Leute, die Vergangenheit zu verklären.

Die unerfreulichsten Golf-Spielpartner

Nachdem ich nun schon einige Jahrzehnte Golf spiele, sind mir neben der großen Mehrzahl an netten und liebenswerten Golfer/innen leider auch unterschiedlichste, unerfreuliche Mitspielertypen in Erinnerung geblieben. Anbei eine kleine Liste nicht so beliebter Mitspieler/in Typen. Ich hoffe, diese sind Ihnen noch nicht begegnet.

Der Mulliganspieler
Spielt bei jeder Gelegenheit einen weiteren Ball. Motto: „Warte – Warte – spiele noch einen Ball!"

Der Größenwahnsinnige
Wartet bei allen langen Bahnen, es könnte ja sein, er trifft den Ball und meint er würde den Vorderflight gefährden. Tritt aber nie ein – außer dass er den Spielbetrieb aufhält.

Der Unbeherrschte – Choleriker
Wirft mit Schlägern und Schimpfwörtern nur so um sich. Vermiest die Stimmung im Spiel.

Der Ballsucher- Ballangler
Er ist mehr am Finden von Bällen als am Spiel interessiert. Stört und hält das Spiel auf.

Der eitle selbstverliebte Golfer/in
Motto: Reden wir nicht mehr über mich – sondern: Was denken Sie über meinen Schwung?

Der Trickser
Eigentlich hatte er „früher" ein viel schlechteres Handicap, aber

aus 1000 Ursachen und Entschuldigungen spielt er heute überdurchschnittlich. (z. b. wenn er den Ball aus dem Bunker neben die Fahne legt – die Schuhe aber wie ein Profi abklopft).

Der Havanna-Golfer
Ihm geht die stinkige Zigarre oder Zigarette nie aus. Er meint, dies ist besonders cool. Sogar beim Schlag bleibt sie im Mund – ohne die Ärmel zu verbrennen.

Der Luftzähler
Rechnet ständig beim Gehen und Stehen seine Schläge, aber beim Eintrag in die Scorekarte irrt er sich immer!

Der Telefonierer
Ständig bittet er die Mitspieler, „schlagt Ihr ab, ich muss diesen wichtigen Anruf annehmen oder machen!".

Der Nichtaufgeber
Vier Stunden für 9 Loch, denkt, es ist im Sinne des Spirit of the game, wenn er bis zur bitteren Neige spielt und den Ball nie aufnimmt und dann sagt: „Schreibt mir eine 10 auf!"

Der Oberlehrer, Besserwisser
Meint es ja so gut und verbessert ständig den Schwung der Mitspieler/in . Ist ein verkappter Golfpro. Motto: Probier es doch so oder warte, auch so geht's!

Der Flirter
Gefürchtet in gemischten Flights. Überhöflich und ständig mit Komplimenten zur Hand, auch bei schlechten Schlägen der Damen.

Der Parkplatz-Pro
Empfängt Sie schon am Parkplatz mit dem Hinweis: Trage die gleichen Schuhe wie Tiger bzw. Schläger, erkennbar am überdimensionalen Pro-Bag mit Namen.

Der Dauer-Grünleser
Braucht für jeden Putt fünf Minuten ohne Rücksicht auf die Mitspieler und nachfolgende Flights, um den Putt dann doch vorbeizuschieben.

Der Yardage-Buch-Spieler
Studiert vor jedem Schlag minutenlang das Yardage Buch , da er sich nicht entscheiden kann, ob er ein Eisen 7 oder 8 schlagen soll.

Der Schwindler
eine bekannte Figur im Golf. Findet ständig seine Bälle im Rough – immer so, dass man hervorragend, mit viel Glück, direkt das Grün anspielen kann und er bevorzugt das „Lederwedge" (Fuß), um sich aus misslichen Lagen zu befreien.

Der Überschwängliche
Bei jedem gelungenen Schlag oder gelochtem Putt feiert er sich, als ob er gerade die Open gewonnen hätte!

Liebe Golfer/innen natürlich ist die Liste der oben aufgeführten Spielpartner/innen nicht vollständig. Es würde mich sehr freuen, wenn Sie Ihnen nicht begegnen auf Ihrer Runde.
Sollte es doch sein, dürfen Sie gerne meine Liste an diese Golfer/in senden. Vielleicht erkennt sich dann Ihr Mitspieler?

Falsche Technik, oft ein Grund für Verletzungen im Golfsport

Die Ausübung auch des Golfsports ist mit Risiken und einigen Nebenwirkungen verbunden.
Zugegebenermaßen im Vergleich zu vielen anderen Sportarten, wie z.B. Skilauf & Fußball, die an vorderster Front der häufigsten Sportverletzungen stehen, ist Golfen verhältnismäßig, was Verletzungen angeht, eher am Ende dieses Rankings. Jedoch spielen im Golfsport einige Faktoren mit, wenn über Verletzungen geklagt wird. Diese sind vielfach in falscher Technik zu suchen, begleitet von Übergewicht und auch das durchschnittlich oft schon fortgeschrittene Alter mancher Golfer spielt eine Rolle. Im Tennissport oder im Skilauf ist eine schlechte Ausrüstung oft die Ursache vielfältiger Verletzungen. Beim Golfen spielt das Equipment, was Verletzungen angeht, eine eher untergeordnete Rolle. Es ist nur auf die Auswahl der richtigen Schäfte, welche dem Können und der körperlichen Voraussetzung der Spieler/innen angepasst sein sollen, zu achten. Die meisten Fehler werden jedoch bei viel zu intensivem Trainieren oder Üben ohne fachlicher Anleitung auf der Driving Range gemacht. Besonders das gezielte lockere Aufwärmtraining und notwendige Dehnungen der verschiedenen „empfindlichen“ Muskelgruppen, wird meist sträflich vernachlässigt. Oft beobachte ich ein paar eher schädliche Übungen aus „Turnvater Jahns“ Zeiten, die im Ruck-Zuck-Verfahren zur Beruhigung des schlechten Gewissens, man hat ja schließlich vom Aufwärmen schon was gehört, durchgeführt werden. Zehn Minuten lockeres Aufwärmen, bis ein minimaler leichter Schwitzeffekt entsteht, sollte die Faustregel für jeden Golfer sein, um sich vor Verletzungen zu schützen. Achten Sie darauf, dass immer abwechselnd andere Muskelgruppen beansprucht und gedehnt werden. Man sollte vermeiden zweimal hintereinander die gleichen Muskeln zu bean-

sprucheu. Eher ungünstig z. B. ist es auch, wenn Sie im Urlaub oder in südlichen Gefilden vor einer Runde Golfen gar schwimmen waren.
Klassische Golfverletzungen sind ähnlich wie der Tennisarm, der **Golfarm (Epicondylitis humeri ulnaris)**, bei dem Schmerzen auf der medialen Seite des Ellenbogengelenkes auftreten.
Meiner Erfahrung nach ist Überbelastung, Schläge in den Boden durch schlechte Technik sowie hier falsche Wahl der Schläger-Schäfte meist der Grund für diese Verletzung
Nur ein erfahrener Arzt, möglichst selbst Golfer, hilft. Meist kommt man aber um eine „schmerzhafte" Zwangspause mit viel Rehabilitation nicht herum (Dehnübungen).
Viele Golfer bekommen auch Probleme mit der Wirbelsäule, die durch die beim Golfen notwendige Rotation der Wirbelsäule gefördert werden. Besonders im Lenden- und Halswirbelbereich treten die Beschwerden auf.
Treten muskuläre Probleme wie Verspannungen auf, zumeist in der dominierenden Seite im Bereich des unteren Torax, so sind diese durchweg durch falsche Schlagtechnik und ruckartige, asymmetrische Belastungen zu begründen.
Häufig beobachte ich auch Beschwerden bei den Golfern im Schulterbereich durch Überlastung des Acromioclavicular-Gelenks (Schultereckgelenk zwischen Schulterblatt und Schlüsselbein). Besonders in windiger, kälterer Übergangszeit ist eine entsprechende Kleidung (Pullunder etc.) hier angebracht, um Verletzungen vorzubeugen.
Anfänger oder bereits ermüdete oder unter Stress stehende Golfer fixieren den Schlägergriff viel zu fest. Geschieht dies häufig, sind Schmerzen im Handgelenk unvermeidlich.
Es gibt mittlerweile, besonders für bereits bandscheibenvorgeschädigte Golfer, durchaus schonende Techniken, die Ihnen ein erfahrener Golfpro gerne zeigen wird.

Empfehlenswert ist weniger Rumpfdrehung und dieses Manko z.B. mit mehr „Release“ der Arme auszugleichen, nur als Ansatzpunkt. Ganz neue Wege beschreitet das Konzept von Carvinggolf des Münchener Ingenieurs **Jürgen Bechler**. In Zusammenarbeit mit der TU München wird dort gerade eine neue Idee verwirklicht, die die golfsportlichen Belastungen erheblich reduziert.

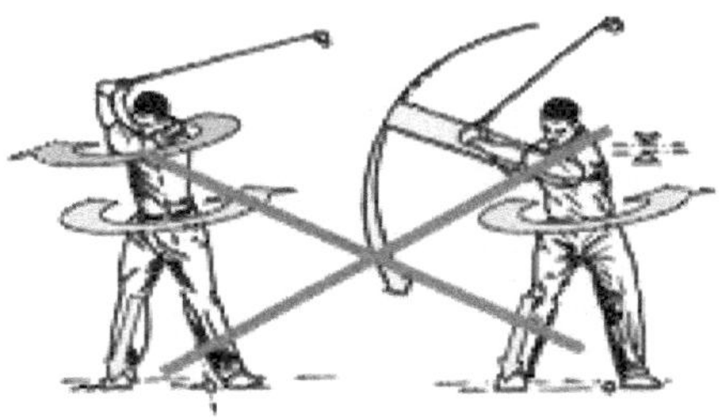

Grundsätzlich gilt in meinen Augen, dass natürlich nicht jede Lehrbuch-Technik oder vermeintlich richtige Schlagtechnik auf jeden Golfer passt. Dazu sind die Menschen in Puncto Körperbau, Belastungsmöglichkeit, Mentalität, Temperament, Beweglichkeit, Kondition, Ausdauer, Alter usw. viel zu unterschiedlich, als dass man eine für alle gültige Technik vorschreiben kann.
Natürlich wird man über gewisse fundamentale Voraussetzungen (Griff, Standbreite, Ballposition, Körperhaltung, usw.) nicht herumkommen. Es ist aber sicher mehr als fragwürdig, die gleiche Technik von einem Golfer in etwas fortgeschrittenem Alter (Dehn- und Drehfähigkeit) zu verlangen, wie von einem z.B. 20 jährigem Spieler.
Warum spielt ein Bernhard Langer mittlerweile auch auf der Senioren-Tour, obwohl erst knapp über 60? Auch Langer & Co. können gewisse Nachteile des Alters nicht aufhalten.
Deshalb mein Rat an viel zu ehrgeizige Golfer im etwas fortgeschrittenen Alter, auch im Golfen sollte man ein Zurückgehen der

Leistungsfähigkeit akzeptieren. Mit einer guten Technik und richtiger körperlichen Voraussetzung (Gymnastik, Aufwärmen) bleiben Sie viel länger gesund und haben Spaß und Freude am Golfspiel. Denn in erster Linie ist und bleibt Golf ein Spiel, auch wenn es leicht zur Leidenschaft wird.

Golfen mit einer Knieprothese?

Immer mehr Angehörige der Generation „55 plus“ halten sich regelmäßig körperlich fit. Trotzdem stellt sich aufgrund von Verschleißerscheinungen oder früheren Verletzungen oft die Maßnahme „Knieprothese“ ein. Eine erforderliche Knieprothese war früher oft das Ende von Sportaktivitäten.
Die Medizintechnik hat aber hier große Fortschritte in den letzten Jahren erzielt, deshalb: keine Angst! Auch mit einer Knieprothese lässt sich ausgezeichnet und schmerzfrei golfen, wenn Sie auch auf Grund meiner eigener Erfahrungen einige meiner Tipps beachten.
Exakt 32 Jahre nach dem ersten Kreuzbandriss (damals war mehr als zwölf Wochen Gips üblich) war auch für mich der Punkt gekommen, wo die entstandene Arthrose in dem Kniegelenk eine schmerzfreie Golfrunde oder ein gesundes schmerzfreies Schlafen nicht mehr möglich machte. Jahrelang konnte ich mit Hilfe meines Knie-Spezialisten **Dr. Christian Schenk**, (Schruns-Austria), selbst ein begeisterter Golfer, eine OP hinauszögern.
Letztendlich ist es wie mit einem abgefahrenen Autoreifen, wenn die Leinwand durchkommt, ist es Zeit zu einem Wechsel.
Dr. Schenk, einer der sicher führenden europäischen Kniespezialisten, der unter anderem schon vielen prominenten Profisportlern die Karriere gerettet hat, kennt sich, was die Belastungen, welches das Kniegelenk beim Golfen aushalten muss, sehr gut aus, da er die Bewegungsabläufe während des Golfschwungs als Golfer kennt und versteht. (Deshalb, liebe Leser/innen, gehen Sie zu einem Orthopäden, der möglichst selbst golft). Je nach Art der Knieverletzung bzw. nach der erfolgten OP-Technik, ob Ganz- oder Teilprothese, ob linkes oder rechtes Knie, ist eine unterschiedliche Vorgehensweise nach erfolgreicher Grundrehabilitation beim Beginn mit dem Golfen zu beachten.

Knie ist nicht gleich Knie

„Knie ist nicht gleich Knie“ – diesen Satz muss man sich einprägen. Man kann nicht von einem Knie aufs andere schließen.
Dr. Schenk empfiehlt unter anderem: „Da das Implantat, bis es wirklich im Knochen solide verankert ist, je nach Oberfläche einen Zeitraum zwischen drei bis sechs Monate braucht, diesen einzukalkulieren.“ Bei einer Vollprothese sind meist die Kreuzbänder nicht mehr vorhanden sind, es muss also die ganze Rotationsstabilität von den Außen- und Innenbändern und vom Plastikinlay bewerkstelligt werden, was zu einem früheren Verschleiß des selbigen führen kann, bei falscher Technik oder starker Überbelastung.
Wie bei mir, ist aber eben altersbedingt diese Gruppe der Generation „55 plus“ vor dem Problem der „abgefahrenen Reifen“, wie ich es bezeichne, und die Entscheidung einen doch nicht ganz so leichten Eingriff zu einem neuen Kniekunstgelenk vorzunehmen, mit nicht unerheblichem Unbehagen erfüllt. Einerseits die Schmerzen; anderseits möchte man weiterhin sein geliebtes Golf betreiben.

Die Frage:

Was kann ich anschließend noch machen? Wie geht es zum Beispiel mit meinem Golfspiel weiter nach der OP? Das beschäftigte nicht nur mich berufsbedingt, sondern auch eine Menge meiner Golfschüler.
Persönlich machte ich mich auf den Weg und suchte mir eine Klinik, die auf Knieprothetik (in diesem Falle die Medizinische Universitätsklinik Innsbruck Prof. Dr. Krismer) spezialisiert war. Dort werden wöchentlich mehr als 30 neue Knieprothesen eingesetzt und die mich operierende Knieteamleiterin, Frau **Dr. Katrin Sekyra,** eine ausgewiesene Expertin, erwies sich als Glücksgriff für mich. Bereits kurz nach der Operation konnte ich wieder aufstehen und nach wenigen Tagen die Klinik verlassen.

Unvermeidlich nach meinen Erfahrungen ist sofort eine intensive Rehabilitation in einer geeigneten Klinik unter fachlicher Anleitung erfahrener Physiotherapeuten.
Natürlich gehört auch eine gesunde Portion Ehrgeiz und Selbstdisziplin dazu, sich täglich aufs Rad, sprich Ergometer, zu setzen und die anderen Übungseinheiten durchzuziehen.
Dabei gilt es, in den Körper hineinzuhorchen, wie viel kann ich mir zumuten. Sie werden erstaunt sein, wie sich in verhältnismäßig kurzer Zeit eine Verbesserung des Knies einstellt.
Erst wenn Sie muskulär wirklich in der Lage sind, schmerzfrei und stabil längere Strecken zu gehen oder Treppen zu steigen, ist es ratsam, langsam ein paar Golfschwünge unter Anleitung eines erfahrenen Lehrers zu machen.
Der Vergleich mit den Autoreifen ist dabei immer ein guter. Wenn Sie viele Kavalierstarts machen, sprich, Sportarten betreiben mit starken Stoppbewegungen, dürfte die Gefahr der Abnützung des neuen Gelenks größer sein, als wenn Sie einen Sport mit weichen fließenden Bewegungen ausüben.
Deshalb sollten Sie ein paar Infos über die Belastungen beim Golfspiel auf die Kniegelenke beachten.

Die Maximallasten

Laut der Elctromyographic(EMG)-Studie der **Universität von California** ist der Umfang von einigen der Maximallasten am Knie während des Golfschwungs nahe an der Last, die während der Knierehabilitation verbotene Tätigkeiten erreicht. Auf alle Fälle sollte Ihr Driver mindestens sechs Monate nach OP „Dunkelhaft“ haben.
Es haben dort die Forschungen ergeben, dass nach erfolgreicher Rehabilitation vor allem der Typ des Golfers und sein Können bei der Entscheidung, wann ich wieder Golf spielen kann, eine bedeutende Rolle spielen.

Der Zeitpunkt sollte jedoch immer in Abstimmung mit dem behandelnden Arzt erfolgen! Eine weitere Erkenntnis der Studie war, dass die anstrengendste (stressigste) Phase des Golfschwungs, hinsichtlich des Knies, der Abschwung ist.
Einen „Normalschwung“ gibt es meiner Meinung nach nicht, da jeder Golfspieler einen eigenen, konsequenten, charakteristischen Schwung besitzt und auch das operierte Kniegelenk sehr unterschiedlich darauf reagieren kann. Unmöglich erscheint mir, dass man eben bei einem gewollten fließenden, kompakten Schwung hier beim Abschwung plötzlich auf das neue Kniegelenk Rücksicht nehmen soll.
Die Untersuchungen der Universität California an Golfern mit implantierten Knieprothesen ergab, dass bei einer erfolgreichen Rehabilitation und einem später technisch einwandfrei durchgeführten Golfschwung diese Patienten wieder ohne Probleme Golfen konnten. Nochmals zum Verständnis für Sie: Der Kompressionsdruck, der durch einen Golfschwung erzeugt wird, beträgt nach einer Studie sowohl bei Amateuren als auch bei Professionals mehr als das Achtfache des Körpergewichts, wobei bei den Amateuren viel höhere Scherkräfte als bei Professionals entstehen, was auf die bessere Technik der Profis zurückzuführen ist.
Ein ganz wesentlicher Aspekt in der Rehabilitation – also auf dem Weg zurück zu schmerzfreiem Golf – ist die Koordination. Golf ist eine Sportart, bei der eine Kombination aus Beweglichkeit, Ausdauer und Kraft nur dann funktioniert, wenn der Verstand, also das Gehirn, mitspielt. Allzu häufig fallen vor allem Anfänger dem persönlichem Ehrgeiz zum Opfer, der schnell zu körperlichen Verletzungen des Bewegungsapparats führen kann oder vorhandene verschlimmert. Persönlich stehe ich auch zu viel Krafttraining und Muskelaufbau bei Spitzengolfern sehr skeptisch gegenüber. Zuviel Muskelaufbau behindert meiner Meinung nach die Koordination und Beweglichkeit beim Golfsport und sorgt für sehr große Verlet-

zungsanfälligkeit, wie man auch bei der No. 1 des Golfsports, Tiger Woods, z. Zt. beobachten kann.
Bis unsere Nerven oder das Gehirn wieder eine flüssige Koordination der golfspezifischen Bewegungen zulässen, vergehen sicher einige Monate. Nur mit viel Geduld und fachlicher Anleitung, vor allem auch ohne Krafteinsatz, werden Sie wieder zurück zur vollen Golfleistungsstärke kommen. Es dauert einfach, bis unsere Nerven und das Gehirn sich an die neue Situation mit dem implantierten Kniegelenk gewöhnt hat.
Deshalb sollten Sie schon in der noch „golflosen“ Rehabilitationszeit intensiv an Koordinationsübungen, das heißt Beine, Arme, Körper, arbeiten und auch ohne Ball golftypische Bewegungen imitieren.
Verhältnismäßig rasch geht es mit dem Putten, sobald Sie auf beiden Beinen stehen können und, was wichtig ist, darauf achten, dass Sie diese auch gleichzeitig stark belasten (Indoor-Trainingsmatten gibt es günstig zu kaufen).
Wenn Sie, wie oben beschrieben, sicher auf den Beinen stehen, würde ich am Beginn ein gefühlsames Chippen und Pitchen empfehlen. Achten Sie dabei darauf, dass Sie Ihr neues Knie nicht überstrapazieren, Sie merken es gleich, wenn es „heiß“ wird.
Bevor Sie auf die Range gehen, habe ich gute Erfahrungen mit einem kleinen Korb der bekannten Luftbälle (Schaumgummi- oder Plastikbälle) im Garten gemacht.
Die ersten Bälle sollten Sie auf der Range unbedingt von einem Tee schlagen. Vermeiden Sie auf alle Fälle wie erwähnt, abrupte, stoppende Bewegungen.
Eine weitere Empfehlung grundsätzlich zum Stand – beim Ansprechen des Balles: Öffnen Sie beide Fußspitzen etwas nach außen (Achtung auf das korrekte Zielen, sonst kommt es zum Slicen). Dadurch verringern Sie den Druck der Rotation im Kniegelenk enorm.

Natürlich gehört ein kniespezifisches Aufwärmprogramm, das Ihnen Ihr Physiotherapeut sicher gerne zusammenstellt, dazu.
Wenn Sie meine Tipps befolgen, stehen Ihnen sicher noch viele erlebnisreiche und tolle Golfrunden bevor.

- Suchen Sie einen erfahrenen Orthopäden zu dem Sie Vertrauen haben – möglichst ein Golfer!
- Ziehen Sie eine konsequente Rehabilitation durch.
- Gehen Sie zu einem gut ausgebildeten Golfpro mit Erfahrung beim Wiedereinstieg ins Golfen.

Abzuraten ist die Einnahme von Schmerzmitteln vor dem Golfen. Es werden auch viele Hilfsmittel, angefangen vom Schuhwerk, Schlägern etc. bis hin zur schmerzfreien Golftechnik, von diversen Anbietern empfohlen.
Natürlich kann obiges hie und da nützlich sein – eine gesunde Skepsis gegenüber solcher Wunderdinge ist anzuraten.
Aus eigener Erfahrung kann ich hier nur dringend empfehlen, in erster Linie, erst wenn die Muskulatur wieder so kräftig ist, dass Sie erfolgreich das Knie schmerzfrei bewegen können, mit dem Golfen zu beginnen. Es gibt keine Wundertechnik und keine Wundermittel! Laut meiner Ärzte dauert es minimum sechs Wochen, bis die Metallteile und die Wunde verwachsen sind, auch wenn gehen schon sehr viel früher möglich ist.
Nehmen Sie sich Zeit, langsam, wie von mir oben beschrieben, Ihr „Golf-Feedback“ ohne jeglichen Krafteinsatz und Stoppbewegungen zu finden.
Denke Sie daran :

„Nur saubere Technik ist gesund und schont Ihr neues Knie.“

Golfen nach der Wirbel-Rücken-Operation

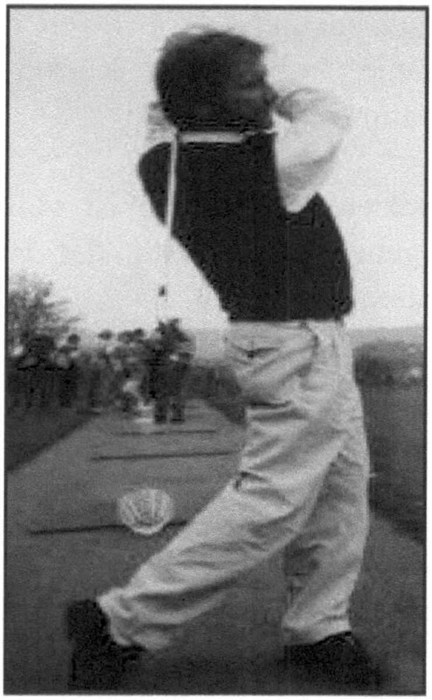

Frühere Technik mit starkem Hohlkreuz führt zu Rückenproblemen. Foto: privat/Schmidbauer 1989;

Wann kann man nach einer Wirbel-Rücken-Operation wieder golfen?

Mit den Ärzten in der Reha-Spezialklinik Schön (Berchtesgaden), die unter anderem auf Rückenwirbelverletzungen spezialisiert ist, ist man nach der OP beim Chefarzt **Dr. Leidinger** (er ist auch Mannschaftsarzt der Bobfahrer) in guten Händen. Das Rehaprogramm wird individuell geplant.

Dabei gilt folgendes:

Ungünstig in der Abschätzung der Trainingsgestaltung im Anschluss an eine Operation ist, dass es kaum verlässliche Daten zu Rehabilitationszeiträumen gibt. Zu unterschiedlich sind die Belastungen bei Sportlern und auch bei den diversen Sportarten. Wie Sportler optimal belastet werden können, liegt völlig im Dunkeln, und es hängt natürlich auch von der Schwere der Verletzung ab. So ist beispielsweise eine Operation am Rücken nicht immer gleich einer anderen Operation am Rücken.

Frühestens ab der **zwölften Woche** ist volle Belastbarkeit und Trainierbarkeit gegeben, aber unter der Berücksichtigung der Schwere der Operation.
Wichtig ist, dass das Reha-Training unter Anleitung eines Physiotherapeuten oder eines Sportwissenschaftlers begonnen wird. Studien mit Patienten zeigen, dass ein früherer Trainingsstart auch zwölf Monate nach der OP noch bessere Kraftleistungen zur Folge hatte. Der Beginn und auch die Auswahl der Intensität des spezifischen Trainings nach der allgemeinen Physiotherapie muss in Absprache mit Arzt, Therapeut und Trainer festgelegt werden.
In meinem Fall sind die aus heutiger Sicht falschen Trainingsmethoden von früher, damals wurde sehr viel mit Sandsäcken, Bleiwesten, Hanteln usw. trainiert, neben genetischen Anlagen mit Schuld an dem heutigen Zustand. Dazu gehört auch die damalige Technik mit starkem Hohlkreuz im Finish.

Schwimmen
Die Bewegung im Wasser ist hervorragend geeignet, um allgemeine Kraft- und Ausdauerkomponenten sehr wirbelsäulenschonend wiederherzustellen. Aber nicht jeder Schwimmstil eignet sich dafür, am besten ist Rückenschwimmen

Golfspielen – welcher Zeitpunkt?
Nach Bandscheibenoperationen der Lendenwirbelsäule werden Vier- bis achtwöchige Rekonvaleszenzzeiten genannt, während schwerere Eingriffe im Bereich der Brustwirbelsäule zwei bis drei

Monate, Operationen an der Lendenwirbelsäule bis zu sechs Monate in Anspruch nehmen. Zur Entlastung der Wirbelsäule in der Schwungbewegung wird eine Umstellung der Schlagtechnik empfohlen, die einen insgesamt kürzeren Schwung ohne Hyperlordosierung (= „Hohlkreuz“) beim Finish beinhaltet. Insgesamt ist eine Schwungumstellung mit einem guten Trainer anzuraten. Die Schwungbewegung sollte auf alle Fälle kürzer sein als vor der OP und zu viel Krafteinsatz ist schädlich. Ein Hohlkreuz muss dabei unbedingt vermieden werden. Der Verlust an Länge sollte durch eine Verbesserung des kurzen Spiels ausgeglichen werden.

Kinder und Golf

Mit Blick auf die Entwicklung der Kinder und Jugend, sowie der Konkurrenzsportarten Fußball gestatten Sie mir ein paar Gedanken zu dem Thema Kinder/Jugendliche und Golf.
Vor vielen Jahren, als ich noch selbst eine eigene 18-Lochanlage betrieb, verlor ich einmal ein junges Ehepaar als Mitglieder. Nun verliert ein Betreiber ja nicht einfach so seine Kunden, werden Sie fragen?
Nun, dieses junges Ehepaar hatte das Problem, das vielen jungen Ehepaaren so Anfang 40 begegnet, wenn man selbst gerne regelmäßig zu zweit über den Golfplatz gehen will und noch kleine Kinder hat.
Die Überlegung besagten Ehepaars, die Kinder einfach im Clubhaus bei der Sekretärin abzustellen und alleine ohne Aufsicht auf der Anlage rumtoben zu lassen, führte zu dem Konflikt, der mit dem Ausscheiden des Paars aus dem Club endete.
Dieses Tatsache ist ja nun vielen Betreibern bekannt und so auch mir, als wir damals versuchten, den Eltern klarzumachen, dass man gerne im Club bereit sei, eine Kindergärtnerin zu engagieren, aber die Kosten dafür die Eltern natürlich schon tragen müssten, dies könne unmöglich in den damals günstigen Clubbeiträgen enthalten sein. Vielfach kommen dann die Eltern auch auf die Idee, z.B. „mein 7jähriges Kind wird beim Golfpro abgestellt und ich habe meine Ruhe“. Das Unterrichten von Kindern erfordert allerdings sehr viel Feingefühl. Als studierter Sportwissenschaftler weiß ich um die diversen Probleme der einzelnen Wachstumsstufen natürlich Bescheid.
Als allgemein bestes Lernalter im motorischen Bereich ist unter versierten Sportwissenschaftlern im Kind- und Jugendalter die Phase zwischen dem 9. bis 12. Lebensjahr, also vor der ersten puberalen Phase, bekannt. Warum? In der Regel sind dabei bei den

Kindern das körperliche Längen- und Breitenwachstum (der Mensch wächst normalerweise in Schüben, erst Länge, dann Breite) im ausgewogenstem Verhältnis zueinander.
In dieser Phase lernen die Kinder in erster Linie durch nachahmen (imitieren) und wollen sich unbedingt mit anderen Kindern messen Ich vertrete gerade die Philosophie, dass Kinder nicht zu früh spezialisiert werden sollen, sondern eine sportliche Grundausbildung, gerade in diesem Alter, auch mit dem Betreiben von anderen Sportarten, besonders Mannschaftssportarten (auch Fußball), erfahren sollten.
In einem Einzelsport wie Golf, der noch dazu gerade dem kindlichen Bewegungsdrang in dieser Phase nicht entgegenkommt, muss sich der Trainer schon etwas einfallen lassen, um die Jugendlichen zu motivieren. Meine Empfehlung lautet: Bitte, liebe Golflehrer, lasst die Kinder möglichst viel spielen, gebt ihnen Aufgaben wie: „Wer kann am weitesten driven, wer braucht die wenigsten Putts?“
Wenn wir in diesem Alter schon zu früh damit anfangen, den Kindern beizubringen, Schläge gehemmt und nur unter sogenannter „vorschriftsmäßiger“ Haltung, auszuführen und ja nicht zu laut zu sein, dann werden wir sicher keine Siegertypen in unserem Golfsport erhalten. Besonders, wenn ich da über die Grenzen in die USA sehe, wo in den Schulen schon Golf unterrichtet wird, kommt Neid auf. Kleinere Anlagen nicht zu fein poliert, also „Hackerwiesen“, wo auch mal ein lauteres Wort der Freude fallen darf über einen gelungen Schlag, sind dort an der Tagesordnung.
Also, liebe Eltern, achten Sie bei der Auswahl Ihres Trainers darauf, ob er ein Mindestmaß an pädagogischer Ausbildung oder zumindest angeborenes Geschick hat, wenn er nicht über diese pädagogische Ausbildung verfügen sollte, um Ihr Kind zu motivieren.
Stellen Sie Ihr Kind nicht einfach beim Pro ab, weil Sie selber spielen wollen. Sie tun dem Kind und dem Pro keinen Gefallen

damit.
Besonders in der ersten puberalen Phase, also dem Zeitraum 12/13 bis 14/15, ist viel Feingefühl bei den Trainern angesagt, wenn man die Kinder/Jugendlichen bei der „Golfstange“ halten will.
Neben dem sowieso schon natürlichem Aufbegehren gegen die Erwachsenenwelt kommt dazu, dass die Heranwachsenden mit dem jetzt eintretendem Längenwachstum zu kämpfen haben, der die Hebelgesetze etwas außer Kraft setzt.
Bereits zuvor leicht beherrschtes Können, wird nun schwieriger , neu zu erlernende Bewegungen müssen mit viel Erklärungen und Geduld vermittelt werden am Besten in der Gruppe gleichaltrigen.

Frauen und der Golfsport

Der *Solheim Cup* der Golfdamen, das Pendant zum *Rydercup* der Herren, im Golfclub St. Leon-Rot fand vor einiger Zeit in Deutschland statt. Trotz tatkräftiger Unterstützung durch die Firmen SAP und Allianz wurde laut der SWR-Fernsehquote nur ein Marktanteil von ca. 3,6 Prozent erreicht. Rund 60.000 Zuschauer (etwas weniger als in einem Stadion der Fußball-Bundesliga an einem normalen Spieltag) wurden über die gesamten Tage gezählt.
Dies hofft man, falls man den Rydercup tatsächlich nach Berlin an den Scharmützelsee – inklusive der Steuerbefreiung – bekommen sollte, zu übertreffen. Man kann es nun drehen und wenden, wie man will, Golf findet in den Augen von „Otto-Normalverbrauchern" wenig Beachtung. Es sei denn, irgendein Prominenter spielt wieder mal eine Charity!

Besonders liegt es mir daher am Herzen, eine Lanze für die Damenwelt im Golfsport zu brechen.

Liebe Clubs, Golfplatzbetreiber und Golf-Herren, angesichts sinkender Zahlen im Golf sollten wir den Damen mehr Aufmerksamkeit widmen.
Wenn man heutzutage auf unseren Golfplätzen bewusst ein Augenmerk auf den Prozent-Anteil unserer Damenwelt am Golfsport wirft, so wird man ehrlich überrascht sein, wie hoch dieser ist. So mancher Golfclub, Golflehrer und Golfshop würde ohne die sichtliche Golfbegeisterung der Damen enorme Einbußen verbuchen müssen. Leider hat Damengolf noch nicht den ihr zukommenden Stellenwert nicht nur in der breiten Öffentlichkeit, auch innerhalb des Golfsports. Wer kennt schon namentlich Proetten, siehe Solheim Cup? Damengolf fristet etwas ein Mauerblümchendasein.
Dies ist in meinen Augen, gerade wenn Sie die Clubs und die

enorme Einsatzfreude der Damenwelt auch bei Turnieren betrachten, nicht richtig. Die bisher noch vorherrschende **„Männerdomäne“ Golf („No Ladies can play the Golfclub“)** sollte auch den Medien bewusst machen, dass mancher Golfclub bereits ohne seine vielen weiblichen Mitglieder nicht mehr existieren könnte. Mir ist dies vor vielen Jahren im texanischen Golfclub Midland (bekannt durch die US-Expräsidenten) mit meiner frisch angetrauten Ehefrau widerfahren, als meine Herzensdame am Eingang des Clubs das Schild „**no dogs and women can play**“ sah und mich mit der Drohung konfrontierte, „entweder du spielst hier nicht mehr, oder ...!“.
Golf ist immer ein Spiegelbild der Gesellschaft und eben genauso ungerecht in manchen Bereichen.
Die Berichterstattung für die Damenwelt in den Golfmedien beschränkt sich ja leider oft nur auf die aktuelle Golfmode, was ich als genauso diskriminierend empfinde und der Wertschätzung der Damen in der Golfwelt in keinster Weise entspricht.
Persönlich auf Grund meiner Zusammenarbeit mit meinen weiblichen Schülerinnen habe ich mir einige Gedanken gemacht.

Tipps für die Golf-Damen

1. Spielen Sie grundsätzlich nur dann Golf, weil es Ihnen Spaß macht. Nicht weil es Ihr Mann, Lebensgefährte, Freund etc. so will
2. Lächeln Sie möglichst viel beim Golfen. Lächeln verleiht Ihnen eine besondere Aura. Je mehr Sie lächeln, auch nach einem verschobenen Drei-Putt, um so besser werden Sie künftig spielen.
3. Es ist Ihre knappe Freizeit. Deshalb gehen Sie nur zu einem Golfclub-Golflehrer/in, bei dem Sie meinen, dass man Sie versteht und wo Sie sich wohlfühlen.

4. Golf – Weite und Energie. Vielfach haben die Damen ein Problem mit der Weite. Nur wenn es Ihnen gelingt, Ihre Energie, die Sie auch haben, richtig freizusetzen, und daran glauben, werden Sie auch eine Ihrem Können entsprechende Weite erzielen.
5. Üben Sie das kurze Spiel. Denken Sie daran; Drive for the Show, Short game for the Score, wenn es mit der Weite nicht so klappt.
6. Bei entsprechender Schulung mit Hilfe Ihres/r Golflehrer/in überraschen Sie Ihre männlichen Mitspieler, wenn Sie weniger als 2 Putts pro Loch brauchen und dann einen tollen Score abliefern, obwohl Ihre Mitspieler in der Länge wesentlich weiter waren!
7. Verzaubern Sie die Golfwelt in Ihrem Golfclub nicht nur durch das teuerste Outfit. Natürlich ist der Wunsch der Damen nach aktueller Mode verständlich. Dennoch, beim Golf im sportlichen Sinne zählt die Ausstrahlung, das Verhalten auf dem Platz und das Meistern einer Runde mehr. Investieren Sie ab und zu anstelle in ein neues Polo lieber etwas Geld in eine ordentliche Pro-Stunde.
8. Zicken sind out, immer wieder höre ich von den Damen, nichts wäre schrecklicher als ein reiner Damenflight. Seien wir ehrlich, egal ob Männlein oder Weiblein, egal welcher Menschenrasse wir angehören, in meiner langen Laufbahn als Profigolfer habe ich nur nette, sympathische oder weniger sympathische Mitspieler gleich, welchen Geschlechts, getroffen. Hier trifft auch oft der Spruch zu, „Wie man in den Wald hineinruft ...!“.
9. Bitte wechseln Sie besonders in den heißen Sommermonaten nach der Runde Ihr Polo, besonders wenn Sie Make-up benützen. Vom eleganten Durchschwung bleiben oft „Benützerspuren“ auf dem T-shirt sichtbar, wer will schon verraten,

was Sie für Kosmetika benützen? Übrigens: Eine Frau mit Falten, aber mit Spuren eines Lächelns im Gesicht, hat Persönlichkeit.

10. Oft höre ich von den Damen: „Ich kann nicht putten“ oder „bei Regen kann ich nicht spielen“ etc. Denken Sie künftig lieber mit Worten wie: ich kann putten, ich gehe zu meinem Golfpro und übe es, damit ich noch besser werde, und ich habe Spaß auch am kurzen Spiel, sogar bei Regen. Warum ist dies so wichtig? Weil wir sind, was wir denken. Wir streichen das Wort „nicht“, weil das Gehirn „ nicht“ erst einmal herstellen muss, um das Gegenteil zu erreichen. Wenn ich Ihnen sage, Sie dürfen an alles denken, aber nicht an das Kamel, was meinen Sie, an was Sie denken? Genau, und deshalb denken Sie daran, wie dies künftig mit Ihrem Putten ist. Sie werden es können und Sie werden auch nicht zu faul sein, es zu üben, (und die Faulheit nicht als Ausrede für schlechtes Putten benützen). Oder schlechtes Wetter. Sie wissen es doch, es ist nur alles eine Frage der richtigen Bekleidung, es gibt sehr modische, aber trotzdem praktische Regenbekleidung für Damen – freuen Sie sich trotz Regen auf die Runde.
11. Vermeiden Sie Vorurteile bei der Wahl Ihrer Ausrüstung – sprich Schläger. Es gibt keinen Grund, einen Schläger mehr oder weniger zu „mögen“? Oder wollen Sie im Vergleich zum Autofahren beim Auto auch nur Ihre Lieblingsgänge benützen und das Vorurteil gegen Damen am Lenkrad verstärken?

Als Letztes:

Wählen Sie die Schläger nach der notwendigen Gegebenheit aus und nicht nach Ihrer Zuneigung!

Golf in Schottland

„Fühlen Sie schon den Spirit of the Game“

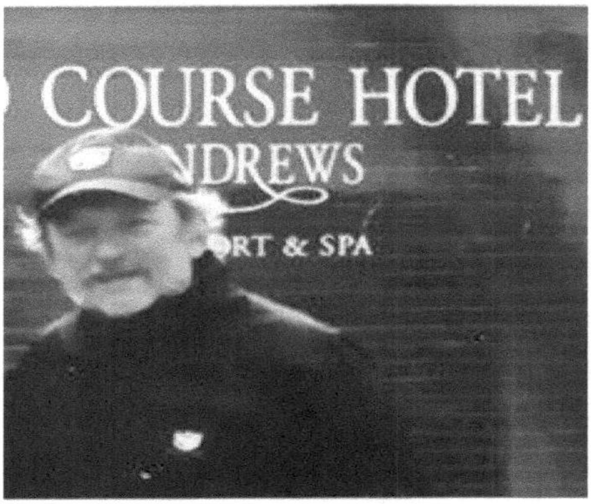

Old Course Hotel St. Andrews

Für Golfer ist doch der Royal St. Andrews Golfclub und die Stadt St. Andrews, der Inbegriff des Golfsports schlechthin. Ob Sie nun direkt ins Herz des schottischen Golfes reisen, der Grafschaft **Fife** oder in den **Highlands** nach versteckten Perlen, wie den uralten Clubs **Boat of Garden**, **Murray**, **Nairn** abseits der bekannten und berühmten „Royals“ suchen, Sie atmen die Luft jahrhundertealter Golftradition.

Wenn Sie diesen Sport wirklich lieben, kommen Sie nicht umhin, in das Mutterland des Golfes zu reisen. Sie finden nicht immer die neumodischen Touristenplätze, aber dafür spannende Begegnungen mit den freundlichen Schotten.

„Der Golfsport hat seinen König verloren“

Die Tage im **Bay Hill Resort. Orlando**, der Winterheimat von Arnold Palmer, werde ich nie vergessen. Arnie meist in Begleitung seines Golden Retriever, spielte mit seinen Freunden so oft er

konnte auf seinem Kurs. Mit dem Spielen begann der Sohn von Deacon Palmer, Greenkeeper und späterer Pro in Latrop, Pensylvania, schon als Vierjähriger. Dort verdiente er sich seine ersten Dollars, als er als Knirps mit den Mitgliedern an einem Loch darum wettete, dass er den Ball über ein Wasserhindernis aufs Grün schlagen konnte.
Seine Profikarriere startete er in den 50er-Jahren. Palmer – Spitzname „The King“ – gewann viermal das US-Masters, zweimal die British Open. Auf der US-PGA-Tour spielte er von 1956 bis 1973 62 Siege und für damalige Verhältnisse sensationelle 1,9 Millionen US-Dollar Preisgeld ein. Mitte der 90er-Jahre verabschiedete sich Palmer erst von den US- und dann von den British Open. 2002 spielte er sein letztes US-Masters. Palmer war der erste große Star des Sports. Sein Aufstieg verlief parallel mit der zunehmenden Verbreitung des Massenmediums Fernsehen. Dies war auch seinem Partner und Freund aus Collegezeiten, dem Rechtsanwalt Mark McCormack, zu verdanken, bei dessen Vermarkterfirma International Management Group (IMG) er lebenslang der wichtigste Kunde/ Teilhaber war. Nicht nur als Spieler, vor allem auch mit seinen Firmen Golfplatzbau und Design (in Deutschland Sporting Club Berlin – Scharmützelsee), Golfkursmanagement und viele weitere Werbeeinnahmen aus allen Wirtschaftsbereichen (Markenzeichen der bunte Regenschirm) wurde Palmer weltweit bekannt. Besonders als großzügiger Spender, z. B. des nach ihm benannten Kinderhospitals in Orlando, machten den begeisterten Flieger bei allen Bevölkerungsschichten beliebt.
Verehrt wurde Palmer besonders wegen seines risikofreudigen Spiels. „Arnie’s Army“ so nannten sich seine Fans auf der ganzen Welt. Die großen drei, Palmer, Nicklaus und Player, prägten jahrzehntelang das Golfgeschehen und Ihre Duelle sind bis heute legendär. Noch heute gilt in den USA der Satz: **„We respect Jack (Nicklaus), but we love Arnie!”**

Als erster Berufsgolfer der Sportgeschichte erreichte und überschritt er Anfang der 60er-Jahre eine jährliche Gewinnsumme von damals ungeheuerlichen 100.000 Dollar.
Noch lange nach Beendigung seiner aktiven Karriere war er ständig unter den Top Ten der weltweit bestverdienenden Profisportler. Jeder, der mit Arnie einmal spielen oder, so wie ich, auch arbeiten durfte, erlag dem Charisma des großartigen Gentleman und Sportsmann. Es gab nie ein böses Wort. Unvergessen sein Abschied auf der Swilcon Bridge in St. Andrews bei seinem letzten Antreten dort. Zigtausende Zuschauer hatten Tränen in den Augen. Nun hat diese Golflegende für immer den letzten Putt versenkt und es bleibt die Hoffnung, dass er dort, wo er jetzt ist, viele hervorragende Arnold Palmer designte Plätze spielen kann.

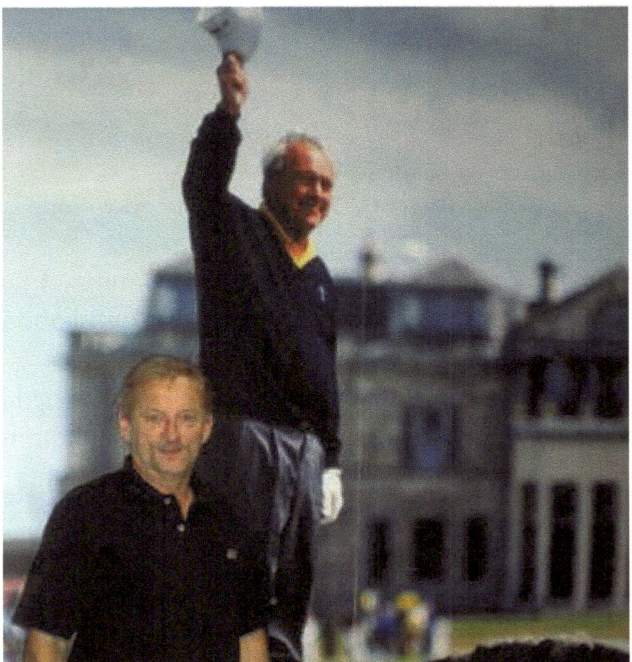

Farewell Arnie! † 25. September 2016

Nachruf

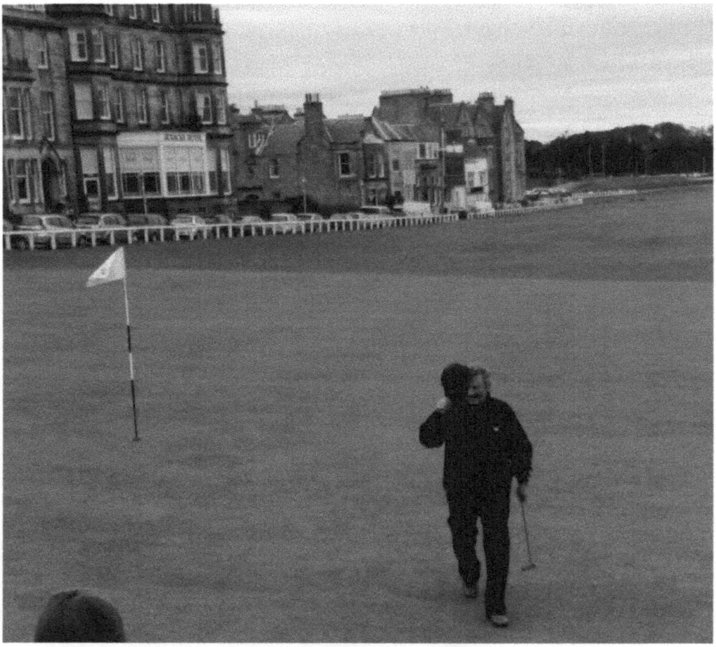

18. Grün St. Andrews, Old Course, ein letztes Goodbye

Jede Karriere, jedes Berufsleben geht irgendwann zu Ende.
Im Laufe der vielen Jahre rund um diesen Erdball habe ich einiges erleben dürfen, vor allem durch meinen Sport Golf.
Oft musste ich diesem kleinen Ball und alles, was sich darum herum gestaltete, hinterher jagen. Nach den vielen Jahren der weltweiten Reisen durch die Golfwelt war es angesichts der Liebe meiner Frau zu ihrer österreichischen Heimat Zeit, sesshaft zu werden. Nahe an der Grenze zu Bayern, sozusagen in Griffweite zu Weißwurst und Brezeln, fanden wir das geeignete Domizil im wunderschönen **Großgmain** am Fuße des Untersberges, ca. zehn Minuten von Salzburg entfernt gelegen. Dieser Ort und seine Salzburger Landschaft spiegelt alles, was die Welt an Österreich liebt,

wider. Nebenbei im Umkreis von einer Autostunde stehen Besuchern Salzburgs etwa 60 Golfplätze zur Verfügung, die vom Salzburger Land Tourismusverband mit Ihrem golfbegeisterten Chef **Leo Bauernberger** bestens empfohlen werden.
Ein langjähriger Freund von mir, **Walter Holzner**, in jungen Jahren ein deutscher Spitzenringer aus Bad Reichenhall, begleitete mich eines nicht allzu fernen Tages auf die Jagd, ein Hobby, das ich schon lange pflege.
Für ihn war dies das erste Mal. Als ich einen Rehbock erlegte und mein Waidwerk vornahm, war er als Laie, der so etwas noch nie gesehen hatte, entsetzt. Ununterbrochen schimpfte er: „Wie konnte diese nette, hübsche Frau nur so einen Grobian wie dich heiraten?“
Dies war natürlich spaßig gemeint. Aber es spricht schon für eine gewisse Härte, die man in der rauen Welt des Berufssportes, ähnlich wie bei der Jagd, braucht, um sich durchzusetzen und Erfolg zu haben.

Dieses war nur möglich mit der Hilfe und dem Verständnis meiner Familie.
Ohne die Liebe und Ausgeglichenheit meiner Frau Marie-Therese und meines Sohnes Paul, die mich bei allen Höhen und Tiefen meines Berufslebens stets begleiteten und mir den Rücken freihielten, fiel mir manches einfach leichter.
Mein großes Dankeschön gilt meiner Marie-Therese, der ich auch dieses Buch widme.

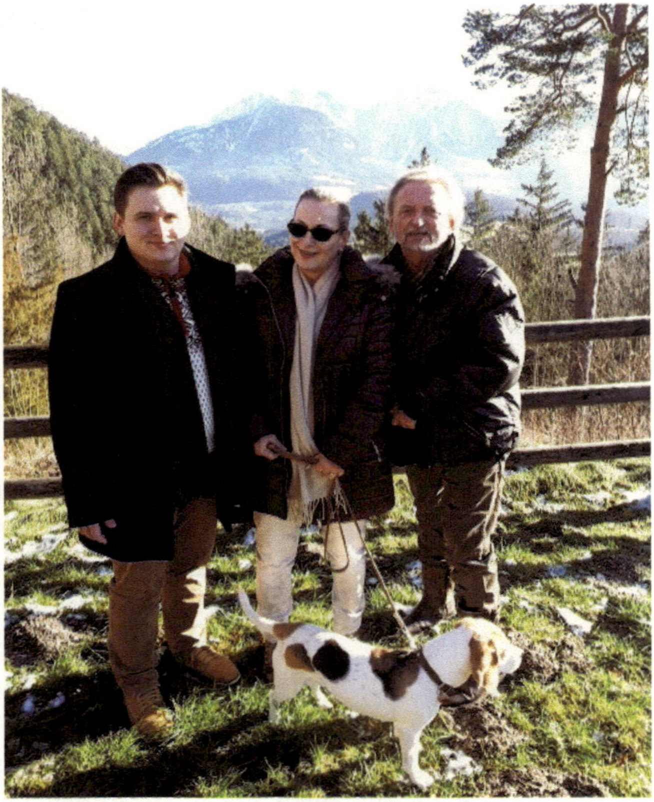

Familie Schmidbauer